U0633833

可持续发展蓝皮书

BLUE BOOK OF
SUSTAINABLE DEVELOPMENT

A股上市公司可持续发展价值
评估报告（2019）

A-SHARE LISTED COMPANY SUSTAINABLE DEVELOPMENT
VALUE ASSESSMENT REPORT (2019)

发现中国"义利99"

主 编／马蔚华

社会科学文献出版社
SOCIAL SCIENCES ACADEMIC PRESS（CHINA）

图书在版编目（CIP）数据

A 股上市公司可持续发展价值评估报告：发现中国"义利 99"．2019 / 马蔚华主编．－－北京：社会科学文献出版社，2019．12

（可持续发展蓝皮书）

ISBN 978 - 7 - 5201 - 5865 - 7

Ⅰ．①A… Ⅱ．①马… Ⅲ．①上市公司 - 可持续性发展 - 研究报告 - 中国 - 2019 Ⅳ．①F279．246

中国版本图书馆 CIP 数据核字（2019）第 279124 号

可持续发展蓝皮书

A 股上市公司可持续发展价值评估报告（2019）
——发现中国"义利 99"

主　　编 / 马蔚华

出 版 人 / 谢寿光
责任编辑 / 吴　敏

出　　版 / 社会科学文献出版社·皮书出版分社 （010）59367127
　　　　　　地址：北京市北三环中路甲 29 号院华龙大厦　邮编：100029
　　　　　　网址：www. ssap. com. cn
发　　行 / 市场营销中心 （010）59367081　59367083
印　　装 / 三河市东方印刷有限公司

规　　格 / 开　本：787mm × 1092mm　1/16
　　　　　　印　张：23　字　数：345 千字
版　　次 / 2019 年 12 月第 1 版　2019 年 12 月第 1 次印刷
书　　号 / ISBN 978 - 7 - 5201 - 5865 - 7
定　　价 / 128.00 元

《A 股上市公司可持续发展价值评估报告（2019）》编委会

顾　　问　　刘吉人　马　骏　秦　朔　王　平　王　名
　　　　　　王梓木　姚　洋　张光华

主　　编　　马蔚华

执行主编　　白　虹

编　　委　　黄瑞庆　李　文　王　超　王国平　王晓津
　　　　　　汪亦兵　赵永刚　张子炜
　　　　　　Elizabeth Boggs Davidsen（美）
　　　　　　Karl H. Richter（英）　　Willem Vosmer（荷）

调　　研　　陈思如　房　雅　黄　婕　胡竹彦　姜亚晨
　　　　　　康　宁　梁　菲　龙纪君　卢　轲　牟　进
　　　　　　马文年　陶林林　唐屹兵　王　岚　王　日
　　　　　　吴欣桐　吴一凡　周雨宁

主编简介

马蔚华 社会价值投资联盟（深圳）当值主席，经济学博士、国际公益学院董事会主席、国家科技成果转化引导基金理事长、北京大学和清华大学等多所高校兼职教授、壹基金公益基金会理事长、中国企业家俱乐部理事长。曾任招商银行股份有限公司执行董事、行长兼首席执行官，中国人民银行总行办公厅副主任、中国人民银行总行计划资金司副司长，第十届全国人大代表及第十一届、第十二届全国政协委员。

曾获国内外权威机构与媒体授予的各项荣誉近百项。于 2001 年获评"CCTV 中国经济年度人物"，2005 年获评英国《银行家》杂志"银行业希望之星"。被美国《机构投资者》杂志评为"2007 年度亚洲最佳 CEO"、"2008 年度亚洲银行业领袖"、"2009 年度亚洲最佳行长"和"2011 年度亚洲杰出 CEO"。2012 年荣获《哈佛商业评论》"中国上市公司卓越 50 人"，入选《华尔街日报》"中国影响力排行榜"第四位，并获得"安永企业家 2012 国家大奖"。

两次入选"年度中国公益人物"（2016、2017），荣获两岸三地慈善大奖"第 12 届·2017 爱心奖"，荣膺"2017 中国十大社会推动者"，获评首届深圳市社会组织风云榜十大社会组织功勋人物、第三届深圳市社会组织风云榜先进模范人物和第四届鹏城慈善推动者。

社会价值投资联盟（深圳）简介

社会价值投资联盟（简称"社投盟"）是中国首家专注于促进可持续发展金融的国际化新公益平台。由友成企业家扶贫基金会、中国社会治理研究会、中国投资协会、吉富投资、清华大学明德公益研究院领衔发起，近50家机构联合创办。

社投盟愿景

践行义利并举，投向美好未来

社投盟使命

标准研发

开发可持续发展价值量化评估体系

平台建设

聚集推动可持续发展的投资者和投资标的

理念倡导

提升经济、社会、环境综合价值

社投盟在做什么

一、标准研发：可持续发展价值量化评估体系

社投盟协同金融机构、上市公司、学术机构、政策研究机构等海内外组织，通过"跨界协同、智慧众筹"的方式，构建中国可持续发展价值评估体系，从目标丨驱动力（AIM）、方式丨创新力（APPROACH）、效益丨转化力（ACTION）三个方面考量组织所创造的经济、社会和环境综合价值。目前社投盟已根据中国可持续发展价值评估体系，分别研发出针对上市公司、非上市公司的可持续发展价值评估模型，并获知识产权保护。

二、平台建设：聚集推动可持续发展的投资者和投资标的

1. 社投盟—可持续发展投资实践室＋投融对接会

社投盟倾力推出可持续发展投资实践室及投融对接会，建立可持续发展投资研究知识中心，开展全球可持续发展投资领域的交流，激发中国关注可持续发展的投资人进行投资实践，推动其成为中国未来可持续发展投资的中坚力量。自2018年起已举办三期投资实践室活动，实现了135次投融资对接。

2. 社投盟—可持续发展社创加速营

社投盟—可持续发展社创加速营，专注赋能可持续发展领域的早期创业者。通过沉浸式创业加速和路演辅导，支持社创企业专业化、规模化、可持续地破解社会问题，实现从社会问题到可持续发展机遇的创变。自2018年起已举办两期，共为172家社创企业赋能。

三、理念倡导：提升经济、社会、环境综合价值

1. 理论创新与应用

社投盟联合北京大学国家发展研究院、博时基金管理有限公司等单位共同发起"可持续发展金融创新实验"项目。

2. 理念传播与推广

社投盟以中英双语全媒体矩阵，打造可持续发展金融新媒体传播中心，构筑可持续发展金融海内外媒体传播网络。

3. 国际交流与合作

社投盟是一个促进可持续发展金融的国际化平台，与联合国开发计划署（UNDP）、全球影响力投资指导委员会（GSG）及全球影响力投资网络（GIIN）、亚洲公益创投网络（AVPN）等业内权威国际组织保持密切交流与合作。

序

  2019 年 10 月 24 日，正值联合国成立 74 周年纪念日，在中国的资本市场上，"中证可持续发展 100 指数"新鲜出炉了。该指数是基于社会价值投资联盟（深圳）（以下简称"社投盟"）对 A 股上市公司可持续发展价值的长期研究成果，由博时基金定制、中证指数编制而成。这个以"可持续发展价值"为内核，以"可持续发展价值"的创造者为标的，以"可持续发展价值"的投资者为主导的股票指数，一经问世便引发了高度关注。中证指数公告发出仅一个小时，百度搜索量就已突破了千万。其关注焦点并不是股票指数本身，而是如何借助股票指数类的金融工具，去引导货币选票投向可持续发展的美好未来。

  在几千年文明史中，人类一直在追问着：我们从何而来？又向哪里而去？如果说前者只是人类在探究物种的起源，后者却是人类在抉择命运的归途。不管少数人如何去大肆渲染信仰、制度等差异，在地球承载能力迫近极限、社会动荡跨境裂变的今天，摆在我们面前的现实是：人类就是命运共同体。只有均衡地促进经济发展、社会包容和生态保护，人类才能够可持续发展下去。

  正是基于这种共识，2015 年 9 月，联合国 193 个成员国通过了《2030 年可持续发展议程》17 项目标；继而在 10 月，中国明确提出了创新、协调、绿色、开放、共享五大发展理念。在国家策略与国际环境的共同催化下，中国践行《2030 年可持续发展议程》的业绩可圈可点。到 2019 年，中国对世界减贫的贡献度已超过 70%，对全球新增绿化面积的贡献度约为 25%。尽管如此，全球对《2030 年可持续发展议程》的达成度仍然落后于联合国规划。究其原因，不仅在于各国对可持续发展的认同不够，而且迫于资金短缺，各国对可持续发展的"认购"不足。根据联合国公布的财务测算，达成《2030 年可持续发展议程》，仅新兴市场每年就需要 3.9 万亿美元。其中公共财政及传统慈善仅能覆盖 1.4 万亿美元，尚有 2.5 万亿美元资金缺口亟待市场力量予以解决。在符合帕累托最优法则的情况下，如何能调动经济实体，兼顾经济、社会和环境价值的创造？如何能促进金融机构，将资金投向可持续发展领域？这成为推动可持续发展的重要命题。

现代管理学之父彼得·德鲁克曾说过，所有的社会和环境难题，只有把它们变成有利可图的商业机遇，才能得以彻底解决。而要促进经济实体进行义利转化、达成义利双升，就必须对其所创造的经济、社会、环境综合价值进行量化评估。在市场价值重塑的时间窗口，面对全球资源配置的刚性需求，社投盟协同近 300 名中外专业志愿者和多家专业机构，以发现中国"义利99"为主题，以 A 股上市公司为研究对象，以可持续发展价值评估为内容，进行了为期三年的探索。

在这三年时间里，社投盟开发了 3A 可持续发展价值评估模型，对2014 ~ 2019 年沪深300 成分股的可持续发展价值进行了量化评估，并完成了对义利99指数股市表现的三年回测和三年实测工作。作为一项公益性创新实践，发现中国"义利99"的产品组合从评估模型，裂变为评级、指数、数据库、基因检测、榜单、奖项等；运行模式也从最初的数十位专家的协同研发，演进为与联合国开发计划署、《财经》杂志、博时基金、华泰保险、中证指数公司、北京大学国家发展研究院、上海证券交易所等诸多国际组织和国内机构的联合共建。

回顾社投盟对沪深 300 成分股可持续发展价值连续六年的量化评估结果，我们发现了一个很有趣的现象：作为一批可持续发展价值的创造者，"义利99"上市公司深受投资者追捧，但没有得到学术和媒体的青睐。

博时基金和国泰君安出具的数据分析报告显示，在 2014 年 6 月 30 日至 2019 年 7 月 1 日期间，从超额收益能力来看，可持续发展100 指数累计收益率达 140.83%，跑赢了 A 股几近全部重要的股票指数。可持续发展 100 指数累计收益率战胜沪深 300 指数 38.81 个百分点，年化超额收益率达 4.12%；从抗跌能力来看，可持续发展 100 指数最大回撤率为 39.76%，比沪深 300 指数少 6.3 个百分点。不论中国股市投资风格如何变幻，可持续发展 100 指数始终具有出色的可投资性。

　　尽管在资本市场的吸金能力强大，"义利99"似乎并未得到学术和媒体的足够青睐。与互联网独角兽的话题爆棚状况相比，对"义利99"推动可持续发展的媒体追踪、学术研究等煞是清冷。这批上市公司长期通过主营业务去破解重大的社会和环境问题，再借助创造社会和环境正向外部效应，提升自身的经济价值与核心竞争力，形成了"义利并举—义利转化—义利双升"的海量案例。然而，许多"义利99"上市公司选择了"静水深流"的公关策略，"吸睛"能力或意愿始终在低位徘徊，这批案例宝藏就被埋在了静水的深处。

　　发现中国"义利99"并未着意为任何一家企业或一个行业去贴标授牌，而坚持以专业的建模评估、严谨的数据分析为支撑，探求带动中国走向"强起来"的市场主力，找寻推进全球可持续发展的中国动力。作为发现中国"义利99"主题下首个有基金产品追踪的股票指数，"中证可持续发展100指数"于11月15日在上海证券交易所正式挂牌。与此同时，社投盟支持博时基金发行并募集"博时中证可持续发展100ETF"。该交易型开放式指数基金作为全球首只可持续发展价值主题的公募产品，既可优化一批金融机构的投资配置，也会影响着更多上市公司的经营取向。

　　发现中国"义利99"的公益使命，就是借助评估模型等量化工具以及指数基金等金融产品，引导资源配置方从追逐财务回报最大化转向谋求经济—社会—环境综合价值最优化，从囿于短期既得利益到关注长期倍增价值。从这个意义上讲，对可持续发展100指数千万级的百度搜索，同频共振着人们对"向哪里去"的强烈愿望。

　　促进经济实体"践行义利并举"，推动金融机构"投向美好未来"，全球可持续发展是正在化为现实的理想！

社会价值投资联盟主席团常务主席

摘　要

在延续和发展《发现中国"义利99"——A 股上市公司社会价值评估报告（2017/2018）》的研究方法和技术路线的基础上，编委会编撰《A 股上市公司可持续发展价值评估报告（2019）》。可持续发展价值即义利并举，又称社会价值或综合价值，指组织为建设更高质量、更有效率、更加公平和更可持续的美好未来，通过创新的生产技术、运营模式和管理机制等方式，所实现的经济、社会和环境的综合贡献。

全书由总报告、行业评估篇、评估工具篇、评估基础篇、评估应用篇、附录六大部分构成。总报告包含《A 股上市公司可持续发展价值评估背景及动态》、《2019 年 A 股上市公司可持续发展价值评估结果与分析》两篇。《A 股上市公司可持续发展价值评估背景及动态》对可持续发展、可持续发展目标、可持续发展金融以及可持续发展价值评估的内涵进行了界定。"发现中国'义利99'"作为可持续发展价值评估的重要应用产品，总报告对其逻辑起点、理论基础、研发路径和全球对标进行了详尽介绍。《2019 年 A 股上市公司可持续发展价值评估结果与分析》展示了以沪深 300 成分股为样本的上市公司可持续发展价值评估年度特征。行业评估篇对工业、原材料、能源、金融、医药卫生 5 个行业的可持续发展价值进行了详细解读，并选取了每个行业得分最高的公司以及 2019 年进步最大的公司进行案例分析。评估工具篇系统介绍了 A 股上市公司可持续发展价值评估体系的评估原理、评估方法、治理结构以及 2019 年的优化改进。评估基础篇由两篇报告组成。《全球可持续发展金融相关评估项目对标分析》对标了全球市场上现有的 25 个可持续发展金融相关评估项目。《3A 可持续发展价值评估模型与 2030 年可持续发展议程关联分析》表明该模型评估指标与 SDGs 高度吻合，可持续

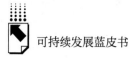

发展价值评估契合了 SDGs 的发展方向，可有效评估企业实践可持续发展的情况。评估应用篇即《基于 3A 可持续发展价值评估的基金产品可投资性分析》。博时基金为了验证 3A 可持续发展价值评估模型的有效性，通过 3 年历史回测加 2 年数据实证，发现了"三大金矿"：持续稳定的超额收益、较低的最大回撤率和高互补性的非财务驱动因子。附录一详细展示了 2019 年发现中国"义利 99"排行榜及上榜公司的评分、排名、一级指标评分、数据完备度、合一度、义利属性，附录二呈现了上榜公司可持续发展价值评级。附录三呈现了 25 个全球可持续发展金融相关评估项目，由于篇幅所限，附录三仅从项目发起背景及机构、项目主要内容、项目主要特征三个方面作简要介绍。附录四是发现中国"义利 99"项目的研发历程。

目 录

Ⅰ 总报告

Ⅱ 行业评估篇

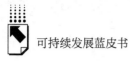

Ⅲ 评估工具篇

Ⅳ 评估基础篇

Ⅴ 评估应用篇

Ⅵ 附录

皮书数据库阅读**使用指南**

总 报 告

General Reports

B.1

A股上市公司可持续发展价值评估
背景及动态

摘　要：　本文按照逻辑顺序，分别对可持续发展、可持续发展目标、
可持续发展金融以及可持续发展价值评估的内涵进行了界定。
本文描述了全球可持续发展浪潮以及联合国的重要作用，阐
述了可持续发展目标的形成以及中国贯彻落实可持续发展目
标的实践，讲述了可持续发展金融的发展现状以及未来发展
中的三大障碍，介绍了全球可持续发展金融评估的发展概况。
发现中国"义利99"作为可持续发展金融评估的重要应用产
品，本文对其逻辑起点、理论基础、研发路径和全球对标进
行了详尽介绍。

关键词：　可持续发展　可持续发展目标　可持续发展金融

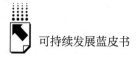

社会价值投资联盟（深圳）（以下简称"社投盟"）对中国 A 股上市公司可持续发展价值的评估实测与市场回测已持续进行了六年，《发现中国"义利 99"》的评估报告也已连续发布了三年。作为一项由中国公益组织牵头、致力于推动可持续发展金融的社会创新项目，发现中国"义利 99"已从一个初步设想，演变为评级、指数、数据库、基因检测、榜单、奖项等与市场深度契合的多元产品。

本文在揭示 2019 年"义利 99"群体画像和特征分析前，先按逻辑顺序陈述了四个基石性概念，即分别对可持续发展、可持续发展目标、可持续发展金融以及可持续发展价值评估进行了描述和界定（见图 1）。

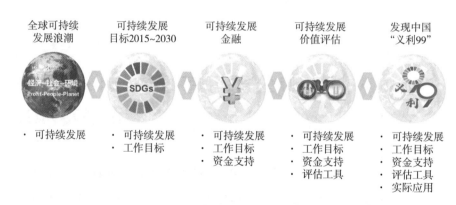

图 1　推动可持续发展路径

一　可持续发展浪潮

引发全球可持续发展浪潮的，是曾经饱受争议的两本书。《寂静的春天》（1962）由美国科普女作家蕾切尔·卡逊（Rachel Carson）撰写，讲述了人类过度使用化学农药而导致的生态破坏。《增长的极限》（1972）由系统学大师德内拉·梅多斯（Donella Meadows）等合著，从人口膨胀、农业发展、自然资源、工业生产和环境污染等方面，讲述了高增长、高消费模式为人类和自然带来的毁灭性灾难。

我们是谁？从何而来？向哪儿去？几千年里，人类带着哲学的"终极三问"一直在匆匆前行。而在《寂静的春天》《增长的极限》触动下，人类开始进行了超越时空的思考。纵使无法认清我们是谁，很难说清从何而来，我们终于弄清了在脆弱的生态系统中，人类族群就是一个命运共同体。我们忽略的社会问题，会化为动荡不安；我们打破的生态平衡，会导致资源枯竭。实质上，可持续发展并不仅在于今天世界能否继续发展，而且是关乎未来人类如何生存下去。

（一）可持续发展议题

1987 年，布伦特兰夫人领导的世界环境与发展委员会（WCED）向联合国递交了调查报告《我们共同的未来》，首次使用了可持续发展概念，即"能满足当代人的需要，又不对后代人满足其需要的能力构成危害的发展"。可持续发展包括两个要素："需要"和"限制"。"需要"是指对当代人的基本需要应予优先考虑，"限制"是指对可能危及未来的过度需求应予限制。

为在"需要"和"限制"间维系平衡，可持续发展需要三大支柱，即经济发展、社会包容和生态保护。经济发展指在保持自然资源的质量和其所提供服务的前提下的发展；社会包容指资源在当代人群之间以及代际人群之间的公平合理分配；生态保护是不超越生态系统更新能力的发展。

为推动经济、社会和环境三维发展，可持续发展须遵循几项基本原则：持续性原则、公平性原则、共同性原则和需求性原则。持续性原则，指资源和生态的永续利用，是可持续发展的重要保障；公平性原则，指机会选择的平等性，包括代际相传的纵向公平性和同代人之间的横向公平性；共同性原则，即促进人与人以及人与自然之间的协调，是人类共同的道义和责任；需求性原则，指立足于人的需求和发展，满足所有人的基本需求，向所有人提供实现美好生活愿望的机会。

（二）联合国重要作用

在推进可持续发展的旅程中，作为一个由 193 个成员国组成的国际组

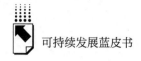

织，联合国发挥了重要作用。

1972年6月，113个国家代表赴瑞典斯德哥尔摩，参加了联合国人类环境会议，通过了《斯德哥尔摩宣言》和《人类环境行动计划》，成立了联合国环境规划署并将6月5日定为"世界环境日"。1980年3月，由联合国环境规划署（UNEP）、世界自然保护联盟（IUCN）和世界自然基金会（WWF）共同组织发起，多国政府官员和科学家参与制定的《世界自然保护大纲》，初步提出可持续发展的思想，强调"人类利用对生物圈的管理，使得生物圈既能满足当代人的最大需求，又能保持其满足后代人的需求能力"。1987年，世界环境与发展委员会（WCED）主席、挪威前首相布伦特夫人向联合国大会提交了《我们共同的未来》，正式提出"可持续发展"的概念，即"能满足当代人的需要，又不对后代人满足其需要的能力构成危害的发展"。

1992年6月，178个国家代表（含103名元首）赴巴西里约热内卢，参加了联合国环境与发展会议，通过了《里约热内卢宣言》《21世纪议程》等多项文件。1997年12月，《联合国气候变化框架公约的京都议定书》条约在日本京都通过（即"京都协定"）。京都议定书于2005年2月16日开始强制生效。2009年2月，共有183个国家和地区通过了该条约，其碳排放量占全球的61%还多。2012年，在第十八届联合国气候变化大会上，原本定于2012年到期的京都协定被延长到2020年。

2000年9月，191个国家代表参加了联合国千年首脑会议，通过了《2000～2015联合国千年发展目标》（MDGs），包括消灭极端贫穷和饥饿，普及小学教育，促进男女平等并赋予妇女权利，降低儿童死亡率，改善产妇保健，与艾滋病毒/艾滋病、疟疾和其他疾病做斗争，确保环境的可持续能力和全球合作促进发展等目标。

2002年8月，191个国家代表（含104名元首）在南非约翰内斯堡通过了《约翰内斯堡宣言》和《可持续发展世界首脑会议执行计划》，承诺将世界建成一个以人为本、人类与自然协调发展的社会。

2012年6月在巴西里约热内卢召开的联合国可持续发展大会发起了可持续发展目标讨论进程，提出通过发展绿色经济推动全球可持续发展，正式通过了《我们憧憬的未来》这一成果文件。

2015 年 9 月 25 日，全球可持续发展峰会在联合国纽约总部召开，193 个成员国正式通过《2030 年可持续发展议程》，包括无贫困、零饥饿、良好健康与福祉、优质教育、性别平等、清洁饮水和卫生设施、经济适用的清洁能源、体面工作和经济增长、产业创新和基础设施、减少不平等、可持续城市和社区、负责任消费和生产、气候行动、水下生物、陆地生物、和平正义与强大机构、促进目标实现的伙伴关系 17 项目标、169 项子目标。作为千年发展目标的延续，可持续发展目标旨在以综合方式彻底解决社会、经济和环境三个维度的发展问题，使全球转向可持续发展道路。

2015 年 12 月，在巴黎气候变化大会上联合国成员国通过了《巴黎气候协定》，主要目标是：①将全球平均气温升幅控制在工业化前水平以上 2℃ 之内，并努力将气温升幅限制在工业化前水平以上 1.5℃ 之内；②提高适应气候变化不利影响的能力并以不威胁粮食生产的方式增强气候抗御力和温室气体低排放发展；③使资金流动符合温室气体低排放和气候适应型发展的路径。《巴黎气候协定》是继 1992 年《联合国气候变化框架公约》、1997 年《京都议定书》之后，人类历史上应对气候变化的第三个里程碑式的国际法律文本，将形成 2020 年后的全球气候治理格局。到 2017 年 11 月，除美国之外的全球所有国家均已签署或表示接受《巴黎气候协定》。2018 年 12 月 15 日，联合国气候变化卡托维兹大会如期完成了《巴黎气候协定》实施细则谈判。

在《2015～2030 年可持续发展目标》实施四年后，联合国意识到推动可持续发展的关键在于改变资本流向，促进可持续发展金融。2019 年 9 月第 74 届联合国大会期间，联合国秘书长安东尼奥·古特雷斯发布了《达成可持续发展目标的融资路线图》（以下简称"路线图"），提出了 1 项目标、3 项计划、6 大领域和 15 项倡议，成为以可持续发展金融推动可持续发展的全球行动指南。

与此同时，为建立全球通行的可持续发展价值评估标准，以推动经济实体和金融机构支持《2030 年可持续发展议程》，联合国开发计划署成立了"可持续发展影响力指导委员会"（又称"十人委员会"），由联合国副秘书

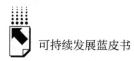

长、开发计划署署长阿希姆·施泰纳担任主席，聘请全球十位来自金融和企业界的领军人物和思想领袖担任委员。社投盟常务主席马蔚华应邀加入了"十人委员会"，并在2019年就职会议上明确表示，社投盟愿意开放数据库、建模手册和研发案例，以全力支持在联合国框架下建立可持续发展价值评估标准。此外，马蔚华主席建议举办全球性可持续发展影响力峰会，就建立全球标准的系统机制和前沿课题进行深入探讨。

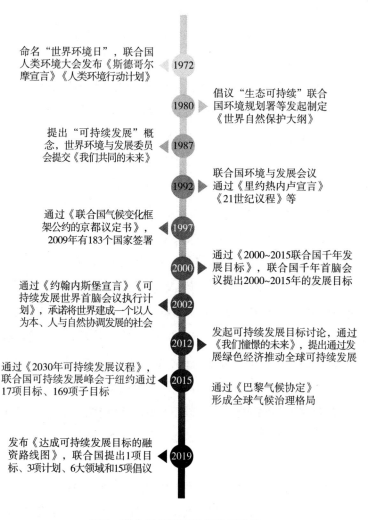

命名"世界环境日"，联合国人类环境大会发布《斯德哥尔摩宣言》《人类环境行动计划》 **1972**

1980 倡议"生态可持续"联合国环境规划署等发起制定《世界自然保护大纲》

提出"可持续发展"概念，世界环境与发展委员会提交《我们共同的未来》 **1987**

1992 联合国环境与发展会议通过《里约热内卢宣言》《21世纪议程》等

通过《联合国气候变化框架公约的京都议定书》，2009年有183个国家签署 **1997**

2000 通过《2000~2015联合国千年发展目标》，联合国千年首脑会议提出2000~2015年的发展目标

通过《约翰内斯堡宣言》《可持续发展世界首脑会议执行计划》，承诺将世界建成一个以人为本、人与自然协调发展的社会 **2002**

2012 发起可持续发展目标讨论，通过《我们憧憬的未来》，提出通过发展绿色经济推动全球可持续发展

通过《2030年可持续发展议程》，联合国可持续发展峰会于纽约通过17项目标、169项子目标 **2015**

2015 通过《巴黎气候协定》形成全球气候治理格局

发布《达成可持续发展目标的融资路线图》，联合国提出1项目标、3项计划、6大领域和15项倡议 **2019**

图2　联合国倡议可持续发展脉络

二 可持续发展目标

当今世界局势巨变，呈现"不稳定"（Volatile）、"不确定"（Uncertain）、"复杂"（Complex）和"模糊"（Ambiguous）的乌卡特征（VUCA）。在 2001 年 "9·11" 恐怖袭击发生之后，全球政界开始觉察到混序成为时代的主要特征；在科技飓风卷来一批批独角兽、掀翻一个个五百强时，全球业界开始意识到身处变幻莫测的市场中；在占领美国华尔街、法国"黄背心"等民粹浪潮一波波来袭时，全球民众开始体验到社会矛盾难以破解且无可回避。粮食安全、资源短缺、气候变化、网络攻击、人口爆炸、环境污染、疾病流行、跨国犯罪等全球非传统安全问题层出不穷，对国际秩序和人类生存都构成了严峻挑战。为应对乌卡时代的全球性挑战，需要制定可持续发展目标，并将其系统性地推进下去。

（一）《2030 年可持续发展议程》

2015 年 9 月 25 日，在联合国纽约总部召开了全球可持续发展峰会。联合国 193 个成员国正式通过《2030 年可持续发展议程》，提出了 17 项目标（Sustainable Development Goals，SDGs）、169 项子目标，力求保障人类代际传承、永续发展。

作为可持续发展的阶段性目标和联合国倡议的全球行动规划，可持续发展目标旨在以综合方式破解社会、经济和环境三个维度顽疾。在 17 项目标中，聚焦经济领域的有 4 项，即体面工作和经济增长（目标 8）、产业创新和基础设施（目标 9）、可持续城市和社区（目标 11）以及负责任消费和生产（目标 12）；聚焦社会领域的有 8 项，即无贫困（目标 1）、零饥饿（目标 2）、良好健康与福祉（目标 3）、优质教育（目标 4）、性别平等（目标 5）、经济适用的清洁能源（目标 7）、减少不平等（目标 10）以及和平正义与强大机构（目标 16）；聚焦环境领域的有 4 项，即清洁饮水和

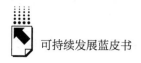

图3 联合国可持续发展17项目标（SDGs）

卫生设施（目标6）、气候行动（目标13）、水下生物（目标14）、陆地生物（目标15）。为使世界各国协同推动可持续发展，增加了促进目标实现的伙伴关系作为目标17。

作为一份反映多元诉求并历经长期协商的共识性文件，《2030年可持续发展议程》确立的17项目标存在一定的内容重叠及逻辑瑕疵，也不免遭到质疑甚至批评。国际科学理事会聘请40位科学家的研究结果显示，在169项子目标中，仅有29%得到明确界定，其余71%缺少具体描述、尚难准确衡量。尽管存在诸多不完美，作为全球可持续发展的界标，可持续发展目标仍然是不可替代的全球指引。在时间这个最大的革新者面前，它从先锋的呼吁演化成大众的认知，从纲领性的共识文件成为融入政产学界的行动方案。

（二）中国行动

2015年10月，中国共产党第十八届五中全会旗帜鲜明地提出了创新、协调、绿色、开放、共享五大发展理念，与可持续发展理念深度

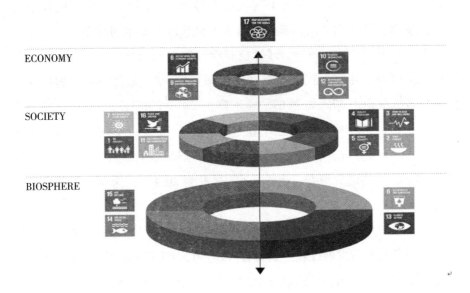

ECONOMY

SOCIETY

BIOSPHERE

图 4 联合国可持续发展目标分类

契合。

2016 年 3 月，中国举行第十二届全国人民代表大会第四次会议，审议通过了"十三五"规划纲要，将可持续发展议程与中国国家中长期发展规划有机结合。

2016 年 9 月，中国发布《中国落实 2030 年可持续发展议程国别方案》，回顾了中国落实千年发展目标的成就和经验，分析了推进落实可持续发展议程面临的机遇和挑战，明确了中国推进落实工作的指导思想、总体原则和实施路径，并详细阐述了中国未来一段时间落实 17 项可持续发展目标和 169 项子目标的具体方案。

2016 年 12 月，《中国落实 2030 年可持续发展议程创新示范区建设方案》出台，明确了"中国落实 2030 年可持续发展议程创新示范区"的推进思路和目标。

2017 年 8 月，中国发布了首份《中国落实 2030 年可持续发展议程进展报告（2017）》，系统梳理了中国落实 2030 年可持续发展议程的进展。

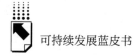

2018 年 12 月，中国发表了《改革开放 40 年中国人权事业的发展进步》白皮书，从消除贫困、确保饮用水安全、改善基本居住条件、人民出行、生命健康权、社会救助、环境权利保障等方面总结了 40 年来的进展。1978～2017 年，中国居民人均消费支出增长 18 倍，城镇和农村居民家庭恩格尔系数分别由 57.5% 和 67.7% 下降至 28.6% 和 31.2%；中国减贫人口达 8.5 亿，对全球减贫贡献率超过 70%；劳动人口平均受教育年限达 9.6 年，九年义务教育巩固率达 93.8%；中国煤炭消费占比由 70.7% 下降到 60.4%，清洁能源消费占比由 6.6% 提升到 20.8%；全国女性就业人口占比达 43.1%。

2019 年 9 月，中国代表团出席第 74 届联合国大会，并正式发布了《中国落实 2030 年可持续发展议程进展报告（2019）》。中国将落实《2030 年可持续发展议程》与《国民经济和社会发展第十三个五年规划》有机结合，在多个可持续发展目标上实现了"早期收获"。在经济发展方面，2018 年中国国内生产总值达 90.03 万亿元人民币，同比增长 6.6%；城镇新增就业 1361 万人，调查失业率稳定在 5% 的较低水平。在社会包容方面，2015～2018 年底，农村贫困人口从 5575 万减少到 1660 万，贫困发生率从 5.7% 下降到 1.7%；教育普及率已达中高收入国家平均水平，女性参与决策和管理比例不断提升。在环境保护方面，2018 年，单位国内生产总值能耗和二氧化碳排放同比分别下降 3.1% 和 4.0%，全国 338 个地级以上城市的大气平均优良天数比例为 79.3%，同比上升 1.3 个百分点。报告指出，落实《2030 年可持续发展议程》是一项长期系统工程，中国将继续向更高质量、更有效率、更加公平、更可持续的方向发展。同时，作为世界最大的发展中国家，中国将承担应尽的国际责任，推动共建人类命运共同体。

（三）企业实践

尽管在多元因素影响下，中美贸易摩擦呈水火之势，然而在推进可持续发展、创造经济社会环境综合价值这个领域，大洋两岸的企业家却颇具共识。不论是成熟的资本主义，还是新兴的市场经济，企业家们在共同发声——推动可持续发展是企业社会责任。

2018 年 3 月 5 日，中国企业家论坛第十八届年会在亚布力召开。由华泰保险王梓木（社投盟主席团成员）发起，联想柳传志、阿里马云等 50 多位中国企业家联合发布了《社会企业家倡议书》。该倡议清晰阐述了"企业家的社会职责不仅是创造社会财富，还要推动社会进步……追求社会价值最大化"。

时隔 17 个月，2019 年 8 月 19 日，美国"商业圆桌会议"年度会议在华盛顿召开。包括亚马逊杰夫·贝佐斯、苹果蒂姆·库克、波音公司丹尼斯·米伦伯格等在内的 181 位美国大企业 CEO 联合签署并发布了《公司宗旨宣言书》。与过去 22 年一直倡导的"股东至上"不同，该宣言第一次明确提出，公司的首要任务是"创造一个更美好的社会"。

在全球各界精英对这份宣言的热议中，《财富》杂志 9 月刊出《美企 CEO 寻求企业新使命》一文。时代公司首席内容官兼《财富》杂志主编穆瑞澜（Alan Murray）犀利而幽默地写道："……对于诺贝尔经济学奖的获得者米尔顿·弗里德曼来说，企业唯一的社会责任就是为股东赚取财富……秉承这一理念，自 1997 年以来，商界写入年度宣言一直是'股东至上'……然而，时代变迁了。在（2019 年）8 月 19 日的商业圆桌会议上，借助一份 300 字新宣言，CEO 们郑重承诺：致力于贡献美好社会，包括创造客户价值、投资员工权益、公平对待合作方、贡献社区、保护环境并为股东创造长期利益。股东利益最大化被扫进了历史的垃圾桶。"写到这里，主编还意犹未尽，又调侃了一下："弗里德曼在坟墓里辗转难安了"。

这不是中美业界大咖集体作秀，而是昭示着在重大社会和环境危机面前，全球的经济发展范式出现了重大转变。收入不平等加剧、社会保障体系孱弱、经济安全消减等要素，诱发全球性民粹主义的浪潮。性别歧视导致了全球女性群体的脆弱性和边缘化；数字科技将取代百万级的就业岗位，也对隐私保护、基础伦理和社会信任提出了挑战。市场力量必须汇入可持续发展的洪流中来。

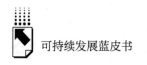

三　可持续发展金融

推进可持续发展目标，既为市场带来了机遇，也提出了挑战。联合国贸易和发展会议公布的《2014 年全球投资报告：投资可持续发展目标的行动计划》显示，在绿色农业、健康养老、公平教育、清洁能源等方面，SDGs 关乎 3.8 亿个新就业岗位和价值 12 万亿美元的市场机遇；为达成 SDGs，全球每年需要 5 万亿~7 万亿美元的资金投入，其中发展中国家每年需要 3.3 万亿~4.5 万亿美元，主要用于基础设施（道路、铁路、港口、电站、水源和卫生设施）、粮食安全（农业和农村发展）、应对气候变化、健康和教育领域。从资金来源看，发展中国家的公共财政仅能覆盖 1.4 万亿美元，尚有 2.5 万亿美元的年度资金缺口亟待市场投资。市场机遇尚在远处，而资金挑战却相当急切。

（一）三大障碍

有效调动市场力量去投资可持续发展目标，目前在全球范围内还存在三大障碍。

其一，建立通用语言。当政府和社会关注温室效应、贫富差距时，企业和投资界关心市场份额、市值变化。可持续发展议题如果难以关联企业的战略投资规划，无法反映在企业的财务报表里，也就不能融入企业的日常经营管理。少数做事、多数作秀的现象也就在所难免。建立通用语言，就是构建以经济—社会—环境"综合价值"为核心、以价值的创造—传递—变现为逻辑、以义利并举—转化—双升为导向的认知体系。

其二，重塑商业逻辑。可持续发展相关的基础建设等产业周期长、回报低，企业和投资机构望而却步；医疗教育等产业虽利润丰厚但属公共服务，市场力量须义利兼顾；而诸如保护水下和陆地生物等项目，目前尚且无法实现产业化运作。此外，经济越欠发达，资金需求越迫切；资金供给越短缺，营商环境越差。如果仅以财务回报（尤其是短期收益）为衡量标准，市场力量趋利避害，不会将主要资源配置在可持续发展领域。重塑商业逻辑，就是构建起义利转化机制，将企业外部效应内部化。

其三，变革金融市场。规模化解决可持续发展所需资金问题，需要金融市场的价值取向从"经济"单维向"经济—社会—环境"三维转变。推动可持续发展依赖长期、大额、稳定的资金供给，因此不仅要吸引私募资金，更要主流机构激活公募渠道。变革金融市场，就是指市场主体（玩家）、产品服务（游戏）、监管规定和定价体系（玩法）等进行系统性变革。

如前所述，破解全球三大难题，需要建立通用语言、重塑商业逻辑以及变革金融市场。可持续发展呼唤着可持续发展金融。

（二）发展动态

与很多重要概念一样，可持续发展金融不仅没有统一的界定，甚至缺乏权威部门的诠释。结合可持续发展的描述以及可持续发展目标的内涵，本报告将可持续发展金融定义为，推进全球可持续发展且创造出可计量的经济、社会和环境综合价值的金融服务。

1. 可持续发展金融的内涵

所谓可持续发展金融，目的是推进全球可持续发展目标达成，并创造经济、社会和环境综合价值；作用是以资金配置为核心去推动可持续发展目标的达成，以金融机构货币选票去激发经济主体对经济、社会和环境价值的创造；现阶段形式仍以股权、债券、信贷等产品为主，它将迅速关联到全部资产、负债、中间业务，并激发新一轮的金融产品和服务的跨界创新；主体广泛包括银行、证券、保险、基金、信托、租赁等各类从事金融服务机构；主题涵盖了所有产生社会和环境正向外部效应的金融服务，如普惠金融、绿色金融以及责任投资、ESG 投资、可持续投资、正向筛选、负向筛选以及影响力投资等（详见评估基础篇 B.9）。

2. 可持续发展金融的属性

为扼要阐释资本对商业回报（利）和社会环境诉求（义）不同取向，

欧美学者以义利"光谱图"的形式，展示了可持续发展金融所包含的各个主题性投资的差异定位。如图5所示，传统投资仅注重财务回报、忽视社会环境，有"逐利忘义"属性；责任投资以负向筛选等为主要手段、符合ESG（环境—社会—治理结构）底线原则，最终目的是规避风险，有"不作恶逐利"属性；可持续投资以正向筛选等为主要手段，主动采纳ESG标准，最终目的在于提升商业投资价值，有"逐义为利"属性；影响力投资首次提出以投资方式解决社会环境问题，有"以义为先"属性。

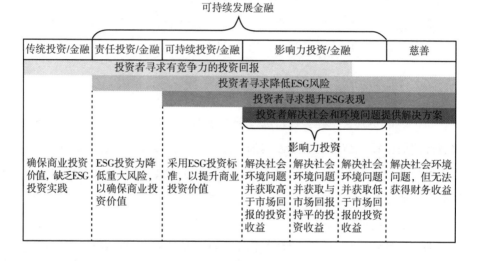

图5 可持续发展金融光谱图

全球影响力投资管理项目（IMP）将可持续发展金融包含的主题投资归纳为"A、B、C"。A代表Act to Avoid Harm即资本不作恶，责任投资可归入A类；B代表Benefit Stakeholders即资本惠及相关方，可持续投资可归入B类，C代表Contribute to Solutions即资本贡献解决方案，影响力投资可归入C类。

3. 可持续发展金融的现状

以投资为代表性产品来看一下全球可持续发展金融的现状。联合国贸易和发展会议2019年6月12日发布的《2019世界投资报告》显示，2018年末，全球可持续发展融资的金额为 55.13 万亿美元，比 2016 年增长 33.36%。

结合全球影响力投资管理项目的分类，A 类不作恶投资包括两类，其中负向筛选黑名单禁投额为 19.77 万亿美元，占比 35.86%；伦理投资额为 4.68 万亿美元，占比 8.49%。这两项投资占比合计为 44.35%。B 类惠及相关方投资包含两类，其中正向筛选白名单投资额为 1.84 万亿美元，占比 3.34%；ESG 投资额为 17.54 万亿美元，占比为 31.82%。这两项投资占比合计为 35.16%。C 类贡献解决方案投资包括三类，其中企业参与及股东行动投资额为 9.83 万亿美元，占比 17.84%；可持续发展主题投资额为 1.02 万亿美元，占比 1.85%，社区投资额为 4443 亿美元，占比 0.81%。这三项投资占比合计为 20.5%。①

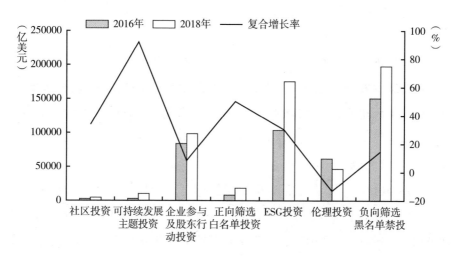

图6 全球可持续发展投资规模

由表 1 可见，2016~2018 年，可持续发展投资总体规模的复合增长率为 15.48%。其中，增长最快的三类投资分别是：可持续发展主题投资（91.95%）、正向筛选白名单投资（50.06%）和社区投资（33.71%）。

---

① 关于可持续发展投资的分类详见评估基础篇 B9。

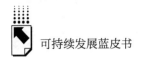

表1　可持续发展投资分类别情况

单位：亿美元，%

项目	C类			B类		A类		总投资额
	社区投资	可持续发展主题投资	企业参与及股东行动投资	正向筛选白名单投资	ESG投资	伦理投资	负向筛选黑名单禁投	
2016年	2485	2762	83852	8180	103532	61954	150636	413401
分项占比	0.60	0.67	20.28	1.98	25.04	14.99	36.44	100.00
分类占比		21.55		27.02		51.43		100.00
2018年	4443	10177	98346	18419	175438	46794	197710	551327
分项占比	0.81	1.85	17.84	3.34	31.82	8.49	35.86	100.00
分类占比		20.49		35.16		44.35		100.00
复合增长率	33.71	91.95	8.30	50.06	30.17	−13.09	14.56	15.48

4. 可持续发展金融的实践案例

（1）国际公司案例

以投资机构贝莱德为案例，透视一下该集团以全面实施ESG战略为代表的可持续发展金融实践。贝莱德又称黑岩（BlackRock），创立于1988年，总部位于美国纽约。截至2019年6月末，贝莱德总管理资产达6.84万亿美元，为全球最大的投资管理公司。在30个市场设立了74个办公室，客户遍及60个国家和地区。

2018年1月，贝莱德主席及首席执行官劳伦斯·芬克（Laurence D. Fink）发出致旗下投资企业的公开信，告诫企业不仅要有财务业绩，还要关注环保、贡献社会，否则将面临失去贝莱德资金支持的风险。换言之，作为全球最大的资管机构，贝莱德已做好准备将全部管理资产向符合ESG标准迁移。这位"华尔街教父"认为，如果一家公司能够做好环境保护、社会贡献和内部治理，证明它有着可持续发展实力。

贝莱德全球首席投资策略师理查德·特内尔（Richard Turnill）从投资角度进一步阐释，将全部管理资产向ESG方向迁移，可以实现义利并举。他说："如果买方（资产拥有人）认为进行ESG投资就要牺牲收益，那完全是种错觉。……将ESG因子纳入投资组合属于长期投资策略，这种投资组合能够抵御市场上不可避免的波动震荡，适用于不同资产层次的、各种类型的投资人。"

贝莱德研究结果显示，在权益投资方面，2012～2018 年，ESG 股指年化收益率打平甚至战胜了传统股指；在固收投资方面，过去十年 ESG 评级较高的债券，其风险加权回报表现卓越。

（2）中国绿色金融的发展

作为可持续发展金融的重要组成部分，绿色金融本质上是碳金融的延伸。它既包含了传统碳排放交易内容，又涵盖了更全面的节能环保领域，其三大支柱产品为绿色信贷、绿色证券和绿色保险。自 2014 年发行首只绿色金融债券起，在绿色金融委员会的推动下，中国在数年内就跃升为全球领导者，被誉为"一飞冲天"（Zero to Hero）式发展。以绿色债券为例，2018年中国境内外发行贴标绿色债券数量共计 144 只，同比增长 17.07%，发行规模达 2675.93 亿元人民币，同比增长 8.02%；存量接近 6000 亿元，位居世界前列。中国绿色金融发展经历了三个阶段。

2007～2010 年为政策酝酿期，银监会发布了《节能减排授信工作的指导意见》，国家环保总局和保监会联合发布了《关于环境污染责任保险工作的指导意见》，国家环保总局发布了《关于加强上市公司环境保护监督管理工作的指导意见》等，绿色信贷、绿色证券和绿色保险等系列政策措施出台，形成了绿色金融三大支柱产品的基本运行规则。

2011～2014 年为生态建设期。2012 年银监会印发了《绿色信贷指引》，从组织管理、政策制度与能力建设、流程管理、内控管理与信息披露、监督检查等方面要求银行业金融机构从战略高度推进绿色信贷，加大对绿色经济、低碳经济、循环经济的支持力度，防范环境和社会风险，提升自身的环境和社会表现。2013 年银监会印发的《绿色信贷统计制度》对银行业金融机构开展绿色信贷业务做出规范。《绿色信贷统计制度》定义并列举了 12类节能环保项目及服务的绿色信贷统计范畴。

碳排放权交易试点、绿色信贷指引和绿色信贷统计制度的建立，以及环境污染责任险试点的推进等，使绿色金融发展的生态逐步形成。2014 年 5

月 8 日中国发行了首只绿色债券，2014 年 7 月，中国人民银行研究局和联合国环境规划署联合发起成立了中国金融学会绿色金融专业委员会和中国绿色金融工作小组，并提出了关于构建绿色金融体系的 14 条建议，为绿金腾飞提供了坚实的领导力。

2015 年至今，国务院发布"生态文明体制改革总体方案"中有关"构建绿色金融体系"战略。2016 年国家发改委发布《绿色债券发行指引》，对绿色金融企业债券进行规范的同时梳理了绿色金融支持的重点项目领域。上交所、深交所、证监会、银行间市场交易商协会分别发布《关于开展绿色公司债券试点的通知》《关于开展绿色公司债券业务试点的通知》《关于支持绿色债券发展的指导意见》《非金融企业绿色债务融资工具业务指引》，将绿色公司债券和绿色债务融资工具增加至绿色金融产品范围。中国人民银行等七部门在 2016 年 8 月发布的《关于构建绿色金融体系的指导意见》成为全球第一个系统的绿色金融政策框架。从国内的实际发展情况来看，绿色债券市场迅猛发展，各种绿色金融产品的创新不断取得突破。

从中国绿色发展的历程可以看出，"一飞冲天"式的业绩得益于三大部门高效协同，即监管部门主导、政策奖惩驱动和市场积极行动。

四　可持续发展价值评估体系

推动可持续发展金融，就是引导资金从单纯追逐经济利益的最大化转向激励经济—社会—环境价值的最大化。在这一转型过程中，迫切需要计量可持续发展价值的评估工具。在全球近百家机构争相研发的背景下，社投盟在三年时间里，完成了以评估建模为起点、以基金发行为终点的价值闭环。在评估工具篇，对社投盟研发的上市公司 3A 可持续发展价值评估模型（以下简称"3A 模型"）进行了详尽介绍，其中包括建模基础（思想渊源、内涵意义、评估原理）、模型工具（评估逻辑、指标体系、赋权赋值、评价标准）、数据生产（数据来源、生产流程）和治理结构（治理原则、组织架构）。本文我们将对评估体系的逻辑起点、理论基础、研发路径和全球对标等进行概述。

（一）逻辑起点

社投盟牵头研发的3A模型，是引导市场主体创造可持续发展价值、达成可持续发展目标的量化评估工具。什么是"可持续发展价值"？社投盟在《发现中国"义利99"——A股上市公司社会价值评估报告（2017）》提出，可持续发展价值即义利并举，又称社会价值或综合价值，指组织为建设更高质量、更有效率、更加公平和更可持续的美好未来（目标｜驱动力），通过创新的生产技术、运营模式和管理机制等方式（方式｜创新力），所实现的经济、社会和环境的综合贡献（效益｜转化力）。可持续发展价值的定义构成了3A模型的内核逻辑。换言之，3A模型对上市公司的目标、方式和效益进行了穿透式评估，以揭示上市公司究竟为何而存续、怎样可持续以及在可持续发展三大领域创造了哪些价值。

（二）评估关键

在2019年9月发布的《达成可持续发展目标的融资路线图》中，联合国对各国政府、金融机构、股东和公众等各方提出了15项倡议，其中第1项是"各国应对经济的外部效应定价，并将其价值纳入现有经济和金融体系中"，第8项是"各金融机构应实施可持续发展的金融和投资战略，对社会和环境等外部效应量化评估并公布报告"。计量可持续发展价值，关键在于对经济的外部效应定价。

经济外部性（Externality）又称"溢出效应"或"外部效应"，最早由英国剑桥学派经济学家阿尔弗雷德·马歇尔（Alfred Marshall）在《经济学原理》中提出，后由马歇尔的门生阿瑟·瑟希欧·庇古在《福利经济学》中发展而成。经济外部性指经济主体的经济活动对他人和社会造成的非市场化影响，包括正外部性（Positive Externality）和负外部性（Negative Externality）。正外部性是某项经济行为使他人或社会受益，而受益者无须支付对价。如企业开源研发带动产业升级。负外部性是某项经济行为使他人或社会受损，而行为人没有承担成本。如企业生产过程中的碳排放超标，导致

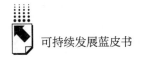
全球气候变暖、财政支出增加、公众健康受损等。根据庇古理论，经济外部性就是边际私人成本与边际社会成本、边际私人收益与边际社会收益的不一致。经济外部性的实际存在，造成社会资源无法实现帕累托最优配置。

英国经济学家罗纳德·哈里·科斯（Ronald H. Coase）对庇古边际成本和收益进行了扬弃。他在《社会成本问题》一文中提出以"交易成本"为核心的"科斯定律"。所谓交易成本即"利用价格机制和市场方式进行交易的成本"；科斯定律即如果交易费用为零，无论权利如何界定，都可以通过市场交易和自愿协商达到资源的最优配置；如果交易费用不为零，制度安排与选择是重要的。根据交易成本和科斯定律，各国积极探索企业如何将外部性内部化，建立起"碳交易"及其他排污权交易制度。

假设有 A、B 两家上市公司，其业务市场、财务表现等各项条件都相同。但 A 治理环境污染、带动产业升级，生成了正向外部效应；而 B 大量偷排"三废"、压榨供应链伙伴等，生成了负向外部效应。如果不纳入外部效应，仅计量经济价值，投资机构对两公司估值应相同，资金将均等流出或流入 A 和 B；如果纳入外部效应，综合计量经济—社会—环境价值，投资机构对两公司估值出现巨大差异，资金将由 B 流向 A。

可持续发展价值评估的关键是对外部效应进行计量。量化评估可持续发展价值，才能真正破解全球性三大障碍，从而构建起通用语言、重塑商业逻辑并变革金融市场，最终调动起市场主体的力量，通过资源配置推动可持续发展。

（三）建模前提

3A 模型是应用型的评估工具，在构建 3A 模型时，我们遵循了以下三项重要的假设前提。

前提一：义利不可分。我们认为，义与利是价值的一体两面，不可分割，更无法对立。对于可持续发展而言，经济发展、社会包容和环境保护互为支撑，公平和效率缺一不可。欧美学者提出的光谱分类，其底层逻辑是义利零和，即"追逐商业利益就势必削弱社会环境效益，而破解社会环境问题就必须牺牲财务回报"。这既不符合市场现实，也不利于引导主流机构去践行义利并举。一个逻辑自洽的模型，一定源自义利兼容的体系。

前提二：义利能双升。如图7所示，我们尊重不同组织有不同的使命和定位，认可不同类型组织对于经济、社会和环境贡献的偏好不同。3A模型评估核心是量化呈现企业所创造的经济—社会—环境综合价值，评估目的是激励上市公司通过主营业务去破解社会与环境问题，借助破解社会和环境问题去产生更大经济回报；评估价值是推动资源配置转向，促进上市公司向"义利兼优"迁移。

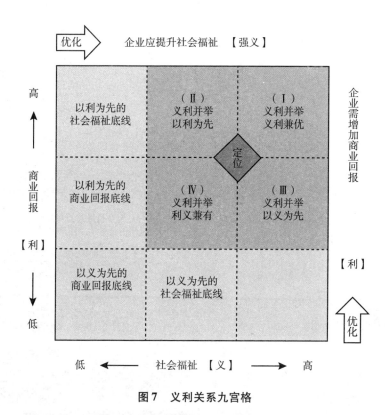

图7 义利关系九宫格

前提三：实践出真知。工具的优劣是由使用者评价的、由市场实践检验出来的。开发可持续发展价值的评估工具，必须做到数据可获取、指标可衡量、结果可验证以及模型可优化。只有被市场力量认知可持续发展理念、认可可持续发展价值评估方法后，影响资源配置的认购行为才会出现。

（四）研发路径

社投盟认为，有效的评估工具依赖于有机的评估体系。所谓评估体系，包括基础层（核心理念、理论模型、指标库和数据库）、工具层（多版本评估模型）和应用层（市场产品和金融服务）。如图8所示，社投盟对3A模型的研发足迹，始终在同步构建工具层、推广应用层和夯实基础层。也就是说，基础、工具和应用三方联动发展是创造整体评估解决方案的必由之路。

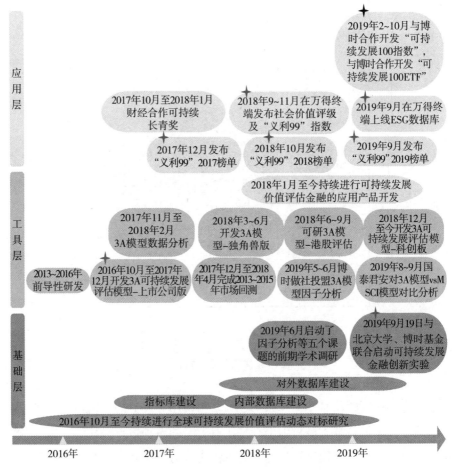

图8 社投盟可持续发展价值评估研发路径

如图8所示，社投盟以研发评估工具为起点，以发行基金为终点，实现了第一个价值闭环。2017年10月，首次建成了"可持续发展价值评估体系"（"3A模型"）；同年12月，首次完成并发布了"上市公司可持续发展价值评估"报告（发现中国"义利99"——A股上市公司社会价值评估报告）。2018年4月，首次完成了"2014～2018年上市公司股市表现回测及数据分析"；同年9月，与Wind金融终端合作首次发布"上市公司可持续发展价值评级"；同年11月，与Wind金融终端合作首次发布了实时性"义利99指数"。2019年4月，与博时基金合作首次完成了3A模型的量化测试报告；9月19日，与北京大学国家发展研究院、博时基金合作启动了"可持续发展金融创新实验"项目，将以社会技术共创共建方式联合探索可持续发展金融的创新发展，致力于为公共政策的调整和资本市场的实践提供长期学术性支持；11月15日，由社投盟提供数据、博时基金定制、中证指数公司发布的"中证可持续发展100指数"在上海证券交易所挂牌。

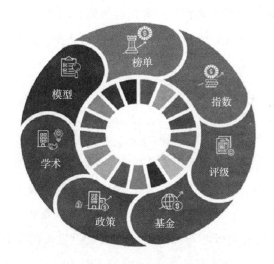

图9 社投盟3A模型的价值链效应

目前，"中证可持续发展100指数"挂钩的ETF基金产品已完成开发，社投盟协助博时基金完成了北京—上海—香港—澳门—纽约—阿姆斯特丹六

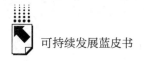
站的投资者预沟通工作。该基金将成为全球首只可持续发展价值挂钩的被动投资产品。

（五）协作模式

自研发伊始，社投盟采纳了"跨界协同、智慧众筹"的开源模式。2016 年至今，根据社投盟时间银行统计数字，共有来自 86 家机构的 339 名专家以专业志愿者的身份参与了研发项目，总计贡献时数为 5800 小时。从专家来源看，中国专家占比 82.54%，海外专家占比 17.46%；从专家机构看，金融机构占比 30.69%，企业占比 19.58%，学术机构占比 5.82%，政府部门占比 16.40%，公益组织占比 6.88%，财经媒体占比 11.64%，国际组织占比 8.99%。

为提升数据完备度，社投盟先后与金融数据（万得）、环境数据（如IPE）、专利数据（如德高行）、合规数据（如价值在线）等第三方数据服务方开展了合作。为提升生产力，社投盟与致一科技签署了合作协议，以自然语义分析技术开发创建了可持续发展价值数据平台，主要功能是数据检索、量化分析、知识呈现和用户交互，一期开发工作已于 2019 年 8 月完成。

（六）全球对标

在过去近 20 年里，约百家国际组织、学术机构、公益组织和商业机构参与了对外部效应的认知研究和工具开发。为协同全球研究力量，社投盟自2017 年初建立起动态对标数据库，并于 2019 年 8 月完成《全球可持续发展金融相关评估项目对标分析》（详见本书评估基础篇 B.9）。

报告显示，目前全球参与标准研发且有成果发布的主要机构有 25 家。其中，联合国主导发起的有 3 家，分别是 PRI、UNGC 和 UNEP FI Impact Radar。非营利组织 11 家，分别是 GRI 标准、ICMA 可持续发展债券系列指引、SROI 社会投资回报、B Impact Assessment、IRIS + 指标体系（原 IRIS）、ISO 26000、OCED 影响力投资倡议、社投盟、IMP、SASB 可持续发展会计准则和 WBA。除社投盟系中国注册成立的非营利组织外，其余 10 家均为注册在美国和欧洲的国际非营利组织；营利性组织 11 家，包括标普、道琼斯指数、汤森路透、彭博、国际金融公司、Sustainalytics、明晟、富时罗素、OWL、ECPI 和商道融绿。其中，8 家在美国注册。

对标分析结果显示，国际金融公司、PRI、GIIN、SASB 等组织都在外部效应的评估领域做出了不懈努力，也在指导原则、议题指标和行业数据等领域取得了许多突破。然而我们也看到，面对市场、政府和社会的迫切需求，目前应用性标准研发尚处于初期阶段，具体表现在以下几方面。

首先，缺乏顶层设计和发展路线。由于可持续发展价值评估体系庞杂，全球始终没有任何研发机构提出顶层设计蓝图，甚至在核心定义方面各机构都无法达成一致。

其次，缺乏整体解决方案。投资机构需要评估解决方案，即高透明、易操作、低成本的数据和工具，并能将其与现有运营系统、产品服务进行整合。而在 2018 年前，全球研发机构基本各自为战。GIIN 旗下的 IRIS 建设指标库、MSCI 发布 ESG 指数、OECD 发布倡议……各自覆盖了一两个环节，但没有贯通整个价值链。

再次，缺乏锚定机构和协同效应。可持续发展的评估标准关乎价值取向和资源配置。如建立全球通用标准，就需要超越意识形态和国别利益的机构牵头，形成全球研发的协同网络。2019 年 6 月 20 日，联合国开发计划署施泰纳署长牵头，成立了"可持续发展目标影响力指导委员会"，聘请了包括社投盟主席马蔚华在内的十位国际意见领袖担任委员，协商共同建立全球适用的可持续发展价值评估标准。马蔚华主席明确表示，全力支持联合国作为牵头机构，整合全球研发资源，推出市场适用的评估产品。

对全球标准研发的动态追踪显示，自 2018 年初以来，以 25 家机构为代表，全球范围内的研发工作正在提速。IMP 推出了投资影响力分类指南和评估框架，GIIN 发布了 IRIS + 定制模型线上工具，SASB 公布了 77 套行业标准并细化了会计科目。在这一加速过程中，在公募资金领域的评估标准研发和应用方面，社投盟成为全球先行者。

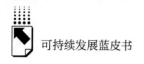

（七）应用发展

2016 年 10 月至 2019 年 10 月，社投盟在三年时间里完成了从建模到回测、从发布报告到因子分析、从发布评级到指数上线、从开放数据库到开发基金产品的历程。在博时基金、中证指数公司、上海证券交易所以及众多资产委托方的大力支持下，即将推出全球首只可持续发展指数挂钩的 ETF 产品。

许多国际专家希望获悉，为什么资源紧缺的条件下，社投盟研发能够快速有效地推进。除得益于学习国际同业前期研发成果、协同各类组织共建和调动专业志愿者以外，社投盟通过研究可持续发展金融在过去 50 年的变化，确立了研发取向。

第一，宜促进市场力量"公益化"，而不是推动公益组织"商业化"。主流经济机构掌握着主要生产资源，对经济、社会和环境起着主导和支柱性作用，只有促使他们从"经济的单维价值观"转向"经济—社会—环境的多维价值观"，激发他们从"效率的实现者"演进为"效率与公平的达成者"，才能真正改变资本流向，实现可持续发展。

第二，宜从头部上市公司开始，而不是由小社企、小基金起步。上市公司战略通常与可持续发展目标天然契合，较易将可持续发展理念融入其经营管理和投资活动中。此外，上市公司的信息披露质量较高、规范性较强，数据完备度大幅优于非上市公司。头部公司的曝光度和关注度都较高，示范效应强且失信成本高，在征信环境尚不成熟的阶段，评估风险较低。

第三，宜扩大公募产品，而不是仅限于私募领域。可持续发展关乎民生，反映公共诉求。私募基金较容易起步，然而不能有效实现对上推动政策跟进、对下动员民众参与。公募基金尽管门槛较高，然而依托成熟交易市场，资金募集和流通效率很高，并且能够较快传递到政策制定者，并有望调动公众共建的热情。

正是基于这样的研发取向，在大批资本市场从业者参与的情况下，社投盟在短时间内完成模型建立与测试；在《财经》等主流金融媒体的推动下，拓展了市场应用的广度和深度。

数据分析

市场回测

榜单&报告

3A3力模型

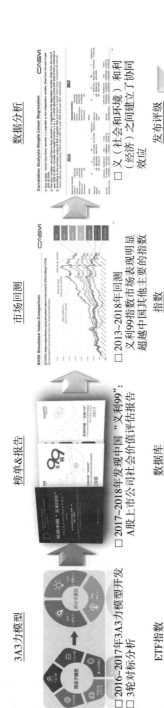

□ 2016~2017年3A3力模型开发
□ 3轮对标分析

□ 2017~2018年发现中国"义利99":
A股上市公司社会价值评估报告

□ 2013~2018年回测
义利99指数市场表现明显
超越中国其他主要的指数

□ 义（社会和环境）和利
（社会/经济）之间建立了协同
效应

发布评级

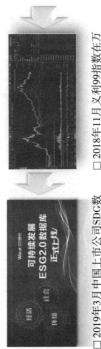

□ 2018年9月A股上市公司社会
价值评级在万得金融终端上线
并对所有金融机构尤其是机构
投资者开放

指数

□ 2018年11月义利99指数在万
得金融终端上线并对所有金
融机构开放
□ 2019年11月中证可持续发展
100指数在上交所挂牌

数据库

□ 2019年3月中国上市公司SDG数
据库引入自然语言学习技术
□ 2019年4月社投盟与致一科技联
手开发数据平台
□ 2019年9月在万得金融终端发布
可持续发展ESG2.0数据库

ETF指数

□ 2019年4月博时完成对社投盟
量化评估模型的验算分析
□ 2019年6月社投盟与博时签署
战略合作伙伴协议
□ 2019年7月社投盟与博时合作
可持续发展100ETF项目合作
协议
□ 2019年12月在上海发布"博
时中证可持续发展100ETF"

图 10　社投盟评估标准研发及应用历程

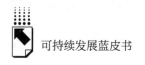
五　可持续发展价值评估应用

在前文阐释了从全球可持续发展浪潮到 2030 年可持续发展议程、从可持续发展金融到可持续发展评估的脉络后，我们可以清晰地看到，在全球推进可持续发展的大潮中，发现中国"义利 99"不过是一股涓流。然而也正是这股涓流，揭示出中国作为全球最大的发展中国家，早已生发并正在加速成长的"商业向上"和"资本向善"的市场力量，这股市场力量将带动中国乃至世界走向可持续发展的文明之路。

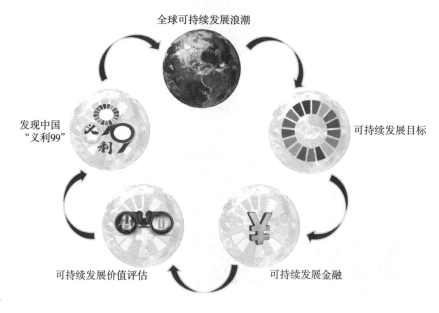

图 11　发现中国"义利 99"与全球可持续发展

（一）"义利99"项目运营

自发现中国"义利 99"项目启动至今，社投盟已积累了六年的企业评估和分析数据，其中包括 2014～2016 年的市场回测，以及 2017～2019 年的市场实测。按照项目生产日志，项目组于 2019 年 6 月 20 日完成评估生产并启动明箱挑战，7 月 5 日完成明箱挑战并确定 2019 年"义利 99"榜单，9 月 20 日对主流财经媒体发布 2019 年度"义利 99"榜单，同日在万得金融终端更新了对沪深 300 成分股评级结果，并更新义利 99 指数成分股。

10 月 24 日，中证指数公司公告中证可持续发展 100 指数将于 11 月 15 日正式发布，该指数基于社投盟长期关于可持续发展研究提供的成果和数据，由博时基金定制、中证指数公司编制。

（二）"义利99"整体表现

如前所述，发现中国"义利 99"是以推进可持续发展目标为宗旨，以联合国可持续发展目标和中国五大发展理念为依据，以 3A 模型为工具，以量化评估经济、社会和环境综合贡献为内容，以推动资本等生产要素投向可持续发展价值创造者为目标的社会创新项目。作为可持续发展价值评估体系的重要应用，"义利 99"是在沪深 300 成分股中遴选出来的、可持续发展价值居前的 99 家上市公司。

发现中国"义利 99"究竟发现了什么？对可持续发展意味着什么？继 2017 年度、2018 年度报告后，我们将在本年度报告中继续对"义利 99"及沪深 300 的可持续发展价值进行深度解析。

在总报告 B.2 中将公布 2019 年"义利 99"排行榜以及评级结果，并从历史变化、义利特征和基准对标三个维度进行具体分析。在行业评估篇内，将对可持续发展贡献价值较为突出的工业、原材料、能源、金融和医药行业及其龙头与黑马企业进行深入分析。在总报告部分，我们仅从宏观经济、综合贡献和资本市场三个视角对"义利 99"的特点及洞察进行概述。

1. 从宏观经济看"义利99"

从国民经济来看，"义利 99"作为从沪深 300 成分股中优选出来的上市公司，具有鲜明的头部效应，成为带动大多数企业践行全球共识、贯彻中国国策的"关键少数"。

如图 12 所示，2018 年国内生产总值（GDP）为 90.03 万亿元人民币。按营业收入计算，同期 A 股全部上市公司为 45.04 万亿元人民币，占 GDP

的 50.03%；沪深 300 成分股为 29.32 万亿元人民币，占 GDP 的 32.57%；"义利 99"上市公司为 20.48 万亿元人民币，占 GDP 的 22.75%。按收入法①计算增加值，同期 A 股全部上市公司为 11.15 万亿元人民币，占 GDP 的 12.38%；沪深 300 成分股为 8.17 万亿元人民币，占 GDP 的 9.07%；"义利 99"上市公司为 5.39 万亿元人民币，占 GDP 的 5.99%。可以说，资本市场关系着国民经济的半壁江山。

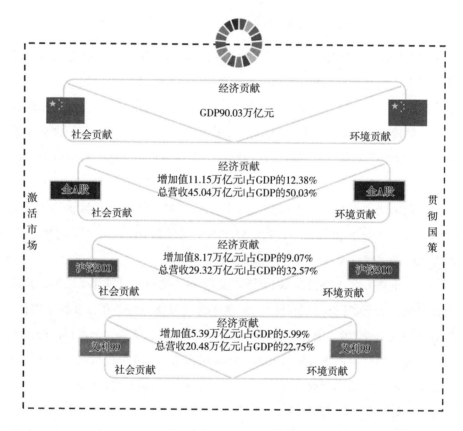

图 12 "义利 99"上市公司与国民经济

---

① 收入法是从形成收入的角度，根据生产要素在生产过程中应得的收入反映最终生产成果的一种核算方法。按照这种核算方法，增加值由劳动者报酬、生产税净额、固定资产折旧和营业盈余四部分相加得到。

如表2所示，A股上市公司和沪深300成分股在国民经济中的地位逐年上升。按照总营收标准，A股上市公司占比从2016年的43.38%增长到2018年的50.03%，沪深300成分股占比从2016年的28.87%增加到2018年的32.57%；按照增加值标准，A股上市公司占比从2016年的11.53%增长到2018年的12.38%，沪深300成分股占比从2016年的8.74%增加到2018年的9.07%。而不论按照总营收还是增加值标准，"义利99"上市公司都占比稳定，2016~2018年平均占比分别为22.32%和6.61%。

表2 2016~2018年"义利99"上市公司与中国国民经济变动

单位：万亿元，%

GDP		增加值			增加值/GDP			营业收入			营业收入/GDP		
年份	中国	"义利99"	沪深300	全部A股	"义利99"	沪深300	全部A股	"义利99"	沪深300	全部A股	"义利99"	沪深300	全部A股
2016	74.36	5.33	6.50	8.57	7.17	8.74	11.53	16.93	21.47	32.26	22.77	28.87	43.38
2017	82.71	5.51	7.36	10.00	6.66	8.90	12.08	17.74	25.01	38.97	21.45	30.24	47.12
2018	90.03	5.39	8.17	11.15	5.99	9.07	12.38	20.48	29.32	45.04	22.75	32.57	50.03

正是基于A股上市公司和沪深300成分股在国民经济中的重要地位，从中遴选出经济—社会—环境综合价值最高的"义利99"上市公司，才具有不容置疑的示范效应，起到不可或缺的引领作用。换言之，只有微观企业改变价值取向和资源配置，才能推动中观产业从"重规模"转向"重结构"；只有中观产业从"重规模"转向"重结构"，才能促进宏观经济从"高速度"走向"高质量"。

2. 从综合贡献看"义利99"

社投盟数据库显示，在过去三年中，"义利99"与沪深300可持续发展价值平均分都实现了增长。2019年"义利99"可持续发展价值平均分为65.99分，比2017年增加5.51分，增幅为9.10%。同期沪深300平均分为55.22分，比2017年增加3.53分，增幅为11.03%。在平均分双增的情况下，"义利99"增幅跑输了沪深300成分股1.93个百分点。

表3　可持续发展价值表现变动

时间	项目	可持续发展价值	目标∣驱动力	方式∣创新力	效益∣转化力	经济贡献	社会贡献	环境贡献
2017年	"义利99"(分)	60.48	4.81	17.93	37.75	20.27	9.93	7.55
	沪深300(分)	49.73	3.82	14.56	31.35	18.42	7.62	5.30
2019年	"义利99"(分)	65.99	7.03	20.37	38.59	19.79	10.55	8.25
	沪深300(分)	55.22	6.35	16.34	32.53	18.25	8.56	5.73
2019年相比2017年	"义利99"增长(分)	5.51	2.22	2.44	0.84	-0.48	0.62	0.70
	"义利99"增幅(%)	9.10	46.16	13.59	2.22	-2.38	6.24	9.30
	沪深300增长(分)	5.49	2.53	1.78	1.18	-0.17	0.94	0.43
	沪深300增幅(%)	11.03	66.16	12.20	3.77	-0.95	12.31	8.10

从评估对象的目标∣驱动力来看，2019年"义利99"平均分为7.03分，比2017年增加2.22分，增幅为46.16%；同期沪深300平均分为6.35分，比2017年增加2.53分，增幅为66.16%。在平均分双增的情况下，沪深300增幅跑赢了"义利99"20个百分点。这说明作为中国经济的龙头企业，沪深300成分股在过去三年中整体性优化了价值驱动体系，大幅度提升了使命愿景、战略目标、业务定位等与可持续发展目标及国策契合度。然而值得注意的是，评估对象目标∣驱动力的转变至少需要6个月才能融入运营体系，至少历经24个月才能反映在综合业绩中，所以短期表现尚具有不稳定性，需要进行合一度测试和三年期验证。

从评估对象的方式∣创新力来看，2019年"义利99"平均分为20.37分，比2017年增加2.44分，增幅为13.59%；同期沪深300平均分为16.34分，比2017年增加1.78分，增幅为12.20%。在平均分双增的情况下，"义利99"增幅跑赢了沪深300成分股1.39个百分点。方式∣创新力主要评估企业的运行机制，包括技术创新、经营模式和管理机制三大要素。数据分析显示，"义利99"在运行机制有效性上，全面稳定地超越了沪深300。换言之，"义利99"能够有效建立和运行适应市场、行业和自身特点的一套机制，通过主营业务去破解社会和环境问题，并借助创造社会和环境价值去增强自身的经济价值，有效完成义利并举—义利转化—义利双升。

从评估对象的效益丨转化力来看，2019 年"义利 99"平均分为 38.59 分，比 2017 年增加 0.84 分，增幅为 2.22%；同期沪深 300 平均分为 32.53 分，比 2017 年增加 1.18 分，增幅为 3.77%。在平均分双增的情况下，沪深 300 增幅跑赢了"义利 99"1.55 个百分点。我们分别从经济贡献、社会贡献和环境贡献来看"义利 99"的效益丨转化力表现。

在经济贡献方面，受经济发展三期叠加①和中美贸易摩擦等因素的影响，2019 年"义利 99"平均分为 19.79 分，比 2017 年减少 0.48 分，减幅为 2.38%；同期沪深 300 平均分为 18.25 分，比 2017 年减少 0.17 分，减幅为 0.95%。在平均分双减的情况下，"义利 99"减幅比沪深 300 多 1.43 个百分点。

在社会贡献方面，2019 年"义利 99"平均分为 10.55 分，比 2017 年增加 0.62 分，增幅为 6.24%；同期沪深 300 平均分为 8.56 分，比 2017 年增加 0.94 分，增幅为 12.31%。在平均分双增的情况下，沪深 300 增幅跑赢了"义利 99"6.07 个百分点。

在环境贡献方面，2019 年"义利 99"平均分为 8.25 分，比 2017 年增加 0.70 分，增幅为 9.30%；同期沪深 300 平均分为 5.73 分，比 2017 年增加 0.43 分，增幅为 8.10%。在平均分双增的情况下，"义利 99"增幅跑赢了沪深 300 成分股 1.20 个百分点。

从三年对比分析可以看出，尽管受国内外环境诸多因素影响，"义利 99"经济贡献稳中有降，但其社会贡献和环境贡献有大幅提升。如果我们仅将聚光灯打向财务业绩，"义利 99"似乎没有增长；如果量化评估可持续发展综合价值，我们发现"义利 99"当期表现出色，并且具备了可持续发展的巨大潜力。

3. 从榜单变动看"义利99"

社投盟数据库显示，2017～2019 年，共有 51 家企业连续三年跻身"义

---

① 三期叠加就是经济发展同时进入三种时期，即经济发展速度换挡期、结构调整阵痛期和前期刺激政策消化期。

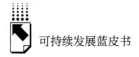
利99"排行榜。其中,中国建筑、农业银行和中国神华始终保持在十强行列。尤其是2019年位列第二的中国建筑,在2014～2018年连续五年稳居榜首。此外,"义利99"上榜企业具有超强的风控稳定性,在过去三年中,从未出现任何暴雷或重大负面事件。

从"义利99"管理层变动来看,在2019年上榜公司中,74位董事长在任超过三年,占比高达74.75%。创造可持续发展价值需要贯通企业的上三路(使命、战略、定位)、中三路(技术、经营、治理)和下三路(经济、社会、环境),即实现企业价值体系、运营机制和业绩表现的有机融合,因此又被称为"董事长工程"。在一定程度上讲,管理层的稳定性与企业价值创造的可持续息息相关。

从"义利99"榜单行业变动来看,2017年和2018年,来自工业、金融和可选消费的上榜公司家数位列前三。然而2019年,在工业上榜企业稳中有增、可选消费持平的情况下,金融企业从上年的20家锐减至10家,原材料企业由上年的7家增加至17家,出现了可持续发展价值的行业性逆转。从细分数据来看,企业在社会和环境上得分基本持平,原材料企业在经济贡献方面实现了逆流而上,而金融企业财务表现整体滑坡。值得注意的是,沪深300工业企业56家,占比仅为18.67%;"义利99"榜单有27家工业企业,占比为27.27%。并且工业成为连续三年上榜企业家数稳定增长的唯一产业,这说明了工业在创造可持续发展价值领域取得的成就,也折射出近年来"脱虚向实"以及"智能制造2025"等产业政策产生着强大的正向效应。

表4 "义利99"行业变动

单位:家,%

行业	2017年		2018年		2019年	
	数量	占比	数量	占比	数量	占比
工业	24	24.24	24	24.24	27	27.27
金融	23	23.23	20	20.20	10	10.10
可选消费	12	12.12	10	10.10	10	10.10

行业	2017 年		2018 年		2019 年	
	数量	占比	数量	占比	数量	占比
医药卫生	5	5.05	9	9.09	10	10.10
能源	6	6.06	8	8.08	7	7.07
原材料	7	7.07	7	7.07	17	17.17
信息技术	6	6.06	6	6.06	6	6.06
主要消费	5	5.05	5	5.05	3	3.03
公用事业	4	4.04	5	5.05	4	4.04
地产	3	3.03	3	3.03	2	2.02
电信业务	4	4.04	2	2.02	3	3.03
总　计	99	100.00	99	100.00	99	100.00

从"义利99"榜单的所有制属性来看，不论是央企、地方国企还是民企，任何所有制的企业均可以成为可持续发展价值的创造者。从 2017 ~ 2019 年变动来看，央企、地方国企和民企的上榜企业数量均有稳定增长。从 2019 年榜单结构看，沪深 300 央企 88 家，占比为 29.33%；"义利99"上榜央企 40 家，占比高达 40.40%。沪深 300 地方国企 71 家，占比 23.67%；"义利99"上榜地方国企 24 家，占比 24.24%；沪深 300 民企 115 家，占比 38.33%，"义利99"上榜民企 27 家，占比 27.27%。在贯彻国策和履行社会及环境责任方面，央企表现尤为出色。在经济下行压力和激烈同业竞争下，"义利99"上榜民企由 25 家增长到 27 家，民企表现可圈可点。

表5　"义利99"所有制占比变动

单位：家，%

企业类型	2017 年		2018 年		2019 年	
	数量	占比	数量	占比	数量	占比
央企	39	39.39	40	40.40	40	40.40
地方国企	20	20.20	24	24.24	24	24.24
民企	25	25.25	25	25.25	27	27.27
其他企业	15	15.15	10	10.10	8	8.08
总　计	99	100.00	99	100.00	99	100.00

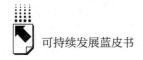

4. 从资本市场看"义利99"

2018 年 9 月和 11 月，社投盟在万得金融资讯终端先后发布了 A 股上市公司可持续发展价值评级和义利99 指数。博时基金等基金管理机构、国泰君安等证券公司开始追踪指数表现并进行深入研究（详见评估应用篇）。分析结论显示，社投盟研发的 3A 模型发现了"三大金矿"。

金矿一：显著且稳定的超额收益。与沪深 300 全收益指数对比，博时基金对可持续发展 100 指数①进行了测算。2014 年 6 月 30 日至 2019 年 7 月 1 日，沪深 300 全收益累积收益率为 102.02%，可持续发展 100 指数累积收益率为 140.83%，累积超额收益率为 38.81%，年化超额收益率为 4.12%，全面战胜沪深 300；尽管资本市场投资风格变幻，可持续发展 100 指数 2014 年超额收益率为 1.58%，信息比为 0.34；2015 年超额收益率为 1.27%，信息比为 0.08；2016 年超额收益率为 6.50%，信息比为 1.07；2017 年超额收益率为 12.25%，信息比为 2.37；2018 年超额收益率为 0.70%，信息比为 0.23，连续五年稳定地战胜了沪深 300。

金矿二：较低的最大回撤率。与沪深 300 全收益指数对比，可持续发展 100 指数呈现出色的抗风险能力。2014 年 6 月 30 日至 2019 年 7 月 1 日，沪深 300 最大回撤率为 46.06%，可持续发展 100 指数最大回撤率为 39.76%，可持续发展 100 指数低于基准 6.3 个百分点。

金矿三：强互补性且高信息比的非财务驱动因子。为分析超额收益的来源，博时基金对 3A 模型的一级、二级、三级和部分四级指标进行了因子测试。对 3 项一级指标的分析结果显示，目标 | 驱动力、方式 | 创新力、效益 | 转化力均能带来超额收益，打破了资本市场关于"仅有效益才能产生收益"的传统认知；对 9 项二级指标的测评结果显示，价值驱动、战略驱动、模式创新、管理创新、经济贡献、社会贡献和环境贡献均有年化收益率高、最大回撤率低的特点，单调性和区分度指征鲜明；对 27 项三级指标

---

① 可持续发展 100 指数是可持续发展价值排名前 100 的公司编制的指数，在"义利99"基础上增加一个成分股。

的分析结果显示，绿色发展、披露机制、员工权益、盈利能力和成长能力等指标表现出色且稳定，使中国资本市场首次发现了非财务类的收益驱动因子。此外，模型中的非财务驱动因子与财务驱动因子互补性很强，意味着在市场财务因子失效的情况下，机构投资者依然能够凭借非财务因子取得超额收益。

在资本市场欢呼这三大金矿，并开启新一轮淘金热潮时，我们更为关注评估宗旨和要义。究其根本，显著且稳定的超额收益，来自"义利 99"企业强大而持久的价值创造能力；较低的最大回撤率，得益于"义利 99"企业在目标 | 驱动力、方式 | 创新力和效益 | 转化力的高度融合统一；强互补性和高信息比的驱动因子，来源于"义利 99"实现的义利转化价值闭环，即通过主营业务破解社会和环境问题，再通过创造社会和环境价值提升核心竞争力。

"义利 99"及其创造的可持续发展价值不是新发明，而只是借助可持续发展价值评估工具的新发现。发现中国"义利 99"就是找寻推动全球可持续发展的中国动力，就是汇集推进可持续发展金融的资本力量。

B.2
2019年A股上市公司可持续发展价值评估结果与分析

摘　要：　本文呈现了社会价值投资联盟（深圳）（以下简称"社投盟"）对2019年6月沪深300成分股的可持续发展价值评估结果，并进行了"义利99"群体2017～2019年可持续发展价值评估结果对比分析、2019年"义利99"与沪深300可持续发展价值评估结果对比分析和数据完备度分析。分析发现，2019年"义利99"可持续发展价值评分再创新高。"义利99"群体在目标丨驱动力、方式丨创新力方面得分率不断攀升，在效益丨转化力方面表现不稳定且有待改进。2019年6月可持续发展价值评估结果显示，"义利99"在各个二级指标上的得分率都要高于沪深300。数据完备度分析显示，可持续发展价值得分与数据完备度成正相关，但是数据完备度只能解释得分的29%。

关键词：　"义利99"　沪深300　可持续发展价值　数据完备度

一　A股上市公司可持续发展价值评估结果

"义利99"全称是"A股上市公司可持续发展价值义利99"，是指以上市公司3A可持续发展价值评估模型（以下简称"3A模型"）为工具，以沪深300成分股为对象，以经济、社会和环境综合贡献为内容，可持续发展价值得分居前99的上市公司群体。沪深300成分股每年6月和12月分别更新一次，因此发现中国"义利99"每年评估两次，并以每年6月评估结果发布年度榜单，下文的分析若无特殊说明均采用当年6月的评估结果。

A股上市公司可持续发展价值评估实行"筛选加评分"的机制，3A模型由"筛选子模型"和"评分子模型"两部分构成。"筛选子模型"是可持续发展价值的负向剔除评估工具，包括6个方面、17个指标，对评估对象进行"是与非"的判断。若评估对象符合其中任何负向指标，则无法进入"义利99"排行榜。"评分子模型"是可持续发展价值的正向量化评估工具，分为通用版、金融专用版和地产专用版。

（一）剔除公司名单

以2019年6月沪深300更新后的成分股为基准，根据2018年7月1日至2019年6月30日监测期间记录，被"筛选子模型"剔除的公司总共14家。其中，金融6家（银行5家、保险1家）、可选消费3家、医药卫生1家、工业2家、信息技术1家、原材料1家（见表1）。[①]

表1　2019年发现中国"义利99"剔除公司名单

序号	证券代码	证券名称	所属行业	剔除依据领域	剔除依据
1	000001. SZ	平安银行	金融	违法违规	违规并受到公开谴责或公开处罚（省部级及以上行政机构及上海、深圳证券交易所）
2	600016. SH	民生银行	金融	违法违规	违规并受到公开谴责或公开处罚（省部级及以上行政机构及上海、深圳证券交易所）
3	601328. SH	交通银行	金融	违法违规	违规并受到公开谴责或公开处罚（省部级及以上行政机构及上海、深圳证券交易所）
4	601336. SH	新华保险	金融	违法违规	违规并受到公开谴责或公开处罚（省部级及以上行政机构及上海、深圳证券交易所）
5	601818. SH	光大银行	金融	违法违规	违规并受到公开谴责或公开处罚（省部级及以上行政机构及上海、深圳证券交易所）

---

① 本文行业分类采用中证指数有限公司一级行业分类，将金融地产行业拆分为金融和地产两个行业。

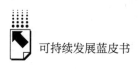

续表

序号	证券代码	证券名称	所属行业	剔除依据领域	剔除依据
6	601998.SH	中信银行	金融	违法违规	违规并受到公开谴责或公开处罚（省部级及以上行政机构与上海、深圳证券交易所）
7	002739.SZ	万达电影	可选消费	特殊处理	连续停牌超过3个月
8	002602.SZ	世纪华通	可选消费	特殊处理	连续停牌超过3个月
9	002252.SZ	上海莱士	医药卫生	特殊处理	连续停牌超过3个月
10	600733.SH	北汽蓝谷	可选消费	特殊处理	连续停牌超过3个月
11	002310.SZ	东方园林	工业	财务问题	审计机构对2018年年报出具非标准无保留意见审计报告
12	600221.SH	海航控股	工业	财务问题	审计机构对2018年年报出具非标准无保留意见审计报告
13	600570.SH	恒生电子	信息技术	财务问题	审计机构对2018年年报出具非标准无保留意见审计报告
14	000408.SZ	藏格控股	原材料	财务问题	审计机构对2018年年报出具非标准无保留意见审计报告

资料来源：Wind，社投盟。

从剔除原因看，平安银行等6家金融机构因在监测期间出现违法违规行为而被剔除；万达电影、世纪华通、上海莱士、北汽蓝谷因在监测期间连续停牌超过3个月而被剔除；东方园林、海航控股和恒生电子2018年年报的审计意见为"带强调事项段的无保留意见"，藏格控股2018年年报的审计意见为"保留意见"，这4家公司因审计意见不是"标准无保留意见"而被剔除。

（二）2019年"义利99"排行榜

评估结果显示（见表2），2019年可持续发展价值"义利99"排行榜十强为：海康威视（002415.SZ）、中国建筑（601668.SH）、紫金矿业（601899.SH）、农业银行（601288.SH）、长江电力（600900.SH）、中国联通（600050.SH）、京东方A（000725.SZ）、中国神华（601088.SH）、万科A（000002.SZ）、中国石化（600028.SH）。海康威视荣登榜首，中国建筑退居第二。前十强中，信息技术 2 家、能源 2 家、工业 1 家、原材料 1 家、金融 1 家、公用事业 1 家、电信业务 1 家、地产 1 家。

表2　2019 年 A 股上市公司可持续发展价值 "义利 99" 排行榜

排名	证券代码	证券简称	所属行业	2019 年 6 月可持续发展价值评级
1	002415. SZ	海康威视	信息技术	AA +
2	601668. SH	中国建筑	工业	AA
3	601899. SH	紫金矿业	原材料	AA
4	601288. SH	农业银行	金融	AA –
5	600900. SH	长江电力	公用事业	AA –
6	600050. SH	中国联通	电信业务	AA –
7	000725. SZ	京东方 A	信息技术	AA –
8	601088. SH	中国神华	能源	AA –
9	000002. SZ	万科 A	地产	AA –
10	600028. SH	中国石化	能源	AA –
11	001979. SZ	招商蛇口	地产	AA –
12	002773. SZ	康弘药业	医药卫生	AA –
13	600585. SH	海螺水泥	原材料	AA –
14	601318. SH	中国平安	金融	AA –
15	000338. SZ	潍柴动力	工业	AA –
16	600188. SH	兖州煤业	能源	AA –
17	000100. SZ	TCL 集团	可选消费	AA –
18	601238. SH	广汽集团	可选消费	AA –
19	601857. SH	中国石油	能源	AA –
20	000858. SZ	五粮液	主要消费	A +
21	600019. SH	宝钢股份	原材料	A +
22	002601. SZ	龙蟒佰利	原材料	A +
23	601166. SH	兴业银行	金融	A +
24	601800. SH	中国交建	工业	A +
25	601727. SH	上海电气	工业	A +
26	601877. SH	正泰电器	工业	A +
27	600036. SH	招商银行	金融	A +
28	000963. SZ	华东医药	医药卫生	A +
29	002352. SZ	顺丰控股	工业	A +
30	600688. SH	上海石化	能源	A +

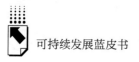
续表

排名	证券代码	证券简称	所属行业	2019 年 6 月可持续发展价值评级
31	601225. SH	陕西煤业	能源	A +
32	002202. SZ	金风科技	工业	A +
33	601985. SH	中国核电	公用事业	A +
34	000423. SZ	东阿阿胶	医药卫生	A +
35	002460. SZ	赣锋锂业	原材料	A +
36	601186. SH	中国铁建	工业	A +
37	000651. SZ	格力电器	可选消费	A +
38	600068. SH	葛洲坝	工业	A +
39	601618. SH	中国中冶	工业	A +
40	600196. SH	复星医药	医药卫生	A
41	002236. SZ	大华股份	信息技术	A
42	601669. SH	中国电建	工业	A
43	600031. SH	三一重工	工业	A
44	000063. SZ	中兴通讯	电信业务	A
45	000333. SZ	美的集团	可选消费	A
46	601012. SH	隆基股份	工业	A
47	600406. SH	国电南瑞	工业	A
48	000538. SZ	云南白药	医药卫生	A
49	601607. SH	上海医药	医药卫生	A
50	600029. SH	南方航空	工业	A
51	601766. SH	中国中车	工业	A
52	600887. SH	伊利股份	主要消费	A
53	002594. SZ	比亚迪	可选消费	A
54	601111. SH	中国国航	工业	A
55	600498. SH	烽火通信	电信业务	A
56	601600. SH	中国铝业	原材料	A
57	601992. SH	金隅集团	原材料	A
58	000157. SZ	中联重科	工业	A
59	600690. SH	海尔智家	可选消费	A
60	601229. SH	上海银行	金融	A
61	600332. SH	白云山	医药卫生	A
62	000898. SZ	鞍钢股份	原材料	A
63	601398. SH	工商银行	金融	A
64	601319. SH	中国人保	金融	A −
65	603799. SH	华友钴业	原材料	A −

排名	证券代码	证券简称	所属行业	2019 年 6 月可持续发展价值评级
66	000938. SZ	紫光股份	信息技术	A −
67	601601. SH	中国太保	金融	A −
68	600233. SH	圆通速递	工业	A −
69	600089. SH	特变电工	工业	A −
70	601117. SH	中国化学	工业	A −
71	600309. SH	万华化学	原材料	A −
72	601390. SH	中国中铁	工业	A −
73	002024. SZ	苏宁易购	可选消费	A −
74	601898. SH	中煤能源	能源	A −
75	002271. SZ	东方雨虹	原材料	A −
76	600588. SH	用友网络	信息技术	A −
77	600104. SH	上汽集团	可选消费	A −
78	300498. SZ	温氏股份	主要消费	A −
79	600115. SH	东方航空	工业	A −
80	000786. SZ	北新建材	原材料	A −
81	002001. SZ	新和成	医药卫生	A −
82	600362. SH	江西铜业	原材料	A −
83	601633. SH	长城汽车	可选消费	A −
84	600660. SH	福耀玻璃	可选消费	A −
85	600000. SH	浦发银行	金融	A −
86	601009. SH	南京银行	金融	A −
87	002422. SZ	科伦药业	医药卫生	A −
88	600547. SH	山东黄金	原材料	A −
89	000425. SZ	徐工机械	工业	A −
90	603993. SH	洛阳钼业	原材料	A −
91	300296. SZ	利亚德	信息技术	A −
92	600025. SH	华能水电	公用事业	A −
93	600011. SH	华能国际	公用事业	A −
94	000629. SZ	攀钢钒钛	原材料	A −
95	002468. SZ	申通快递	工业	A −
96	603259. SH	药明康德	医药卫生	BBB +
97	601006. SH	大秦铁路	工业	BBB +
98	600018. SH	上港集团	工业	BBB +
99	300072. SZ	三聚环保	原材料	BBB +

注：详细得分和评级请参阅附录一、附录二。

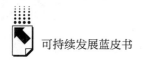

（三）2019年"义利99"排行榜前三强

海康威视（002415.SZ）在2019年"义利99"排行榜中荣登榜首。杭州海康威视数字技术股份有限公司成立于2001年11月30日，2010年5月28日在深交所上市，属于计算机及电子设备行业。海康威视是以视频为核心的智能物联网解决方案和大数据服务提供商，以为人类的安全和发展开拓新视界为企业愿景，秉承"专业、厚实、诚信"的经营理念，践行"成就客户、价值为本、诚信务实、追求卓越"的核心价值观，通过不断创新，为全球客户提供高品质的产品及服务，为客户创造更大价值。2018年度的营业收入为498.37亿元，净利润达113.82亿元。截至2018年12月31日，总市值为2376.94亿元，市盈率是22.31倍。海康威视在2019年6月可持续发展价值评分中总得分为83.63分。其中，目标丨驱动力9.33分，方式丨创新力25.66分，效益丨转化力48.63分。驱动力、创新力和转化力的合一度系数[①]是92.83%，属于义利双优企业。

中国建筑（601668.SH）在2019年"义利99"排行榜中位列第二名，在2018年排行榜中名列榜首。中国建筑股份有限公司成立于2007年12月10日，并于2009年7月29日在上交所上市，属于建筑与工程行业。中国建筑是世界最大的工程承包商，也是我国专业化经营历史最久、市场化经营最早、一体化程度最高的投资建设集团，在房屋建筑工程、基础设施建设与投资、房地产开发与投资、勘察设计等领域居行业领先地位。2018年营业收入为11993.25亿元，净利润为553.50亿元。截至2018年12月31日，中国建筑的总市值是2393.15亿元，市盈率是6.94倍。中国建筑在2019年6月可持续发展价值评分中总得分为78.72分。其中，目标丨驱动力7.00分，方式丨创新力26.42分，效益丨转化力45.29分。驱动力、创新力和转化力的合一度系数是88.09%，属于

---

① 合一度 = （1 - 3A三力得分率的标准差/3A三力得分率的均值）×100%

义利双优企业。

紫金矿业（601899. SH）从2018年"义利99"排行榜的第22名上升至2019年的第3名。紫金矿业集团股份有限公司于2000年9月6日成立，于2008年4月25日在上交所上市，属于有色金属行业。紫金矿业集团股份有限公司是以金、铜、锌等金属矿产资源勘查和开发为主的大型矿业集团，是中国矿业行业效益最好、控制金属矿产资源最多、最具竞争力的大型矿业公司之一。紫金矿业践行"矿业开发必须与生态环境高度统一"的理念，以环保标准"就高不就低"为准绳，正在进行以"国际化、项目化和资产证券化"为特征的新一轮创业，力争在2030年实现"高技术效益型特大国际矿业集团"的战略总目标。2018年，营业收入为1059.94亿元，净利润为46.83亿元。截至2018年12月31日，总市值为726.92亿元，市盈率是16.56倍。紫金矿业在2019年6月可持续发展价值评分中总得分是75.42分。其中，目标丨驱动力8.67分，方式丨创新力20.94分，效益丨转化力45.81分。驱动力、创新力和转化力的合一度系数是89.03%，属于义较突出企业。

（四）评分与评级概览

1. 2019年可持续发展价值评分再创新高

如图1所示，2019年可持续发展价值评分再创新高。2019年"义利99"排行榜榜首海康威视（002415. SZ）得分为83.63分，比2017年榜首中国建筑（601668. SH）的76.55分高出7.08分，比2018年榜首中国建筑的80.61分高出3.02分；榜尾三聚环保（300072. SZ）得分59.71分，比2017年榜尾金地集团（600383. SH）的53.68分高出6.03分，与2018年榜尾通威股份（600438. SH）的59.65分相近。沪深300成分股中，2019年评估最低得分为华林证券（002945. SZ）的29.88分，比2017年最低分［光线传媒（300251. SZ）的29.80分］高0.08分，比2018年最低分［恒生电子（600570. SH）的22.21分］高7.67分。

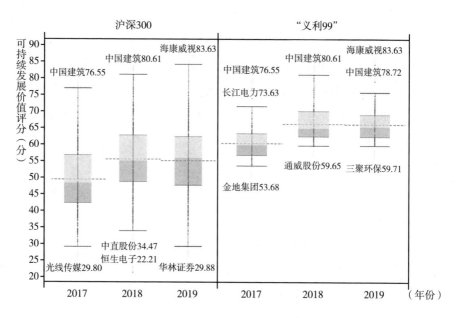

图1　2017～2019年沪深300与"义利99"可持续发展价值评分箱形图

注：箱形图通过展示一组数据的七种数据节点进行统计分析，即将数据从大到小排列，标记上边缘（箱形图最上一条线）、上四分位数（Q3）、平均数（箱形图中虚线）、中位数、下四分位数（Q1）、下边缘（箱形图最下一条线）和异常值。IQR为Q3和Q1之差，Q3 + 1.5IQR和Q1 – 1.5IQR之间为正常值范围，正常值范围内的最大值和最小值为上下边缘的位置，正常值范围之外数据即为异常值。

表3　沪深300与"义利99"可持续发展价值评分箱形图数据

单位：分

数据节点	沪深300			"义利99"		
	2017年	2018年	2019年	2017年	2018年	2019年
最大值	76.55	80.61	83.63	76.55	80.61	83.63
上边缘	76.55	80.61	83.63	71.24	80.61	75.42
上四分位数	56.85	62.69	62.29	63.18	69.76	68.77
平均数	49.73	55.67	55.22	60.36	66.10	65.99
中位数	48.64	55.24	56.03	59.92	64.81	65.23
下四分位数	42.64	48.94	47.85	56.85	62.32	62.27
下边缘	29.80	34.47	29.88	53.68	59.65	59.71
最小值	29.80	22.21	29.88	53.68	59.65	59.71

2. 2019年可持续发展价值最高评级为 AA +

与2018年相比，2019年"义利99"群体可持续发展价值最高评级保持不变，仍为 AA +，且只有海康威视1家公司，无 AAA 等级上市公司；最低评级保持不变，为 BBB +。BBB 基础等级及以上的公司数量2017年为138家，2018年增长至201家，2019年为198家。被"筛选子模型"剔除的上市公司（D等级）2017年有3家，2018年激增至25家，2019年降为14家。

表4　沪深300上市公司可持续发展价值评级统计

单位：家

序号	基础等级	增强等级	级别含义	2019年	2018年	2017年
1	AAA	AAA	AAA 是可持续发展价值评估最高级别 表示创造经济—社会—环境综合价值能力最强 合一度高且无可持续发展风险 不受不良形势或周期性因素影响	0	0	0
2	AA	AA +	AA 是可持续发展价值评估高级别 表示创造经济—社会—环境综合价值能力很强 合一度较高且可持续发展风险极低 较少受不良形势或周期性因素影响	1	1	0
3		AA		2	5	1
4		AA −		16	16	2
5	A	A +	A 是可持续发展价值评估中较高级别 表示创造经济—社会—环境综合价值能力较强 合一度可接受、可持续发展风险偏低 可能受不良形势或周期性因素影响	20	13	4
6		A		24	32	18
7		A −		32	28	24
8	BBB	BBB +	BBB 是可持续发展价值评估中等级别， 表示创造经济—社会—环境综合价值能力一般 有合一度差异、有可持续发展风险 容易受不良形势或周期性因素影响	41	34	29
9		BBB		33	38	26
10		BBB −		29	34	34
11	BB	BB +	BB 是可持续发展价值评估中下级别 表示创造经济—社会—环境综合价值能力有一定潜力 有较大合一度差异、存在可持续发展风险 受到不良形势或周期性因素影响	31	24	33
12		BB		24	20	45
13		BB −		12	15	39

序号	基础等级	增强等级	级别含义	2019 年	2018 年	2017 年
14	B	B +	B 是可持续发展价值评估级别较低 表示创造经济—社会—环境综合价值能力不强 有合一度问题，存在较大可持续发展风险 受到不良形势或周期性因素影响	15	13	22
15		B		4	2	14
16		B −		1	0	5
17	CCC	CCC	CCC 是可持续发展价值评估级别较低 表示创造经济—社会—环境综合价值能力很差 有合一度问题，存在较大可持续发展风险 受到严重不良形势或周期性因素影响	1	0	1
18	CC	CC	CC 是可持续发展价值评估级别很低 表示创造经济—社会—环境综合价值能力太差 有严重合一度问题、存在较大可持续发展风险	0	0	0
19	C	C	C 是可持续发展价值评估级别极低 几乎没有创造经济—社会—环境综合价值能力 没有合一度、几乎无法可持续发展	0	0	0
20	D	D	不符合筛选子模型资质要求	14	25	3
合　计				300	300	300

二　A 股上市公司可持续发展价值评估分析

（一）"义利99"义利特征

在"评分子模型"中（满分 100 分），三个一级指标是目标丨驱动力（满分 10 分）、方式丨创新力（满分 30 分）和效益丨转化力（满分 60 分）。其中，效益丨转化力考察评估对象创造的经济、社会和环境综合贡献。

为分析"义利99"的义利属性，以效益丨转化力下的社会贡献（满分 15 分）与环境贡献（满分 15 分）得分之和（满分 30 分）为横轴，经济贡献得分（满分 30 分）为纵轴，生成了义利特征坐标轴。图 2 和图 3 中按照 10 分以内、10～20 分（包括 10 分，不含 20 分）、20～30 分（包括 20 分和 30 分）划分为 9 个区域，球体位置代表相应上榜公司的义利坐标，球体大小代表其市值规模或市盈率倍数。

2019年"义利99"群体仍保持高经济贡献（10分及以上）和高社会贡献与环境贡献（之和在10分及以上），均位于9个区域的右上4个区域（其他5个区域未显示）。

义利双优的上榜公司有海康威视（002415.SZ）、中国建筑（601668.SH）、农业银行（601288.SH）等11家，比2018年少12家。其平均市值为3900.52亿元，平均市盈率为9.76倍。

利较突出的上榜公司有长江电力（600900.SH）、中国神华（601088.SH）和中国石化（600028.SH）等38家，比2018年多10家。其平均市值为2165.54亿元，平均市盈率为13.08倍。

义利兼具的上榜公司有TCL集团（000100.SZ）、龙蟒佰利（002601.SZ）、大华股份（002236.SZ）等26家，比2018年多5家。其平均市值为573.27亿元，平均市盈率为21.24倍。

义较突出的上榜公司有紫金矿业（601899.SH）、中国联通（600050.SH）、京东方A（000725.SZ）等24家，比2018年少3家。其平均市值为686.34亿元，平均市盈率是21.63倍。

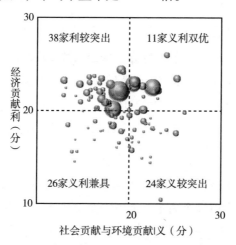

图2　"义利99"的义利特征—市值

资料来源：Wind，社投盟。

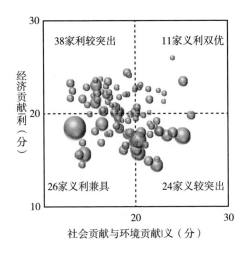

图 3　"义利 99"的义利特征—市盈率

资料来源：Wind，社投盟。

（二）"义利99"纵向对比

1."义利99"的市场特征

（1）工业、原材料行业占主导地位

如图 4 所示，从行业分布来看，2019 年"义利 99"上榜公司中，工业和原材料行业占主导地位，金融行业上榜公司数量明显减少。工业行业上榜公司 27 家，比 2017 年、2018 年均增加 3 家；原材料行业 17 家，比 2017 年、2018 年均增加 10 家；金融行业 10 家，比 2017 年、2018 年分别减少 13 家、10 家。"义利 99"上榜公司近 3 年均实现 11 个行业全覆盖。

（2）国企占比逾六成

如图 5 所示，2019 年"义利 99"上榜公司与 2017 年、2018 年在所有制分布上相似，均是以央企为主，地方国企与民企占比相近，其他企业占比最少且有逐年减少的趋势。2019 年"义利 99"上榜国企共有 64 家，包括 40 家央企和 24 家地方国企，民企有 27 家，其他企业有 8 家。

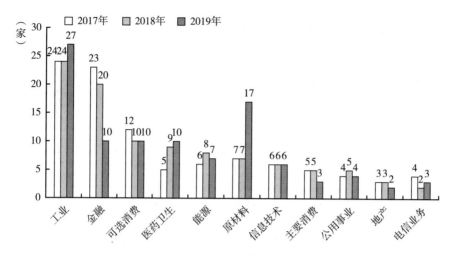

图4　2017～2019年"义利99"行业分布

资料来源：中证指数，社投盟。

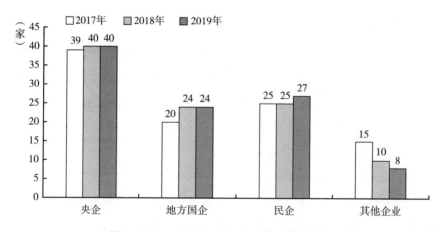

图5　2017～2019年"义利99"所有制分布

资料来源：Wind，社投盟。

（3）主板为主、上交所居多

如图6所示，从交易所和板块分布来看，2019年"义利99"上榜公司无明显变化，依然是上交所主板上市公司居多。2019年"义利99"上榜公司中，主板上市公司总共83家，其中有65家来自上交所，18家来自深交所；中小企业板有13家；创业板有3家。

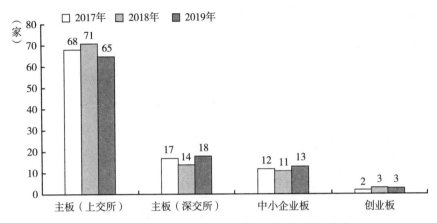

图6 2017～2019年"义利99"交易所和板块分布

资料来源：Wind，社投盟。

（4）资产规模集中在100亿～10000亿元①

从资产规模来看（见图7），2019年"义利99"上榜公司与2017年、2018年的分布相似，但更加集中在100亿～10000亿元。截至2018年底，2019年"义利99"上榜公司中只有康弘药业（002773.SZ）资产规模低于100亿元（总资产为51.95亿元）；总资产超过100000亿元的上榜公司减少为工商银行（601398.SH）和农业银行（601288.SH）2家，分别是276995.40亿元和226094.71亿元。

（5）营收千亿元以上超四成

如图8所示，2017年"义利99"上榜公司中有79家营收规模在100亿～5000亿元，有43家公司营收超千亿元；2018年"义利99"中有82家公司营收规模在100亿～5000亿元，有37家公司营收超千亿元；2019年"义利99"中有82家公司营收规模在100亿～5000亿元，有44家公司营收超千亿元。

（6）纳税额超十亿元居多

如图9所示，2017年、2018年和2019年三年"义利99"上榜公司纳税总额均大于1亿元，10亿～100亿元居多。其中，2017年上榜公司中纳

---

① 财务数据时间节点均为榜单年度上一年的12月31日。

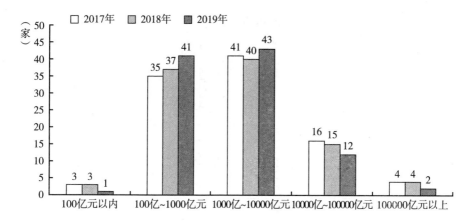

图7 2017~2019年"义利99"资产规模分布

资料来源：Wind，社投盟。

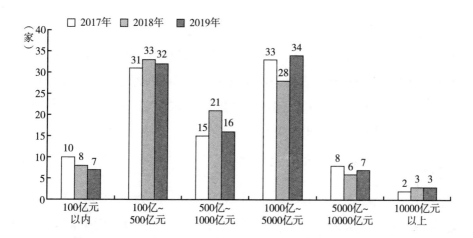

图8 2017~2019年"义利99"营收规模分布

资料来源：Wind，社投盟。

税总额最小的是海格通信（002465.SZ），为2.71亿元；2018年上榜公司中纳税总额最小的是盈趣科技（002925.SZ），为2.07亿元；2019年上榜公司中纳税总额最小的是温氏股份（300498.SZ），为2.42亿元。从2017年到2019年，上榜公司纳税总额最多的始终是中国石化（600028.SH），2018年度纳税总额3293.89亿元。

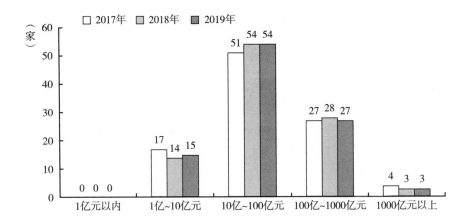

图9　2017～2019年"义利99"纳税规模分布

资料来源：Wind，社投盟。

（7）市值分布均匀

图10显示，2019年"义利99"上榜公司市值分布与2017年基本一致；与2018年相比，500亿元以内公司增加18家，1000亿元以上公司减少16家，500亿～1000亿元公司数量减少2家。整体来看，2019年"义利99"上榜公司在三个市值段分布更均匀。

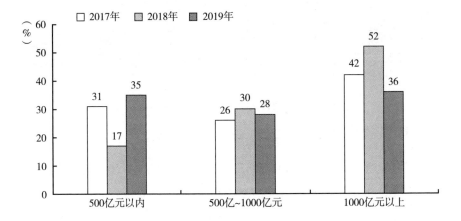

图10　2017～2019年"义利99"市值分布

资料来源：Wind，社投盟。

2. "义利99"的可持续发展价值评分分布

此节将通过箱形图描述"义利99"上榜公司的可持续发展价值三年特征演变。由于指标权重各不相同，为了具有可比性，我们使用得分率①对指标得分情况进行对比。

（1）目标Ⅰ驱动力二级指标平均得分率呈递增趋势

目标Ⅰ驱动力下设 3 个二级指标，分别是价值驱动、战略驱动和业务驱动。如图 11 和表 5 所示，相比 2017 年，2019 年"义利 99"在目标Ⅰ驱动力下的三个二级指标平均得分率均有显著提升。相比 2018 年，2019 年"义利 99"的价值驱动平均得分率提升了 4.46 个百分点；战略驱动平均得分率提升了 7.13 个百分点；业务驱动平均得分率从 72.73% 变为 72.05%，基本持平。

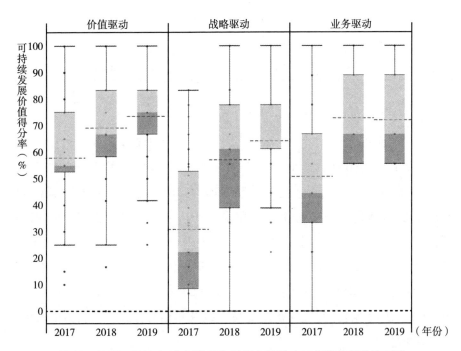

图 11　2017～2019 年"义利 99"目标Ⅰ驱动力二级指标得分率对比

---

① 得分率 = 指标得分/指标满分 × 100%。

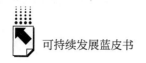

总体来看，2019 年"义利 99"的目标 I 驱动力平均得分率为 70.30%，比 2017 年提升了 22.67 个百分点，比 2018 年提升了 3.72 个百分点。

表 5　2017～2019 年"义利 99"目标 I 驱动力二级指标得分率箱形图数据

单位：%

数据节点	价值驱动			战略驱动			业务驱动		
	2017 年	2018 年	2019 年	2017 年	2018 年	2019 年	2017 年	2018 年	2019 年
最大值	100.00	100.00	100.00	83.33	100.00	100.00	100.00	100.00	100.00
上边缘	100.00	100.00	100.00	83.33	100.00	100.00	100.00	100.00	100.00
上四分位数	75.00	83.33	83.33	52.78	77.78	77.78	66.67	88.89	88.89
平均数	57.88	69.11	73.57	30.88	57.07	64.20	50.73	72.73	72.05
中位数	55.00	66.67	75.00	22.22	61.11	61.11	44.44	66.67	66.67
下四分位数	52.50	58.33	66.67	8.33	38.89	61.11	33.33	55.56	55.56
下边缘	25.00	25.00	41.67	0.00	0.00	38.89	0.00	55.56	55.56
最小值	0.00	0.00	25.00	0.00	0.00	0.00	0.00	55.56	55.56

（2）方式 I 创新力二级指标平均得分率保持增长

方式 I 创新力下设 3 个二级指标，分别是技术创新、模式创新和管理创新。如图 12 和表 6 所示，2019 年"义利 99"技术创新平均得分率有明显提升，从 49.71%（2017 年）提升至 55.89%（2019 年）。2019 年"义利 99"上榜公司模式创新整体得分率比 2017 年、2018 年离散程度更大，平均得分率也有较大提升，分别为 46.51%（2017 年）、49.62%（2018 年）、53.70%（2019 年）。2019 年"义利 99"管理创新得分率分布与 2017 年、2018 年相近，平均得分率分别为 72.74%（2017 年）、79.14%（2018 年）、79.21%（2019 年）。管理创新在 2017～2019 年均为方式 I 创新力下表现最佳二级指标。

总体来看，2019 年"义利 99"的方式 I 创新力平均得分率为 67.89%，比 2017 年的 59.60% 提升了 8.29 个百分点，比 2018 年的 65.45% 提升了 2.44 个百分点。

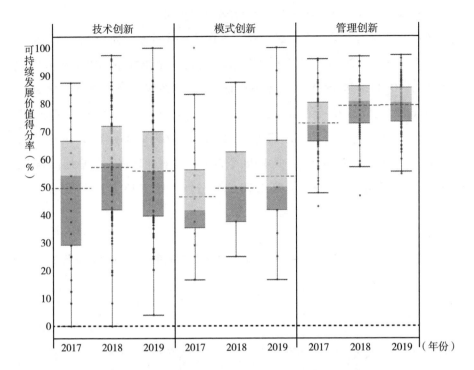

图12 2017～2019年"义利99"方式 I 创新力二级指标得分率对比

表6 2017～2019年"义利99"方式 I 创新力二级指标得分率箱形图数据表

单位：%

数据节点	技术创新			模式创新			管理创新		
	2017年	2018年	2019年	2017年	2018年	2019年	2017年	2018年	2019年
最大值	87.50	97.44	100.00	100.00	87.50	100.00	95.90	96.83	97.22
上边缘	87.50	97.44	100.00	83.33	87.50	100.00	95.90	96.83	97.22
上四分位数	66.67	71.89	69.96	56.25	62.50	66.67	80.22	86.11	85.40
平均数	49.71	57.30	55.89	46.51	49.62	53.70	72.74	79.14	79.21
中位数	54.17	58.73	55.95	41.67	50.00	50.00	72.09	80.56	80.21
下四分位数	29.17	41.81	39.56	35.42	37.50	41.67	66.27	72.62	73.22
下边缘	0.00	0.00	4.00	16.67	25.00	16.67	47.75	57.14	55.42
最小值	0.00	0.00	4.00	16.67	25.00	16.67	42.99	46.83	54.53

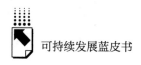

（3）效益｜转化力二级指标平均得分率上下波动

效益｜转化力下设3个二级指标，分别是经济贡献、社会贡献和环境贡献。如表7所示，2019年"义利99"上榜公司3个指标平均得分率分别为65.96%、70.33%和55.01%。经济贡献2019年平均得分率最低，比2017年（67.69%）低1.73个百分点，比2018年（66.34%）低0.38个百分点。对比社会贡献平均得分率，2019年比2017年（65.84%）高4.49个百分点，但比2018年（74.41%）低4.08个百分点。对比环境贡献平均得分率，2019年比2017年（50.23%）高4.78个百分点，比2018年（58.29%）低3.28个百分点。

表7　2017~2019年"义利99"效益｜转化力二级指标得分率箱形图数据

单位：%

数据节点	经济贡献			社会贡献			环境贡献		
	2017年	2018年	2019年	2017年	2018年	2019年	2017年	2018年	2019年
最大值	82.75	84.82	86.58	86.67	95.33	93.33	74.44	93.33	87.50
上边缘	82.75	84.82	86.58	86.67	95.33	93.33	74.44	93.33	87.50
上四分位数	74.31	70.87	73.48	73.33	83.44	77.50	60.00	67.78	63.75
平均数	67.69	66.34	65.96	65.84	74.41	70.33	50.23	58.29	55.01
中位数	67.88	66.84	66.52	66.11	74.00	70.44	53.33	62.22	55.00
下四分位数	62.64	60.83	59.72	59.44	68.22	63.65	40.56	45.56	45.28
下边缘	48.20	46.63	48.12	44.44	47.00	44.44	18.33	26.67	21.39
最小值	48.20	36.73	34.83	36.67	41.67	44.44	6.67	26.67	21.39

总体来看，2019年"义利99"的效益｜转化力平均得分率为64.31%，比2017年的62.86%提升1.45个百分点，但比2018年的66.35%降低2.04个百分点。结合图13可以看出，2017~2019年，社会贡献和环境贡献得分率波动幅度大，经济贡献得分率相对稳定。

3. "义利99"的义利表现

以下以效益｜转化力的二级指标经济贡献（利维）、社会贡献（义维）

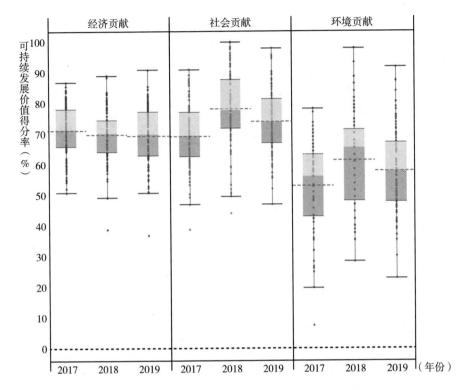

图13   2017~2019年"义利99"效益 | 转化力二级指标得分率对比

和环境贡献（义维）为维度进行分析。

（1）经济贡献平均得分率逐年降低

经济贡献下设 5 个三级指标，分别为盈利能力、运营效率、偿债能力、成长能力和财务贡献，从图 14 可以看出，"义利 99"群体得分率 2017~2019 年的分布相似。如表 8 所示，2019 年"义利 99"上榜公司 5 个指标平均得分率分别为 62.75%、66.15%、65.00%、58.61% 和 73.27%；相比 2017 年，只有成长能力提升了 5.25 个百分点，其他指标均下降；相比 2018 年，只有财务贡献提升了 2.68 个百分点，其他指标均下降。

（2）社会贡献平均得分率波动上升

社会贡献下设 5 个三级指标，分别为客户价值、员工权益、合作伙伴、

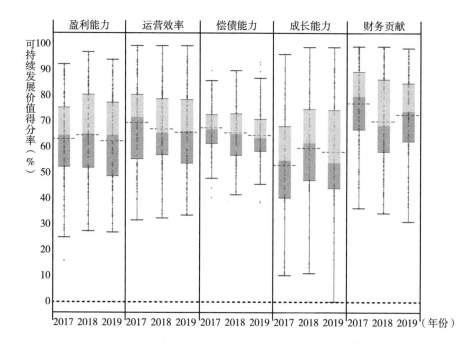

图14 2017～2019年"义利99"利维－经济贡献三级指标得分率对比

安全运营和公益贡献。2019年"义利99"上榜公司5个指标平均得分率分别为59.90%、69.19%、77.22%、82.49%和62.84%。

表9显示，客户价值平均得分率从2017年的69.00%提升到2018年的71.97%，但在2019年下降到三年最低59.90%。员工权益平均得分率在2017年是72.56%，2018年略有提升，但在2019年降到69.19%。2017～2019年合作伙伴平均得分率逐年升高，分别为52.97%、68.35%和77.22%。2017～2019年安全运营指标的平均得分率变化微小，分别为82.94%、85.19%和82.49%。公益贡献平均得分率从2017年的51.74%骤升到2018年的73.57%，提升21.83个百分点，但在2019年下降至62.84%。

（3）环境贡献平均得分率提升空间大

"评分子模型"在2019年3月进行了优化，环境贡献三级指标由3个调

表8 2017～2019年"义利99"利维－经济贡献三级指标得分率箱形图数据

单位：%

数据节点	盈利能力			运营效率			偿债能力			成长能力			财务贡献		
	2017年	2018年	2019年	2017年	2018年	2019年	2017年	2018年	2019年	2017年	2018年	2019年	2017年	2018年	2019年
最大值	92.90	97.63	94.66	100.00	100.00	100.00	90.35	90.44	93.73	96.82	99.60	99.59	99.81	99.81	99.18
上边缘	92.90	97.63	94.66	100.00	100.00	100.00	86.49	90.44	87.44	96.82	99.60	99.59	99.81	99.81	99.18
上四分位数	75.85	80.88	77.76	80.91	79.25	78.90	73.13	73.43	71.23	68.48	75.21	74.86	89.86	87.03	85.49
平均数	63.59	65.02	62.75	69.89	67.49	66.15	68.00	66.02	65.00	53.36	60.18	58.61	77.57	70.59	73.27
中位数	64.99	65.50	64.98	72.14	66.05	66.72	67.29	65.57	64.14	55.31	62.05	54.48	80.36	69.00	74.49
下四分位数	52.62	52.23	49.01	55.68	57.32	54.04	61.84	57.25	58.76	40.51	47.46	44.31	67.38	58.71	62.72
下边缘	25.15	27.61	27.15	31.92	32.70	33.74	48.27	41.84	45.88	10.21	11.10	0.00	36.65	34.59	31.29
最小值	16.00	27.61	0.00	31.92	32.70	33.74	40.61	41.84	38.74	10.21	0.00	0.00	36.65	34.59	31.29

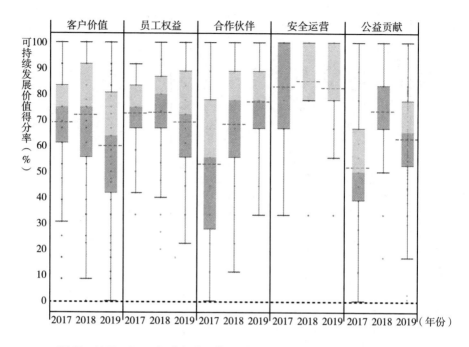

图15　2017~2019年"义利99"义维－社会贡献三级指标得分率对比

整为4个，分别为环境管理、资源利用、污染防控（金融专用版为绿色金融）和生态气候（详见评估工具篇B.8）。为有效对比三年变化，将2019年"义利99"公司的污染防控和生态气候整合在一起计算污染防控 & 生态气候得分率。

从图16和表10可以看出，环境管理在2019年整体得分高于2017年，但比2018年略有下滑，平均得分率从2017年的40.07%升高到2018年的58.55%，2019年降低至54.66%。资源利用得分率在2019年的分布与2018年相似，比2017年更加分散，平均得分率2017年、2018年和2019年分别为50.88%、50.08%和48.36%。污染防控 & 生态气候得分率在2019年表现最差，平均得分率为57.49%，是三年最低（2017年为61.03%，2018年为64.35%）。

整体来看，在三个指标中，"义利99"上榜公司在污染防控 & 生态气候指标上表现最佳。

表9 2017~2019年"义利99"义维-社会贡献三级指标得分率箱形图数据表

单位：%

数据节点	客户价值			员工权益			合作伙伴			安全运营			公益贡献		
	2017年	2018年	2019年	2017年	2018年	2019年	2017年	2018年	2019年	2017年	2018年	2019年	2017年	2018年	2019年
最大值	100.00	100.00	100.00	91.67	100.00	100.00	100.00	100.00	100.00	100.00	100.00	100.00	100.00	100.00	100.00
上边缘	100.00	100.00	100.00	91.67	100.00	100.00	100.00	100.00	100.00	100.00	100.00	100.00	100.00	100.00	100.00
上四分位数	83.33	91.67	80.56	83.33	86.67	88.89	77.78	88.89	88.89	100.00	100.00	100.00	66.67	83.33	77.43
平均数	69.00	71.97	59.90	72.56	73.00	69.19	52.97	68.35	77.22	82.94	85.19	82.49	51.74	73.57	62.84
中位数	75.00	75.00	63.89	75.00	80.00	72.22	55.56	77.78	77.78	100.00	77.78	77.78	50.00	83.33	65.52
下四分位数	61.11	55.56	41.67	66.67	66.67	55.56	27.78	55.56	66.67	66.67	77.78	77.78	38.89	66.67	52.48
下边缘	30.56	8.33	0.00	41.67	40.00	22.22	0.00	11.11	33.33	33.33	77.78	55.56	0.00	50.00	16.67
最小值	8.33	0.00	0.00	33.33	20.00	22.22	0.00	11.11	33.33	33.33	33.33	33.33	0.00	16.67	0.57

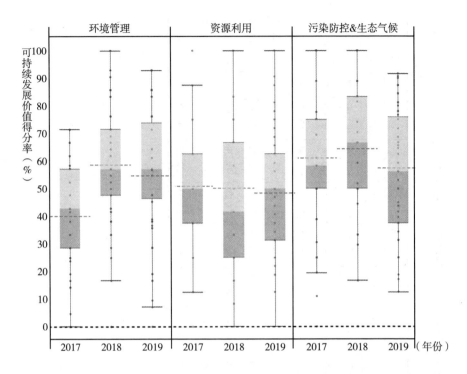

图16　2017～2019年"义利99"义维－环境贡献三级指标得分率对比

表10　2017～2019年"义利99"义维－环境贡献三级指标得分率箱形图数据表

单位：%

数据节点	环境管理			资源利用			污染防控＆生态气候		
	2017年	2018年	2019年	2017年	2018年	2019年	2017年	2018年	2019年
最大值	71.43	100.00	92.86	100.00	100.00	100.00	100.00	100.00	91.67
上边缘	71.43	100.00	92.86	87.50	100.00	100.00	100.00	100.00	91.67
上四分位数	57.14	71.43	73.81	62.50	66.67	62.50	75.00	83.33	75.83
平均数	40.07	58.55	54.66	50.88	50.08	48.36	61.03	64.35	57.49
中位数	42.86	57.14	57.14	50.00	41.67	50.00	58.33	66.67	56.25
下四分位数	28.57	47.62	46.43	37.50	25.00	31.25	50.00	50.00	37.50
下边缘	0.00	16.67	7.14	12.50	0.00	0.00	19.44	16.67	12.50
最小值	0.00	0.00	0.00	0.00	0.00	0.00	0.00	0.00	12.50

（三）"义利99"横向对比

1. 2019年"义利99"与沪深300市场特征对比

（1）工业、能源和原材料行业占比突出

如图17所示，在2019年"义利99"上榜公司中，工业、能源和原材料行业公司数量占比分别为27.27%、7.07%和17.17%，分别高出沪深300占比8.60个、3.74个和5.17个百分点；金融、信息技术、主要消费和地产行业公司数量占比分别为10.10%、6.06%、3.03%和2.02%，分别低出沪深300占比9.23个、4.94个、2.30个和2.98个百分点。可选消费、医药卫生、公用事业和电信业务行业公司数量占比与沪深300基本持平。

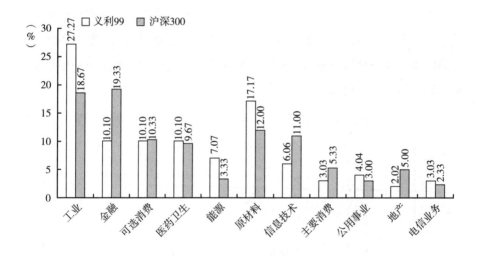

图17 2019年"义利99"与沪深300行业分布对比

（2）央企占比偏高

如图18所示，在2019年"义利99"上榜公司中，央企数量占比比沪深300高11.07个百分点，而民企数量占比比沪深300低11.06个百分点。地方国企和其他企业占比与沪深300基本持平。

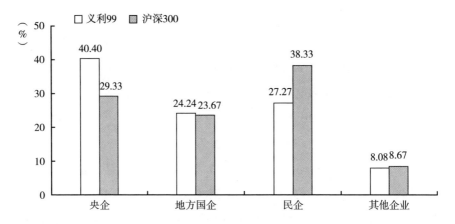

图18　2019年"义利99"与沪深300所有制分布对比

（3）交易所和板块分布与沪深300相似

如图19所示，2019年"义利99"上榜公司包含了上交所和深交所两大交易所的上市公司，覆盖了主板、中小企业板和创业板，交易所和板块分布与沪深300成分股分布相似，均以上交所主板为主、深交所主板和中小企业板为辅，创业板占比最小。

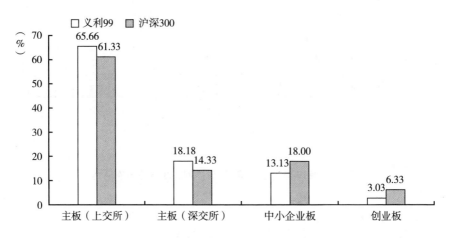

图19　2019年"义利99"与沪深300交易所和板块分布对比

（4）资产规模相对沪深300偏大

如图20所示，截至2018年12月31日，"义利99"上榜公司在1000

亿~10000 亿元、10000 亿~100000 亿元和 100000 亿元以上这三个总资产规模分布段中，公司数量占比均高于沪深 300，分别高出 11.43 个、4.45 个和 0.69 个百分点；在 100 亿元以内和 100 亿~1000 亿元两个分布段上，"义利99"公司数量占比比沪深 300 分别低 6.66 个和 9.92 个百分点。2019 年"义利99"平均总资产为 10657.82 亿元，沪深 300 为 7048.67 亿元，"义利99"的平均总资产是沪深 300 的 1.52 倍。

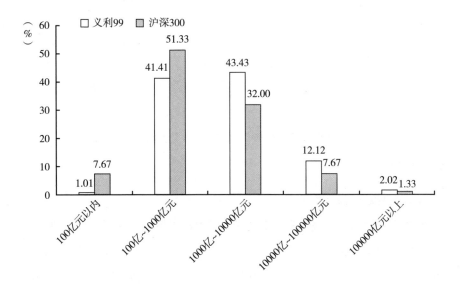

图20 2019 年"义利99"与沪深 300 资产规模分布对比

资料来源：Wind，社投盟。

（5）营收规模超过沪深 300

如图 21 所示，根据 2018 年营业收入，"义利99"上榜公司在 500 亿元以上的四个分布段的公司数量占比均高于沪深 300，分别高出 3.16 个、17.67 个、3.74 个和 2.03 个百分点。"义利99"100 亿元以内的公司数量占比比沪深 300 低 20.26 个百分点，100 亿~500 亿元分布段比沪深 300 低 6.35 个百分点。"义利99"上榜公司的平均营收为 2069.08 亿元，沪深 300 的平均营收是 977.34 亿元，"义利99"的平均营业收入是沪深 300 的 2.12 倍。

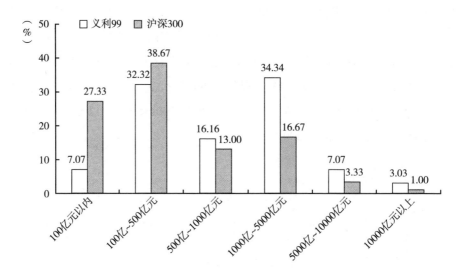

图21 2019年"义利99"与沪深300营业收入分布对比

资料来源：Wind，社投盟。

（6）纳税总额高于沪深300

如图22所示，"义利99"上榜公司2018年纳税总额比沪深300更高。"义利99"纳税总额均在1亿元及以上，而沪深300有1.67%的公司纳税总额在1亿元以内；纳税总额在1000亿元以上公司占比比沪深300高2.03个百分点；100亿~1000亿元分布段比沪深300高12.94个百分点；10亿~100亿元分布段比沪深300高7.55个百分点；1亿~10亿元公司占比比沪深300低20.85个百分点。沪深300成分股的平均纳税总额是83.12亿元，而"义利99"平均纳税总额高达177.53亿元，是沪深300的2.14倍。

（7）市值相对沪深300偏大

如图23所示，与沪深300相比，"义利99"在1000亿元以上的公司数量占比高出17.36个百分点，在500亿~1000亿元分布段占比高出6.95个百分点，在500亿元以内公司占比少24.32个百分点。沪深300成分股的平均市值为970.60亿元，"义利99"上榜公司的平均市值为1581.55亿元，是沪深300的1.63倍。

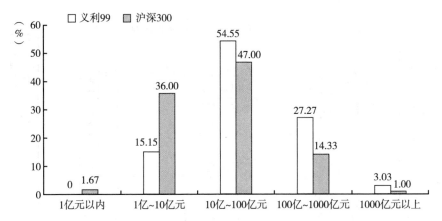

图22　2019年"义利99"与沪深300纳税规模分布对比

资料来源：Wind，社投盟。

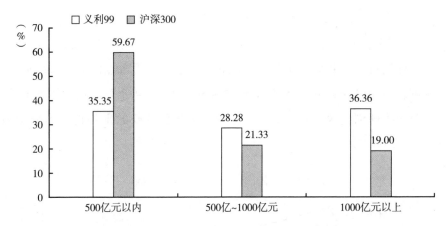

图23　2019年"义利99"与沪深300市值分布对比

资料来源：Wind，社投盟。

2. 2019年"义利99"与沪深300得分率对比

（1）目标Ⅰ驱动力平均得分率全面高于沪深300

如图24所示，从目标Ⅰ驱动力来看，"义利99"的价值驱动、战略驱动和业务驱动的平均得分率均高于沪深300。"义利99"和沪深300三个指标的平均得分率均超过60%，"义利99"价值驱动和业务驱动的平均得分率超过70%。整体来看，上市公司在战略驱动上的平均得分率偏低。

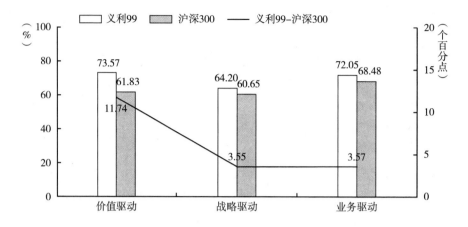

图 24　2019 年"义利 99"与沪深 300 目标丨驱动力平均得分率

（2）方式丨创新力平均得分率全面高于沪深 300

如图 25 所示，从方式丨创新力来看，"义利 99"在技术创新、模式创新和管理创新上的平均得分率均比沪深 300 高 10 个百分点以上。"义利 99"技术创新平均得分率为 55.89%，比沪深 300 高 18.54 个百分点。整体来看，上市公司管理创新表现最佳，"义利 99"和沪深 300 的平均得分率分别为 79.21% 和 68.76%。

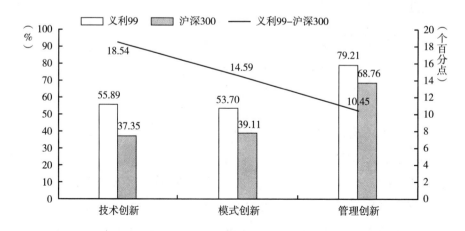

图 25　2019 年"义利 99"与沪深 300 方式丨创新力平均得分率

（3）效益丨转化力得分率全面高于沪深300

如图26所示，从效益丨转化力来看，"义利99"经济贡献、社会贡献和环境贡献平均得分率均高于沪深300，尤其在环境贡献方面，"义利99"平均得分率超过沪深300高达16.81个百分点。整体来看，"义利99"的社会贡献指标平均得分率最高，而沪深300在经济贡献指标上表现最佳。

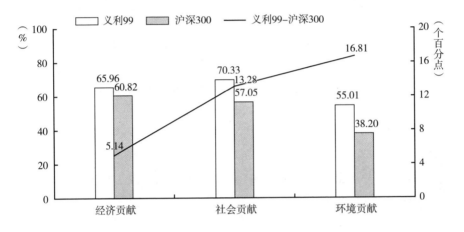

图26 2019年"义利99"与沪深300效益丨转化力平均得分率

3. 2019年"义利99"与沪深300义利表现对比

（1）利维表现全面优于沪深300

如图27所示，从利维表现分析，"义利99"在盈利能力、运营效率、偿债能力、成长能力和财务贡献上均优于沪深300。其中，"义利99"在财务贡献指标上优势最为明显，超过沪深300高达11.72个百分点。

（2）义维表现全面优于沪深300

从义维表现分析，"义利99"在社会贡献和环境贡献下的三级指标平均得分率均高于沪深300。社会贡献主要考察上市公司在客户价值、员工权益、合作伙伴、安全运营和公益贡献方面的表现，环境贡献则主要考察上市公司在环境管理、资源利用、污染防控（金融专用版是绿色金融）和生态气候方面的表现。

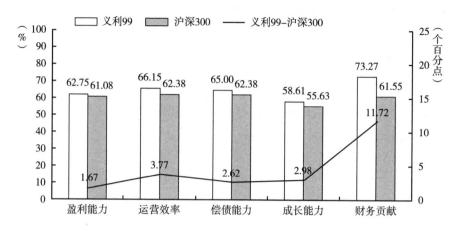

图27　2019年"义利99"与沪深300利维－经济贡献得分率

如图28所示,在社会贡献5个三级指标中,安全运营平均得分率最高,"义利99"为82.49%和沪深300为72.63%,两者相差9.86个百分点;客户价值平均得分率最低,"义利99"为59.90%和沪深300为43.67%,两者相差16.23个百分点。

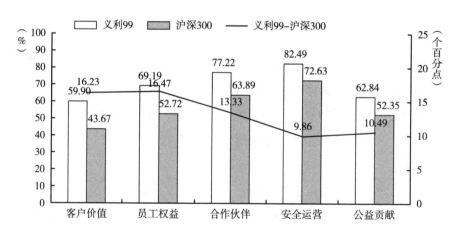

图28　2019年"义利99"与沪深300义维－社会贡献得分率

从图29可以看出,"义利99"与沪深300在环境贡献下的4个三级指标平均得分率差异最大。"义利99"和沪深300均在污染防控(金融专用版是绿色金融）方面表现最佳，平均得分率分别为71.40%和49.99%，两者相差21.41个百分点；在生态气候方面表现最差，平均得分率分别为40.40%和20.44%，前者比后者高出19.96个百分点。

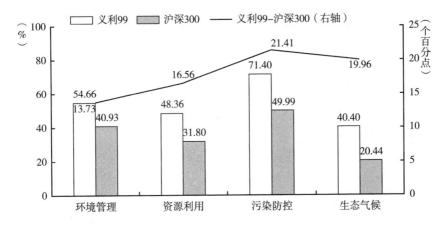

图29　2019年"义利99"与沪深300义维－环境贡献得分率

三　A股上市公司数据完备度分析

数据完备度衡量"评分子模型"中指标信息披露情况。如若公司披露一个指标的相关信息，该公司的这一指标数据完备度记为100.00%，否则记为0.00%，计算对应低级别指标的平均数据完备度得到高级别指标的数据完备度，逐级计算得到各级指标数据完备度。

（一）总体概况

如表11所示，2019年"义利99"上榜公司数据完备度均值为82.38%，比2018年提升0.72个百分点；2019年沪深300成分股数据完备度均值为73.77%，比2018年提升1.49个百分点。2019年"义利99"与沪深300群体数据完备度均有提升但幅度微小，"义利99"群体平均数据完备度均高于沪深300。

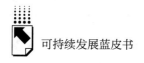

表11　2018～2019年"义利99"与沪深300平均数据完备度

单位：%

时间	义利99	沪深300
2018年	81.66	72.28
2019年	82.38	73.77

（二）指标对比

经济贡献指标因上市公司信息披露监管要求，其数据完备度为100%。如表12所示，2018～2019年，无论是"义利99"还是沪深300，价值驱动的数据完备度均为除经济贡献以外8个二级指标中最高。2018年，模式创新的数据完备度最低，"义利99"为52.53%，而沪深300仅为38.38%。2019年环境贡献的数据完备度最差，"义利99"为60.94%，沪深300为43.20%。

价值驱动、战略驱动、业务驱动、技术创新和模式创新的数据完备度在2019年都有提升，而管理创新、社会贡献和环境贡献的数据完备度反而降低。这两年"义利99"8个二级指标的平均数据完备度均高于沪深300。

表12　2018～2019年"义利99"与沪深300二级指标数据完备度统计

单位：%

时间	对象	价值驱动	战略驱动	业务驱动	技术创新	模式创新	管理创新	社会贡献	环境贡献
2018年	义利99	96.46	86.87	66.67	85.86	52.53	86.93	84.39	75.25
	沪深300	90.30	81.77	61.71	76.00	38.38	80.39	69.55	52.40
2019年	义利99	98.99	91.92	73.74	92.68	72.47	82.40	68.24	60.94
	沪深300	93.67	90.00	68.67	80.83	57.17	74.95	55.48	43.20

（三）行业对比

分行业看，2018年电信业务行业数据完备度最高，"义利99"上榜公司高达93.60%，而沪深300也有78.81%。2019年能源行业数据完备度最高，"义利99"上榜公司为87.22%，沪深300为83.23%。整体来看，无论在2018年还是2019年，"义利99"各个行业上榜公司的数据完备度平均值均高于沪深300。

表13　2018~2019年"义利99"与沪深300分行业数据完备度统计

单位：%

时间	对象	工业	金融	可选消费	医药卫生	能源	原材料	信息技术	主要消费	公用事业	地产	电信业务
2018年	义利99	84.71	83.99	76.72	80.09	84.75	78.07	75.40	72.69	79.65	85.94	93.60
	沪深300	77.23	75.26	65.35	73.26	75.73	69.59	64.96	69.21	73.92	73.62	78.81
2019年	义利99	83.27	84.44	81.58	80.86	87.22	79.43	83.63	76.51	80.24	83.31	86.10
	沪深300	76.40	76.63	69.15	72.59	83.23	73.47	71.48	72.11	74.04	65.65	74.19

（四）主要作用

综上分析，在2018年和2019年，无论是从二级指标还是分行业进行统计，"义利99"平均数据完备度均高于沪深300。高数据完备度是上榜公司的基本特征。

2019年，能源行业的数据完备度最高，同时，能源行业的可持续发展价值平均分居11个行业榜首（63.58分），"义利99"上榜率也最高（10家能源公司有7家上榜）。相反，2019年沪深300中数据完备度最低的是地产行业，仅为65.65%。地产行业的可持续发展价值平均分为51.32分，在11行业中最低，其"义利99"上榜率只有13.33%，也是上榜率最低的行业。由此推测，可持续发展价值得分与数据完备度成正相关。

为了更进一步确定数据完备度与可持续发展价值得分之间的关系，以上市公司2019年与2018年可持续发展价值得分差值为Y值（单位：分），对应的数据完备度差值为X值（单位:%）进行线性回归分析，回归结果如下：

$$Y = -1.32 + 0.37 \cdot X$$
$$R^2 = 0.29, X\text{ 的 p-value} < 2e-16, \text{F-test p-value} < 2.2e-16$$

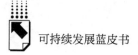

从回归分析结果来看，上市公司可持续发展价值得分与数据完备度变化呈显著正相关关系，数据完备度每提升 1 个百分点，可持续发展价值得分增加约 0.37 分。

在实际使用 3A 模型对上市公司进行评估时，得分高低虽然取决于公司的行为是否符合可持续发展，但是信息披露程度也对得分有一定影响（从回归分析结果来看，数据完备度的提高能在 29% 程度上解释可持续发展价值评分的增加）。信息披露不充分的公司，可持续发展价值较难得到充分体现。上市公司信息披露的真实准确是可持续发展价值评估的前提，希望上市公司可以尽职尽责披露公司经营信息，也望相关监管部门进行有效监管督促。

行业评估篇

Industry Assessment

B.3

2019年工业行业可持续发展价值
评估报告

摘　要： 本文分析了沪深300成分股中工业行业上市公司的可持续
发展价值评估情况。首先介绍了工业行业可持续发展价值
概况，其次将工业行业与沪深300对比以及工业上榜公司
与工业行业对比分析，再次分析了工业行业中可持续发展
价值得分最高的龙头企业以及可持续发展价值排名进步最
大的黑马企业，最后对工业行业可持续发展价值进行了总
结分析。

关键词： 工业　可持续发展价值　龙头企业　黑马企业

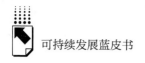

一 工业行业概况

（一）工业行业定义

工业主要是指原料采集与产品加工制造的产业或工程。工业是唯一生产现代化劳动手段的部门，决定着国民经济现代化的速度、规模和水平，在当代世界各国国民经济中起着主导作用。

根据中证指数有限公司行业分类标准，① 工业行业下设 3 个二级分类、13 个三级分类、35 个四级分类。2019 年沪深 300 上市公司中有 56 家工业企业，A 股上市公司中有 961 家工业企业（见表 1）。

表 1 工业行业上市公司分类分布情况

单位：家

一级行业	二级行业	三级行业	四级行业	沪深A股	沪深300
工业	资本品	航空航天与国防	航空航天与国防	50	6
		建筑产品	建筑产品	30	0
		建筑与工程	土木工程	57	9
			建筑装修	25	1
			园林工程	21	1
		电气设备	电气部件与设备	132	4
			重型电气设备	6	0
			新能源设备	77	3
		工业集团企业	工业集团企业	7	0
		机械制造	通用机械	111	3
			工程机械	24	3
			商用货车	1	0
			农用机械	3	0
			铁路设备	9	1
			船舶制造	9	2
			其他机械设备	118	0

---

① 中证指数有限公司：《中证行业分类说明》（2016 年修订版）2016。

一级行业	二级行业	三级行业	四级行业	沪深A股	沪深300
工业	商业服务与用品	环保设备、工程与服务	环保设备	17	0
			环保工程	5	0
			环保服务	39	1
		商业服务与用品	商业印刷	13	0
			市场服务	10	2
			办公服务与用品	3	0
			工业品贸易商	41	1
			其他商业服务	37	1
	交通运输	航空货运与物流	航空货运	1	0
			物流	35	5
		航空公司	航空公司	8	5
		航运	航运	11	1
		道路运输	铁路运输	4	1
			公路运输	8	0
			公共交通	4	0
		交通基本设施	机场	4	2
			高速公路	22	0
			铁路	0	0
			港口	19	4

资料来源：中证指数，社投盟。

（二）工业行业发展现状

我国工业行业早年借助"人口红利"发展迅速，近年来由高速度发展转向高质量发展。2015年中国出台"中国版工业4.0规划"——《中国制造业发展纲要（2015～2025）》，明确提出工业4.0战略，推动制造业转型升级；2016年提出《智能制造发展规划（2016～2020年）》，提出了具体明确的制造业转型方向——智能制造；2018年，响应国家"供给侧结构性改革"发展战略，转向更高质量的发展。

近年来，我国工业增加值不断上升，由2011年的195142.80亿元增长到2018年的305160.20亿元。但是我国工业增加值同比增长率不断下降，

由 2010 年同比增长 12.60% 下降到 2012 年的 8.10%，2015 年以后增长率稳
定在 6% 左右。

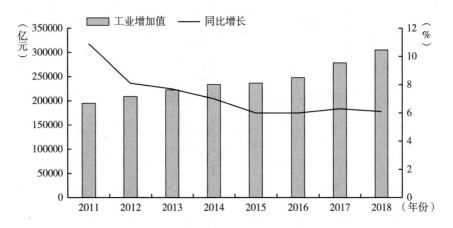

图1　工业企业增加值及年度变化

资料来源：国家统计局，社投盟。

从规模以上工业企业①经济指标来看，2011～2015 年规模以上工业企
业数量不断增加，2015 年达到 383000 家，2016 年有所减少，2018 年企业
数量回升。而规模以上工业企业主营业务收入 2011～2016 年保持增长，
2017 年开始下降，2018 年继续下降，主营业务收入的变化较企业数量的
变化滞后。同期规模以上工业企业利润总额在波动上升，由 2011 年的
61398.33 亿元增长到 2013 年的 68378.90 亿元，随后下降到 2015 年的
66187.07 亿元，2017 年增长到 74916.25 亿元，但是 2018 年大幅下降到
66351.40 亿元。

（三）工业行业政策

近年来政府加大对工业的扶持力度，积极推动工业转型升级，加快推动
工业布局调整，重视创新，加快推动供给侧结构性改革，淘汰过剩产能。进

---

① 2011 年经国务院批准，纳入规模以上工业统计范围的工业企业起点标准从年主营业务收入
500 万元提高到 2000 万元。

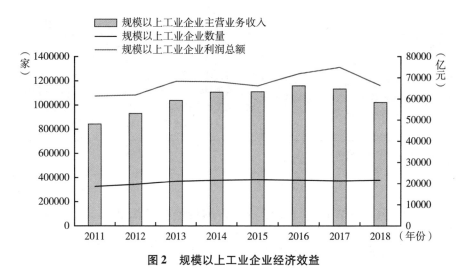

图2　规模以上工业企业经济效益

资料来源：国家统计局，社投盟。

入工业4.0时代，应更加重视智能制造的作用，加快推进"工业2025"战略的实施。

表2　中国工业行业近年主要相关政策

时间	政策文件	主要相关内容
2015.1	中国版工业4.0规划——《中国制造业发展纲要（2015～2025）》	制造业发展将做到四个转变：做到由要素驱动向创新驱动转变；由低成本竞争优势向质量效益竞争优势转变；由资源消耗大、污染物排放多的粗放制造向绿色制造转变；由生产型制造向服务型制造转变
2016.6	《国务院办公厅关于营造良好市场环境促进有色金属工业调结构促转型增效益的指导意见》	坚持市场主导，坚持政府引导，坚持创新驱动，坚持分类指导，严控新增产能，加快退出过剩产能，加强技术创新，扩大市场应用，健全储备体系，积极推进国际合作，完善用电政策，完善土地政策，加大财税支持力度，加强金融扶持，做好职工安置工作，发挥行业协会作用
2016.12	《智能制造发展规划（2016～2020年）》	智能制造是基于新一代信息通信技术与先进制造技术深度融合，贯穿于设计、生产、管理、服务等制造活动的各个环节，具有自感知、自学习、自决策、自执行、自适应等功能的新型生产方式。加快发展智能制造，是培育我国经济增长新动能的必由之路，是抢占未来经济和科技发展制高点的战略选择，对于推动我国制造业供给侧结构性改革、打造我国制造业竞争新优势、实现制造强国目标具有重要战略意义

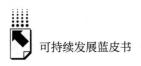

时间	政策文件	主要相关内容
2018.9	《国务院关于进一步压减工业产品生产许可证管理目录和简化审批程序的决定》	经研究论证,国务院决定,进一步压减工业产品生产许可证管理目录,取消14类工业产品生产许可证管理,将4类工业产品生产许可证管理权限下放给省级人民政府质量技术监督部门(市场监督管理部门)

资料来源:中国政府网,社投盟。

(四)2019年工业行业可持续发展价值评估概要

2家公司被筛选子模型剔除①

56家公司进入"沪深300"(占比18.67%)

27家公司上榜"义利99"(占比27.27%)

52家公司发布独立的社会责任报告

数据完备度76.40%

可持续发展价值得分率58.35%,排名第3②

目标丨驱动力　平均得分率62.02%,排名第8

方式丨创新力　平均得分率58.02%,排名第5

效益丨转化力　平均得分率57.91%,排名第2

可持续发展价值前三公司:1. 中国建筑(601668.SH);2. 潍柴动力(000338.SZ);3. 中国交建(601800.SH)

可持续发展价值升幅前三公司:1. 三花智控(002050.SZ);2. 大秦铁路(601006.SH);3. 中联重科(000157.SZ)

评估亮点:社会贡献排名第1

评估暗点:战略驱动排名第8

---

① 海航控股(600221.SH)和东方园林(002310.SZ)因审计机构对其2018年年报出具非标准无保留意见审计报告而剔除。

② 在11个行业中排名第3,下同。

二 工业行业与沪深300对比

本部分从价值构成和价值成因两个方面将工业行业与沪深300进行对比分析。在价值构成部分，从利维表现和义维表现进行横向对比。在价值成因部分，从目标丨驱动力、方式丨创新力、效益丨转化力三个方面进行横向对比。

（一）价值构成对比

1.利维表现

工业行业公司数量占沪深300比重较大，但公司规模较小，盈利水平一般；平均营业收入是沪深300的1.21倍，排名全行业第4；但平均净利润仅为沪深300的约一半，居行业第7；平均市值是沪深300的约六成，居行业第8；平均股息率与平均市盈率均低于沪深300。工业行业存在较大的成本压力，有待进一步优化结构，提高效率，降低成本。

表3 工业行业与沪深300经济贡献对比情况

评估对象	数量（家）	平均营业收入（亿元）	平均净利润（亿元）	平均市值（亿元）	平均股息率（%）	平均市盈率（倍）	平均纳税额（亿元）
工业	56	1189.31	53.45	589.49	1.83	20.89	49.91
沪深300	300	977.34	103.48	970.60	2.14	21.37	83.12

资料来源：Wind，社投盟。

从2016～2018年的变化来看，工业行业平均营业收入与平均净利润均不断攀升。平均营业收入从2016年的863.76亿元变化率增长到2018年的1189.31亿元，且增速逐年加快；平均净利润变化率经历2017年46.49%的显著增长后2018年增速下降至11.21%。

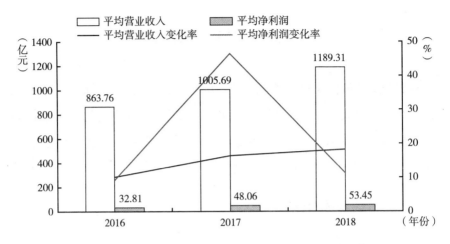

图3　工业行业平均营业收入和平均净利润及其变化率

资料来源：Wind，社投盟。

工业行业平均市值在2016～2018年先升后降，2017年增长22.82%，达到730.89亿元，但2018年增长率为－19.35%，平均市值减少至589.49亿元。行业市盈率连续三年下降，从2016年的33.16倍降低至2018年的20.89倍。

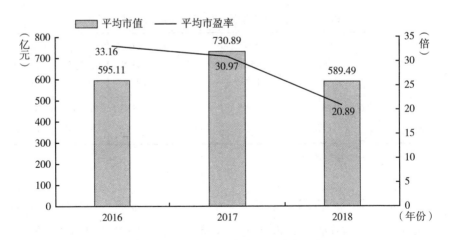

图4　工业行业平均市值及平均市盈率

资料来源：Wind，社投盟。

相反地，工业行业平均股息率连续三年增长，从 2016 年的 0.95% 增长至 2018 年的 1.83%。

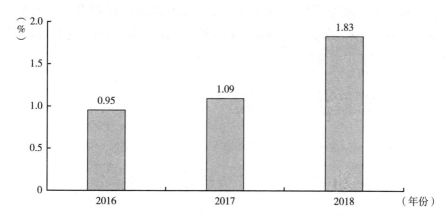

图 5　工业行业平均股息率

资料来源：Wind，社投盟。

2. 义维表现

工业行业社会贡献总体表现优异，5 项三级指标全面优于沪深 300。安全运营表现突出，得分率突破 80%。与其他行业相比，客户价值居全行业第 1，得分率为 60.24%；员工权益、合作伙伴、安全运营均居全行业第 4，得分率分别为 61.01%、66.07%、80.75%；公益贡献指标居全行业第 2，仅次于金融行业。

表 4　工业行业与沪深 300 社会贡献对比情况

单位：%

评估对象	客户价值	员工权益	合作伙伴	安全运营	公益贡献
工业	60.24	61.01	66.07	80.75	59.70
沪深 300	43.67	52.72	63.89	72.63	52.35

资料来源：社投盟。

从 2017~2019 年来看，工业行业社会贡献各个三级指标有升有降。安全运营连续三年最高，但在 2019 年又回到 2017 年水平，保持在 80% 以上。

客户价值、员工权益和公益贡献三个指标同样呈现出先升后降的变化。其中员工权益波动极小，得分率稳定在62%左右。合作伙伴表现抢眼，2017年该指标得分率仅为31.75%，是工业行业的绝对短板，而2019年得分率已经翻倍至66.07%，并在5个指标中排名第2。这表明在新常态供给侧结构性改革的环境下工业转型对于互补产业合作的需求上升。

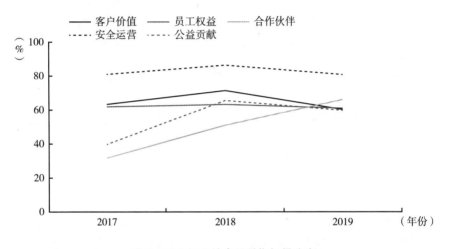

图6 工业行业社会贡献指标得分率

资料来源：社投盟。

工业行业环境贡献指标同样表现不俗，4个三级指标均领先沪深300。尤其环境管理与污染防控，分别比沪深300高12.56个百分点和9.39个百分点。与其他行业相比，环境管理、污染防控、生态气候均位于行业第5，资源利用排名第4。

表5 工业行业与沪深300环境贡献对比情况

单位：%

评估对象	环境管理	资源利用	污染防控	生态气候
工业	53.49	32.59	59.38	23.66
沪深300	40.93	31.80	49.99	20.44

资料来源：社投盟。

从 2017～2019 年变化来看，环境管理表现突出，连续 3 年得分率上涨。污染防控 & 生态气候①2018 年增长 11.16 个百分点后，2019 年又回落 6.54 个百分点至 41.52%。资源利用 2019 年虽回升至 32.59%，但仍不及 2017 年的水平，有待提升。

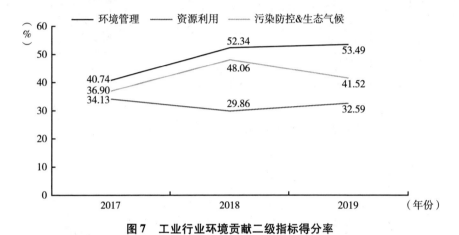

图 7　工业行业环境贡献二级指标得分率

资料来源：社投盟。

（二）价值成因对比

1. 目标 | 驱动力

工业行业在目标 | 驱动力方面表现平平，3 项指标均不及沪深 300。2019 年工业行业目标 | 驱动力平均得分率为 62.02%，较沪深 300 低 1.45 个百分点，位列全行业第 8。工业行业价值驱动、战略驱动和业务驱动指标的得分率分别比沪深 300 低 1.86 个百分点、1.52 个百分点和 0.82 个百分点。

2017～2019 年，工业行业目标 | 驱动力整体得分率 2018 年增加 25.03 个百分点，为 65.28%，但 2019 年未能延续增长势头，回落至 62.02%。2019 年价值驱动指标得分率下降了 10.31 个百分点；战略驱动及业务驱动指标得分虽均有所上升，但上升幅度较小，分别上升 0.43 个百分点、2.47 个百分点。

---

①　2019 年社标委对指标做了微调，环境贡献下由 3 个三级指标调整为 4 个三级指标。

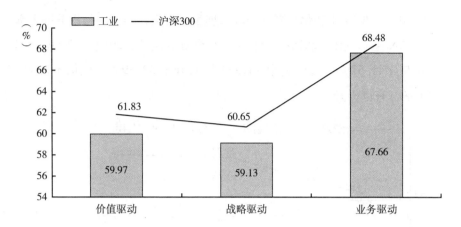

图8　工业行业与沪深300目标Ⅰ驱动力得分率

资料来源：社投盟。

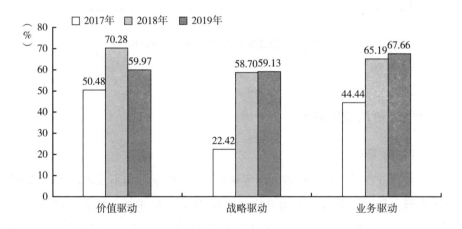

图9　工业行业目标Ⅰ驱动力二级指标得分率

资料来源：社投盟。

2. 方式Ⅰ创新力

工业行业方式Ⅰ创新力表现优异，3项二级指标得分率均优于沪深300。工业行业方式Ⅰ创新力平均得分率为58.02%，比沪深300高3.57个百分点，全行业排名第5。其中管理创新得分率最高，为72.01%；模式创新得分率与沪深300差异最大，高5.83个百分点。

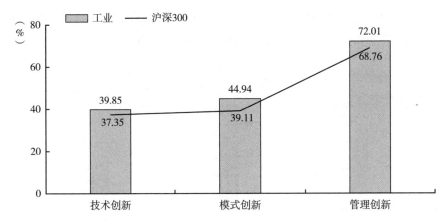

图10 工业行业与沪深300方式Ⅰ创新力得分率

资料来源：社投盟。

工业行业方式Ⅰ创新力得分率整体有所下降。二级指标中，管理创新2018年得分率上升10.75个百分点，2019年（72.01%）略微下降，在3个指标中最高；技术创新得分率2019年下降了8.51个百分点，为39.85%。模式创新2017~2019年得分率变化不大。

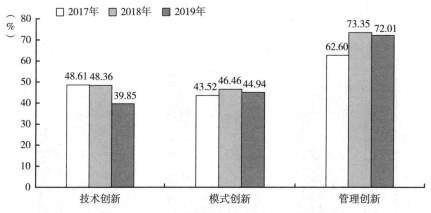

图11 工业行业方式Ⅰ创新力二级指标得分率

资料来源：社投盟。

3. 效益 | 转化力

工业行业在效益 | 转化力方面表现亮眼，位列全行业第2，平均得分率

比沪深 300 高 3. 69 个百分点。社会贡献和环境贡献表现突出，分别比沪深 300 高 8. 51 个和 6. 52 个百分点。经济贡献与沪深 300 基本持平。

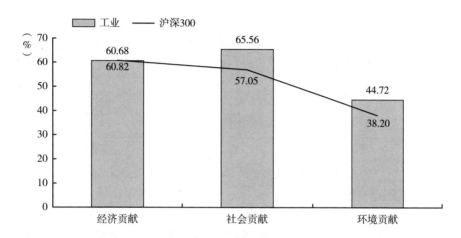

图 12　工业行业与沪深 300 效益丨转化力得分率

资料来源：社投盟。

工业行业在效益丨转化力方面表现平稳，经济贡献保持稳定，社会贡献和环境贡献先上升后下降，但下降幅度明显小于上升幅度。

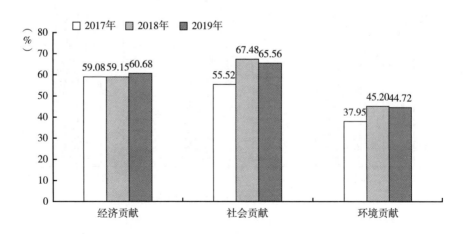

图 13　工业行业效益丨转化力二级指标得分率

资料来源：社投盟。

三 工业上榜公司与工业行业对比

上榜公司是指沪深300成分股中进入"义利99"榜单的工业公司。本部分对工业上榜公司和沪深300中工业公司进行对比分析,从中找到工业行业上榜公司值得学习借鉴的亮点表现与值得关注的短板。在价值构成部分,分别对这两个评估对象的利维表现和义维表现进行横向对比。在价值成因部分,从目标 | 驱动力、方式 | 创新力、效益 | 转化力角度分别阐述工业上榜公司和工业行业的横向对比。

(一)价值构成对比

1. 利维表现

工业上榜公司平均规模较工业行业大,平均市值是工业行业的1.45倍;平均营业收入和平均净利润分别是工业行业平均的1.66倍和1.71倍;平均股息率同样高于工业行业平均水平;而平均市盈率低于行业平均水平;工业上榜公司平均纳税额较高,为87.31亿元,是工业行业的1.75倍。

表6 工业上榜公司与工业行业经济贡献指标对比

评估对象	数量(家)	平均营业收入(亿元)	平均净利润(亿元)	平均市值(亿元)	平均股息率(%)	平均市盈率(倍)	平均纳税额(亿元)
工业上榜公司	27	1972.67	91.16	855.02	2.34	14.73	87.31
工业行业	56	1189.31	53.45	589.49	1.83	20.89	49.91

资料来源:Wind,社投盟。

2017年,工业上榜公司平均营业收入出现负增长,增长率为-8.78%,但2018年反弹,增长率18.66%,达1972.67亿元;平均净利润连续3年增长,但增长率不断下降。

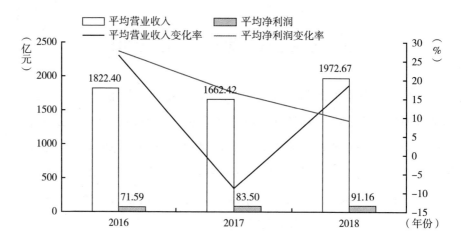

图14 工业上榜公司平均营业收入、平均净利润及其变化率

资料来源：社投盟。

工业上榜公司平均市值与平均市盈率保持同样的变化趋势，2016～2018年均先升高后降低，且降低幅度均大于升高幅度。

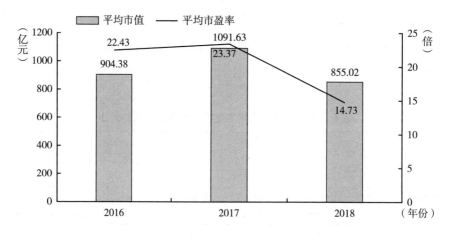

图15 工业上榜公司平均市值及平均市盈率

资料来源：Wind，社投盟。

工业上榜公司平均股息率先下降后上升，且上升幅度大于下降幅度。平均股息率2017年下降了0.12个百分点，而2018年则提高了将近一倍。

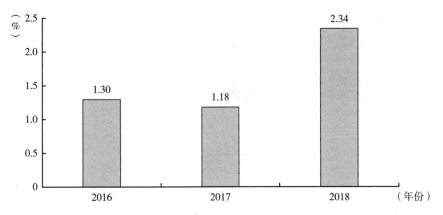

图16 工业上榜公司平均股息率

资料来源：Wind，社投盟。

2. 义维表现

工业上榜公司社会贡献5个三级指标得分率均高于工业行业。其中员工权益相对表现最为突出，高出工业行业9.57个百分点；安全运营指标得分率最高，为82.30%，与行业差异最小（高出1.55个百分点）；客户价值、合作伙伴和公益贡献均比工业行业高8个百分点左右。

表7 工业上榜公司与工业行业社会贡献指标对比

单位：%

评估对象	客户价值	员工权益	合作伙伴	安全运营	公益贡献
工业上榜公司	68.93	70.58	74.07	82.30	67.45
工业行业	60.24	61.01	66.07	80.75	59.70

资料来源：社投盟。

工业上榜公司社会贡献多数三级指标表现趋弱，合作伙伴是唯一连续三年增长的指标，由得分率排名倒数第1的三级指标变为排名第2。除合作伙伴指标以外，其他三级指标2019年得分率均有所下降。安全运营、客户价值与公益贡献2017～2019年得分率均呈现先涨后跌的态势。客户价值得分率波动最大，2018年该指标得分率增长了5.09个百分点，2019年得分率下降13.71个百分点，达到三年最低点；员工权益得分率持续下降，2019年

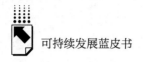

下降 6.92 个百分点；安全运营虽未能延续 2018 年的增长态势，得分率由 95.37% 下降至 82.30%，但得分率始终是 5 个三级指标中最高的。

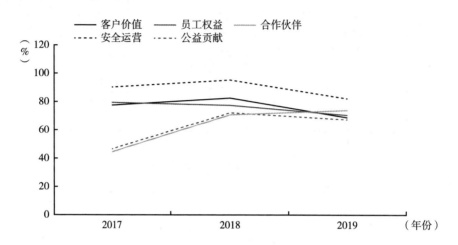

图 17　工业上榜公司社会贡献指标得分率

资料来源：社投盟。

　　工业上榜公司环境贡献表现优于工业行业，资源利用优势最明显。工业上榜公司资源利用得分率与工业行业差值最大，高出 10.47 个百分点；环境管理超出工业行业 6.30 个百分点；生态气候得分率是 4 个三级指标中最低的，为 33.56%，但仍比工业行业高 9.90 个百分点；污染防控指标平均得分率最高，为 67.59%。

表 8　工业上榜公司与工业行业环境贡献得分率对比

单位：%

评估对象	环境管理	资源利用	污染防控	生态气候
工业上榜公司	59.79	43.06	67.59	33.56
工业行业	53.49	32.59	59.38	23.66

资料来源：社投盟。

　　工业上榜公司环境贡献三级指标 2019 年得分率涨跌互现。其中，资源利用 2019 年得分率下降了 2.78 个百分点；环境管理表现较好，得分率连续

3年上涨，2018年和2019年分别增加了11.21个和1.55个百分点，2019年在3个指标中得分率最高；污染防控＆生态气候得分率总体维持在50%以上，但2019年下跌11.92个百分点。

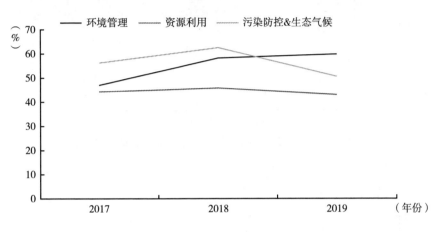

图18 工业上榜企业环境贡献指标得分率

资料来源：社投盟。

（二）价值成因对比

1. 目标｜驱动力

工业上榜公司目标｜驱动力表现优于工业行业。2019年工业上榜公司的目标｜驱动力平均得分率为65.99%，较工业行业高3.96个百分点，价值驱动、战略驱动和业务驱动分别较工业行业高3.61个、3.63个和4.77个百分点。

工业上榜公司目标｜驱动力得分稳步上涨，业务驱动指标为主因。工业上榜公司的目标｜驱动力2017～2019年保持着稳步上涨的态势，与工业行业变化情况趋于一致。

工业上榜公司战略驱动得分率2018年增长了34.49个百分点，2019年略微下降。价值驱动得分率2019年显著下降，由77.08%（2018年）下降至63.58%（2019年），未能延续高速增长的态势。业务驱动是唯一连续3年保持增长的指标，2019年取得72.43%的得分率，为3个指标中最高。

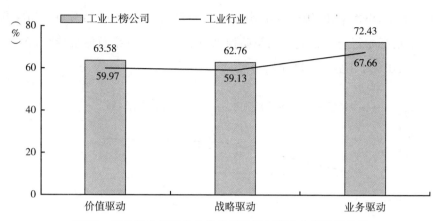

图19　工业行业与工业上榜公司目标Ⅰ驱动力指标得分率

资料来源：社投盟。

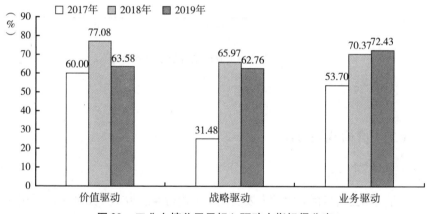

图20　工业上榜公司目标Ⅰ驱动力指标得分率

资料来源：社投盟。

2. 方式丨创新力

工业上榜公司方式丨创新力较工业行业优势明显，管理创新优势较小。2019年工业上榜公司方式丨创新力得分率为68.41%，高于工业行业10.39个百分点。其中，技术创新得分率较工业行业高14.51个百分点；模式创新得分率较工业行业高12.16个百分点；管理创新指标表现同样优于工业行业，得分率较行业高7.67个百分点。

工业上榜公司方式丨创新力得分率连续3年增长。其中，管理创新是唯

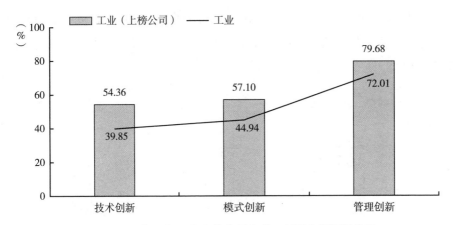

图21 工业行业与工业上榜公司方式丨创新力指标得分率

资料来源：社投盟。

一得分率连续上涨的二级指标，2018年增长了3.75个百分点，2019年增长了1.42个百分点；技术创新得分率先上升后下降，由2017年的57.99%升至2018年的65.93%，后又降至2019年的54.36%；模式创新得分率先下降后上升，2019年基本回到2017年水平。管理创新得分率连续三年稳居第1。

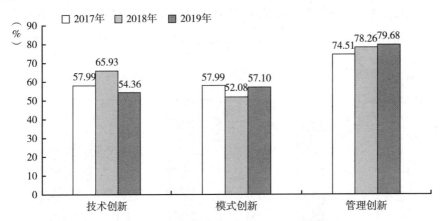

图22 工业上榜公司方式丨创新力指标得分率

资料来源：社投盟。

3. 效益丨转化力

工业上榜公司效益丨转化力表现优异，二级指标得分率全部高于工业行业。2019年工业上榜公司效益丨转化力得分率为64.11%，较工业行业高6.2个百分点。经济贡献、社会贡献与环境贡献分别比工业行业高4.77个、7.11个和8.15个百分点。

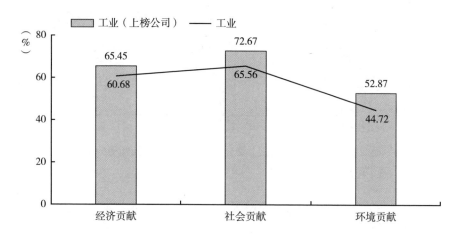

图23 工业行业与工业上榜公司效益丨转化力指标得分率

资料来源：社投盟。

工业上榜公司效益丨转化力得分率先升后降，经济贡献表现平稳。2017～2019年工业上榜公司效益丨转化力得分率分别为62.35%、65.96%

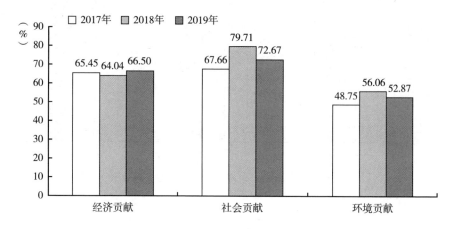

图24 工业上榜企业效益丨转化力指标得分率

资料来源：社投盟。

和 64.11%。二级指标社会贡献与环境贡献得分率先涨后跌，总体上升。社会贡献得分率 2018 年增长 12.05 个百分点至 79.71%，2019 年又回落至 72.67%，但仍然在 3 个指标中得分率最高。环境贡献得分率 2018 年上涨了 7.31 个百分点，2019 年下降了 3.19 个百分点。经济贡献得分率较为稳定，三年平均 65.33%。

四 亮点公司聚焦分析

（一）龙头企业可持续发展价值分析：中国建筑

1. 基础信息

中国建筑（601668. SH）为本次工业行业中可持续发展价值得分最高的公司，在"义利 99"榜单中排名第 2。中国建筑组建于 1982 年，股份有限公司成立于 2007 年 12 月 10 日，2009 年 7 月在上交所上市，以"成为最具国际竞争力的投资建设集团"为愿景。

表 9 中国建筑基础信息

公司名称	中国建筑股份有限公司
股票代码	601668. SH
证券简称	中国建筑
中证行业	工业
上市时间	2009 - 07 - 29
可持续发展价值排名（总榜）	2
可持续发展价值排名（行业）	1
可持续发展价值评级	AA
信息披露工作评价	A
数据完备度（%）	96.42
员工总数（人）	302827
纳税总额（亿元）	508.87
环保投入（万元）	13295
对外捐赠	—

资料来源：Wind，社投盟。

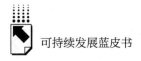

2. 价值构成

从价值构成来看，中国建筑经济贡献得分在工业行业中排名第7，在沪深300中排名第32，2018年营业收入为11993.25亿元，净利润为553.50亿元，均为工业行业的10倍；截至2018年12月31日，总市值为2393.15亿元，市盈率为6.94倍。社会贡献得分在工业行业中排名第6，在沪深300中排名第9；环境贡献得分在工业行业中排名第4，在沪深300中排名第19。中国建筑在社会贡献与环境贡献方面表现亮眼，是一家典型的"义利并举"的公司。

表10　中国建筑价值构成

经济贡献				
评估对象	营业收入(亿元)	净利润(亿元)	总市值(亿元)	股息率(%)	市盈率(倍)
中国建筑	11993.25	553.50	2393.15	2.69	6.94
工业	1189.31	53.45	589.49	1.83	20.89

社会贡献—得分率(%)				
评估对象	客户价值	员工权益	合作伙伴	安全运营	公益贡献
中国建筑	91.67	100.00	88.89	77.78	66.67
工业	60.24	61.01	66.07	80.75	59.70

环境贡献—得分率(%)			
评估对象	环境管理	资源利用	污染防控	生态气候	
中国建筑	71.43	68.75	75.00	56.25	
工业	53.49	32.59	59.38	23.66	

资料来源：Wind，社投盟。

3. 价值成因

中国建筑在2019年"义利99"排行榜中位列第2，可持续发展价值得分为78.72分，其中目标丨驱动力得分7.00分、方式丨创新力得分26.42分、效益丨转化力得分45.29分。目标丨驱动力得分率在工业行业排名第14（并列），在沪深300排名第93；方式丨创新力得分率在工业行业排名第1，在沪深300中排名第3；效益丨转化力得分率在工业行业排名第1，在沪深300排名第4。中国建筑的方式丨创新力和效益丨转化力在行业内有着绝对的优势。

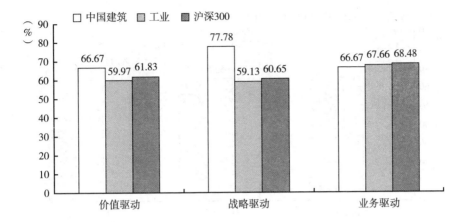

图25 中国建筑目标丨驱动力指标得分率

资料来源：社投盟。

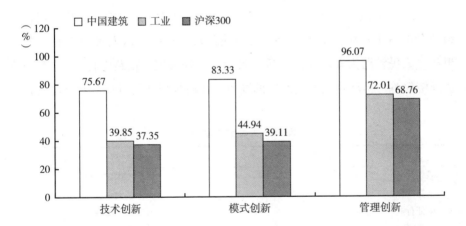

图26 中国建筑方式丨创新力指标得分率

资料来源：社投盟。

（二）黑马企业可持续发展价值分析：大秦铁路

1. 基础信息

大秦铁路（601006. SH）在2019年"义利99"工业行业中可持续发展价值评分排名第26，在沪深300中排名第97，比2018年上升了55个位次。

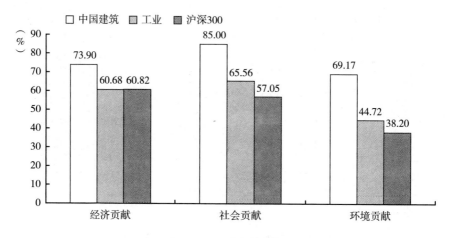

图 27　中国建筑效益 | 转化力指标得分率

资料来源：社投盟。

大秦铁路是中国第一家以铁路网核心主干线为公司主体的股份公司，于2006年8月1日在上交所上市。大秦铁路始终坚持"以人民为中心"的思想和"人民铁路为人民"的宗旨，聚焦"交通强国、铁路先行"，在努力创造经济效益、推动企业创新发展的同时，积极承担和履行社会及环境责任。

表 11　大秦铁路基础信息

公司名称	大秦铁路股份有限公司
股票代码	601006. SH
证券简称	大秦铁路
中证行业	工业
上市时间	2006 – 08 – 01
可持续发展价值排名（总榜）	97
可持续发展价值排名（行业）	26
可持续发展价值评级	BBB +
信息披露工作评价	A
数据完备度（%）	78. 33
员工总数（人）	99173
纳税总额（亿元）	90. 75
环保投入（万元）	13428. 00
对外捐赠	—

2. 价值构成

从价值构成看，大秦铁路 2016～2018 年经济贡献表现强劲，发展动力强。营业收入持续增长，2018 年达 783.45 亿元，同比增长 40.82%；净利润增速迅猛，2017 年增速达 85.05%，2018 年虽然放缓，但也增长 23.28%，达 161.47 亿元，利润率达 20.61%。股息率较高，2016～2018 年平均达 4.94%；市值增速不如净利润，因此 2016～2018 年市盈率不断下降。

表 12　大秦铁路经济贡献

年份	营业收入（亿元）	净利润（亿元）	总市值（亿元）	股息率（%）	市盈率（倍）
2016	446.25	70.78	1052.57	6.36	15.94
2017	556.36	130.98	1348.42	2.76	10.17
2018	783.45	161.47	1223.54	5.71	8.59

资料来源：Wind，社投盟。

从社会贡献来看，2017～2019 年得分率有所下降。安全运营一直表现突出，在 5 个三级指标中得分率最高；员工权益表现稳定，得分率在 60% 左右；客户价值与公益贡献得分率先升后降；合作伙伴得分率先降后升，波动幅度较大。

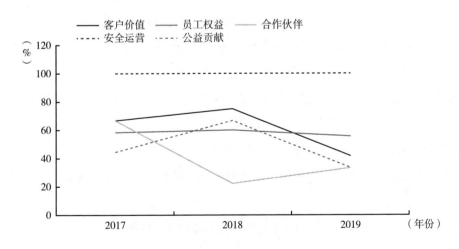

图 28　大秦铁路社会贡献得分率

资料来源：社投盟。

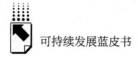

从环境贡献来看，总体表现向好。其中，环境管理提升较快，得分率从2017年的0跃升到2019年的85.71%；资源利用与污染防控＆生态气候2017～2019年得分率有所下降，但是污染防控＆生态气候得分率降幅收窄，资源利用得分率2019年有小幅提升。

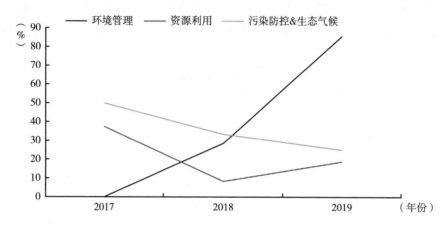

图29 大秦铁路环境贡献得分率

资料来源：社投盟。

3. 价值成因

从价值成因角度分析，大秦铁路2019年可持续发展价值得分为59.92分，其中目标｜驱动力得分6.33分、方式｜创新力得分14.31分、效益｜转化力得分39.27分。目标｜驱动力的二级指标中，价值驱动先升后降，战略驱动连续三年上涨，较2017年上升55.56个百分点，业务驱动2019年与2018年持平，比2017年增加一倍。方式｜创新力的二级指标涨跌不一，技术创新与模式创新先升后降，只有管理创新连续三年上升。效益｜转化力整体大幅上升，经济贡献与环境贡献涨幅明显，社会贡献略微下降。

五 工业行业可持续发展价值展望

工业行业表现良好，2019年可持续发展价值平均分达58.35分，在全

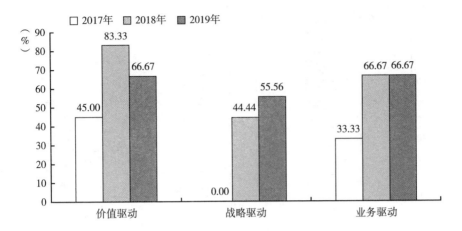

图30　2017～2019年大秦铁路目标Ⅰ驱动力二级指标得分率

资料来源：社投盟。

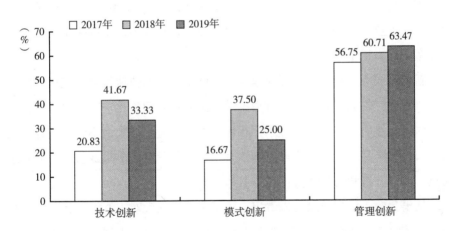

图31　2017～2019年大秦铁路方式Ⅰ创新力二级指标得分率

资料来源：社投盟。

行业中排名第3。从"3A三力"角度来看，工业行业目标Ⅰ驱动力指标位列全行业第8，低于沪深300平均水平；方式Ⅰ创新力优于沪深300，但有下降的趋势；效益Ⅰ转化力表现亮眼，位于全行业第2名，平均得分率较沪深300高3.69个百分点。从工业上榜公司来看，平均市值比行业高出45%，

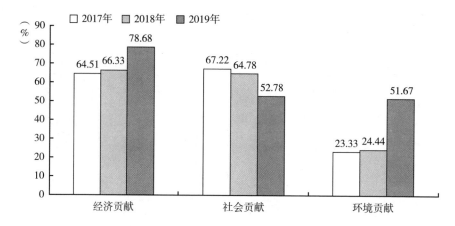

图32　2017~2019年大秦铁路效益丨转化力指标得分率

数据来源：社投盟。

平均营业收入比行业高65.87%，平均净利润比行业高70.55%；从义维表现来看，工业上榜公司社会贡献的5个三级指标和环境贡献的4个三级指标得分率全部高于工业行业。

新中国成立尤其是改革开放以来，我国工业持续快速发展，建成了门类齐全、独立完整的产业体系，有力推动了工业化和现代化进程，显著增强了综合国力。然而，与世界先进水平相比，中国工业仍然大而不强，在自主创新能力、资源利用效率、产业结构水平、信息化程度、质量效益等方面差距明显，转型升级和跨越发展的任务紧迫而艰巨。

从出台的一系列政策可以看出，近年来政府加大对工业的扶持力度，积极推动传统老工业转型升级，加快推动工业布局调整，重视创新，加快推动供给侧结构性改革，淘汰过剩产能。进入工业4.0时代，应更加重视智能制造，加快推进"工业2025"战略的实施。在当前供给侧结构性改革的大背景下，我国工业正处在转型的关键时期，正在由"中国制造"向"中国智造"转变。在这一发展的新阶段，我国工业将要淘汰落后产能，通过"一带一路"倡议加快向中亚和非洲国家的产业转移，从而实现2025年"中国智造"的目标。

2019年原材料行业可持续发展价值评估报告

摘　要：　本文分析了沪深300成分股中原材料上市公司的可持续发展价值评估情况。首先介绍了原材料行业可持续发展价值概况，其次将原材料行业与沪深300对比以及原材料上榜公司与原材料行业对比分析，再次分析了原材料行业中可持续发展价值得分最高的龙头企业以及可持续发展价值排名进步最大的黑马企业，最后对原材料行业可持续发展价值进行了总结分析。

关键词：　原材料　可持续发展价值　龙头企业　黑马企业

一　原材料行业概况

（一）原材料行业定义

原材料行业是指向国民经济各部门提供基本材料、动力和原料的行业。根据中证指数有限公司行业分类标准，[①] A股上市公司中共有549家公司属于原材料行业。沪深300上市公司中共有36家原材料公司，其中，化学原料公司2家，化学制品公司10家，建筑材料公司4家，有色金属公司14家，钢铁公司4家，非金属采矿及制品公司2家。

---

① 中证指数有限公司：《中证行业分类说明》（2016年修订版）2016。

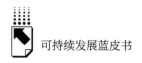

表1 原材料行业上市公司分类分布情况

单位：家

一级分类	二级分类	三级分类	四级分类	沪深A股	沪深300
原材料	原材料	化学原料	化学原料	55	2
		化学制品	涂料涂漆	12	1
			塑料制品	25	0
			橡胶制品	9	0
			印染化学品	18	2
			纤维及树脂	34	3
			化肥与农药	50	2
			其他化学制品	87	2
		建筑材料	水泥	22	1
			玻璃	7	0
			其他建材	11	3
		容器与包装	金属与玻璃容器	15	0
			纸材料包装	10	0
		有色金属	铝	21	2
			铜	11	3
			黄金及其他贵金属	12	3
			稀有金属	26	4
			其他有色金属及合金	28	2
		钢铁	钢铁	47	4
		非金属采矿及制品	非金属采矿及制品	15	2
		纸类与林业产品	林业产品	11	0
			纸制品	23	0

资料来源：中证指数，社投盟。

（二）原材料行业发展现状

2000～2010年是我国原材料行业高速发展时期，行业规模快速扩张，其间行业主营业务收入规模扩大了约10倍；行业利润大幅增长，2010年是2000年的24倍，利润增速不断提升。在此期间，国内生产总值增速始终保持较高水平，规模不断扩大；原材料行业表现出显著顺周期性，除2009年外，原材料行业主营业务收入增速均显著高于同年国内生产总值增速。

2011~2015年，原材料行业主营业务收入继续保持增长，但增速明显放缓，由2011年的24.50%下降至2014年的4.49%；行业利润显著下降，2015年较2011年减少了29.28%。在此期间，我国GDP增速放缓，2015年降至6.90%。

2015年以来，随着供给侧结构性改革与环保政策趋严，落后中小产能加速淘汰，原材料行业集中度有所提高；原材料行业主营业务收入不断减少，2018年下降至32.97万亿元，同比下降15.85%；随着产能置换与兼并重组的进行，原材料行业进入提质增效阶段，行业利润波动增长，与2015年相比，2018年利润增加了34.91%，行业平均利润率从4.27%（2015年）上升到6.61%（2018年）；同期我国生产总值仍保持着平缓增长的态势，国民经济平稳运行。

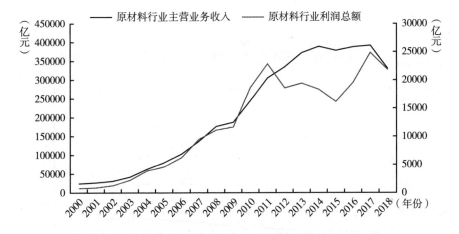

图1　2000~2018年规模以上原材料公司营收、利润总额

资料来源：国家统计局，社投盟。

2003~2017年，全社会固定资产投资规模逐年增长，扩大了11倍。2003~2014年，原材料行业固定资产投资规模始终保持着增长的趋势，规模扩大了约12倍。2014年以来，原材料行业固定资产投资逐年减少，增速从2014年的18.15%下降至2017年的-2.73%；全社会固定资产投资增速与国民经济变化趋势基本一致，呈现增速放缓、始终平稳增长的态势。

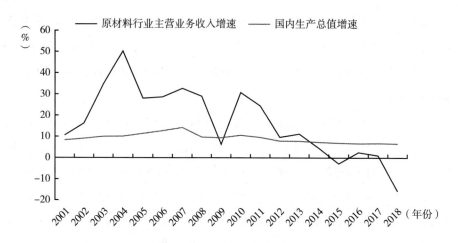

**图2 2001～2018年规模以上原材料公司主营业务增速与
国内生产总值增速对比**

资料来源：国家统计局，社投盟。

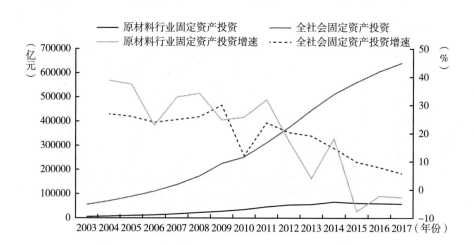

**图3 2003～2017年原材料行业固定资产投资及增速与
全社会固定资产投资及增速对比**

资料来源：国家统计局，社投盟。

目前我国基础原材料需求增速疲弱，供给弹性较小，随着供给侧结构性改革以及"三去一降一补"的深入推进，部分落后产能被淘汰以及有效产能进行兼并重组，行业集中度有所提升；新型材料与高端产品市场前景良好，下游市场需求旺盛，高端产品供不应求，行业平均溢价率较高；新型材料行业处于高速发展期，尚未形成稳定的市场格局，行业内部竞争激烈，我国新型材料市场与国际市场相比仍不成熟，在国际市场中竞争力稍显不足。

（三）原材料行业政策

2011年之后，行业的快速扩张导致我国原材料行业存在产能过剩严重、环境危害大和产品创新不足等问题，产业利润大幅下降。2015年11月，习近平总书记提出"供给侧结构性改革"战略，实施创新驱动，促进供给质量提升。随着"三去一降一补"等工作的推进，去产能成效明显。同时，我国坚持可持续发展战略，在环境保护与污染治理方面发布了系列相关政策。2015年至今，中共中央发布有关原材料行业文件共9份。其中，6份涉及绿色生产与环境治理，2份涉及技术创新与产品质量提升，2份涉及安全生产。

表2 2015年以来原材料行业主要相关政策

发布时间	政策法规	主要内容
2015.1	《原材料工业两化深度融合推进计划（2015～2018年）》	以公共平台建设、智能工厂示范、技术推广普及为着力点，努力实现集研发设计、物流采购、生产控制、经营管理、市场营销为一体的流程工业全链条全系统智能化。大力推动企业向服务型和智能型转变，不断提升原材料工业综合竞争力
2016.4	《中共中央 国务院关于全面振兴东北地区等老工业基地的若干意见》	提升原材料产业精深加工水平，推进钢铁、有色、化工、建材等行业绿色改造升级，积极稳妥化解过剩产能；全面推行绿色制造，强化节能减排，推进清洁生产，构建循环链接的产业体系，严格控制高耗能、高排放和产能过剩产业发展
2016.5	中共中央 国务院《国家创新驱动发展战略纲要》	推广节能新技术和节能新产品，加快钢铁、石化、建材、有色金属等高耗能行业的节能技术改造；推进军民基础共性技术一体化、基础原材料和零部件通用化；发展资源高效利用和生态环保技术，建设资源节约型和环境友好型社会
2016.6	《国务院办公厅关于营造良好市场环境促进有色金属工业调结构促转型增效益的指导意见》	目标：优化有色金属工业产业结构，重点品种供需实现基本平衡，电解铝产能利用率保持在80%以上，铜、铝等品种矿产资源保障能力明显增强，稀有金属资源开发利用水平进一步提升，再生有色金属使用比重稳步提高，重点工艺技术装备取得突破，航空、汽车、建筑、电子、包装等领域有色金属材料消费量进一步增加，重大国际产能合作项目取得实质性进展，有色金属工业发展质量和效益明显提升

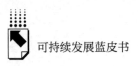
续表

发布时间	政策法规	主要内容
2016.10	中共中央　国务院印发《"健康中国2030"规划纲要》	全面实施工业污染源排污许可管理,推动企业开展自行监测和信息公开,建立排污台账,实现持证按证排污。加快淘汰高污染、高环境风险的工艺、设备与产品。开展工业集聚区污染专项治理。以钢铁、水泥、石化等行业为重点,推进行业达标排放改造
2016.12	《中共中央　国务院关于推进安全生产领域改革发展的意见》	依托国家煤矿安全监察体制,加强非煤矿山安全生产监管监察,优化安全监察机构布局,将国家煤矿安全监察机构负责的安全生产行政许可事项移交给地方政府承担。着重加强危险化学品安全监管体制改革和力量建设,明确和落实危险化学品建设项目立项、规划、设计、施工及生产、储存、使用、销售、运输、废弃处置等环节的法定安全监管责任,建立有力的协调联动机制,消除监管空白
2017.5	《中共中央　国务院关于开展质量提升行动的指导意见》	鼓励矿产资源综合勘查、评价、开发和利用,推进绿色矿山和绿色矿业发展示范区建设。加快钢铁、水泥、电解铝、平板玻璃、焦炭等传统产业转型升级。推动稀土、石墨等特色资源高质化利用,促进高强轻合金、高性能纤维等关键战略材料性能和品质提升,加强石墨烯、智能仿生材料等前沿新材料布局,逐步进入全球高端制造业采购体系
2017.10	《国家生态文明试验区(江西)实施方案》《国家生态文明试验区(贵州)实施方案》	完善大气环境保护制度。制定严于国家标准的空气污染物排放标准,实施燃煤火电、水泥、钢铁、化工等重点行业大气污染物特别排放限值。以贵阳市、安顺市、遵义市为重点,建立黔中地区大气污染联防联控机制,完善重污染天气监测、预警和应急响应体系
2018.6	《中共中央　国务院关于全面加强生态环境保护坚决打好污染防治攻坚战的意见》	重污染期间,对钢铁、焦化、有色、电力、化工等涉及大宗原材料及产品运输的重点企业实施错峰运输;继续化解过剩产能,严禁钢铁、水泥、电解铝、平板玻璃等行业新增产能,对确有必要新建的必须实施等量或减量置换。在能源、冶金、建材、有色、化工、电镀、造纸、印染、农副食品加工等行业,全面推进清洁生产改造或清洁化改造

资料来源:中国政府网,社投盟。

(四)2019年原材料行业可持续发展价值评估概要

1家公司被筛选子模型剔除[①]

36家公司进入"沪深300"(占比6.56%)

[①] 藏格控股:审计机构对藏格控股2018年年报出具非标准无保留意见审计报告。

17家公司上榜"义利99"（占比47.22%）

27家公司发布独立的社会责任报告

数据完备度73.47%

可持续发展价值得分率57.42%　排名第5[①]

目标｜驱动力平均得分率62.13%　排名第7

方式｜创新力平均得分率56.83%　排名第6

效益｜转化力平均得分率56.93%　排名第3

可持续发展价值前三公司：1. 紫金矿业（601899. SH）；2. 海螺水泥（600585. SH）；3. 宝钢股份（600019. SH）

可持续发展价值升幅前三公司：1. 中国铝业（601600. SH）；2. 包钢股份（600010. SH）；3. 江西铜业（600362. SH）

评估亮点：技术创新得分率排名第3、环境贡献得分率排名第3

评估暗点：业务驱动得分率排名第10。

二　原材料行业与沪深300对比

这里原材料行业指沪深300成分股中原材料公司。在部分从价值构成和价值成因两个方面将原材料行业与沪深300进行对比分析。在价值构成部分，从利维表现和义维表现两个方面进行横向对比；在价值成因部分，从目标｜驱动力、方式｜创新力、效益｜转化力三个方面进行横向对比。

（一）价值构成对比

1. 利维表现

原材料行业规模较小，股息率处于中等水平，行业整体净利润偏低。原材料行业平均市值不及沪深300平均市值的1/2，排名全行业末位；平均营业收入规模较小，行业净利润整体偏低，仅为沪深300平均净利润的

---

① 在11个行业中排名第5，下同。

40.46%；平均股息率全行业排名第7，比沪深300略高；平均市盈率低于沪深300平均市盈率；平均纳税额在行业中排名第9。

表3　原材料行业经济贡献构成

评估对象	数量（家）	平均营业收入（亿元）	平均净利润（亿元）	平均市值（亿元）	平均股息率（%）	平均市盈率（倍）	平均纳税额（亿元）
原材料行业	36	585.20	41.87	430.60	2.32	18.72	27.88
沪深300	300	977.34	103.48	970.60	2.14	21.37	83.12

资料来源：Wind，社投盟。

原材料行业营业收入及净利润持续增长，去产能背景下总市值下降。原材料行业经济贡献2019年排名上升4个位次，位于全行业第6。原材料行业在2016～2018年实现了营业收入与净利润的持续增长。2018年平均营业收入同比增长18.17%，增速较2017年加快。平均净利润规模大幅扩大，2018年净利润比2016年增长了24.60亿元，2018年净利润增速放缓。

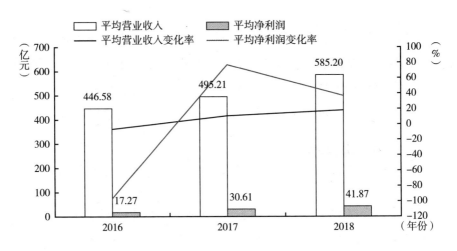

图4　原材料行业平均营业收入、平均净利润及变化率

资料来源：Wind，社投盟。

由于供给侧结构性改革与"三去一降一补"的推进，行业部分落后产能被淘汰，去产能成效明显，2018年原材料行业平均市值大幅下降，为近三年最低。原材料行业股息率连续三年高速增长，从2016年的0.50%上升至2018年的2.32%。

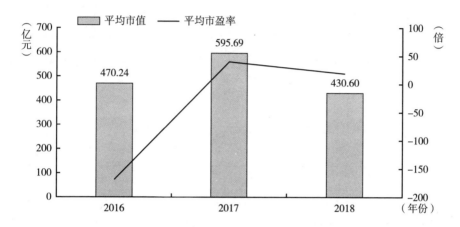

图5　原材料行业平均市值及平均市盈率

资料来源：Wind，社投盟。

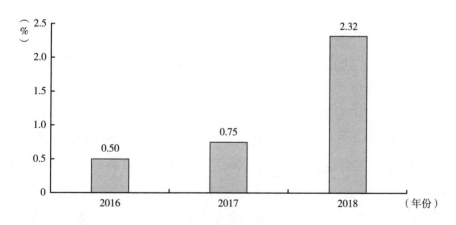

图6　原材料行业平均股息率

资料来源：Wind，社投盟。

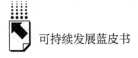

2. 义维表现

原材料行业安全运营表现突出，公益贡献有待提高。原材料行业社会贡献得分率2019年全行业排名第4，较2018年上升2个位次。原材料行业安全运营方面表现最为突出，位列全行业第2，仅次于电信业务行业，得分率比沪深300高13.17个百分点。原材料行业在客户价值、合作伙伴等方面表现优于沪深300，在员工权益方面表现弱于沪深300。公益贡献得分率排名全行业倒数第三，得分率比沪深300低7.45个百分点。

表4　原材料行业2019年社会贡献构成

单位：%

评估对象	客户价值	员工权益	合作伙伴	安全运营	公益贡献
原材料行业	47.18	50.46	65.74	85.80	44.91
沪深300	43.67	52.72	63.89	72.63	52.35

资料来源：社投盟。

原材料行业社会贡献大部分指标表现趋弱，合作伙伴得分率增幅明显。除合作伙伴指标以外，原材料行业社会贡献三级指标得分率2019年均有所下降。其中，客户价值降幅最大，下降了7.98个百分点。安全运营未能延续2018年的增长态势，2019年得分率下降至85.80%，但该指标始终处于5个三级指标里最高。公益贡献得分率近三年先涨后跌，与2017年相比总体有所提高。合作伙伴得分率连续三年保持增长，2019年增加30.91个百分点，且在5个三级指标中由得分率最低变为得分率第二高。

原材料行业环境贡献三级指标全面优于沪深300，污染防控位列全行业第二。原材料行业环境贡献表现出众，2019年得分率位列全行业第3，较2018年上升4个位次。三级指标中污染防控得分率最高，较沪深300高21.19个百分点，位于全行业第2，仅次于能源行业；环境管理得分率

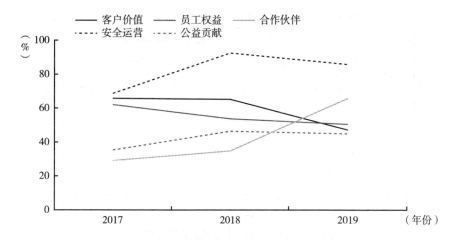

图7 原材料行业社会贡献三级指标得分率

资料来源：社投盟。

比沪深 300 高 13.90 个百分点；生态气候得分率最低，仍比沪深 300 高 8.03 个百分点。

表5 原材料行业 2019 年环境贡献构成

单位：%

评估对象	环境管理	资源利用	污染防控	生态气候
原材料行业	54.83	32.12	71.18	28.47
沪深300	40.93	31.80	49.99	20.44

资料来源：社投盟。

原材料行业环境贡献三级指标得分率 2019 年均有所提升。其中环境管理得分率连续三年增长，2019 年上涨了 1.87 个百分点，在环境贡献三级指标中得分率的排名由末位上升至首位。资源利用与污染防控 & 生态气候①改善成果显著，扭转了 2017 年得分率下降的局面，分别增加了 11.40 个百分点和 6.58 个百分点。

---

① 2019 年社标委对指标做了微调，环境贡献下由 3 个三级指标调整为 4 个三级指标。

117

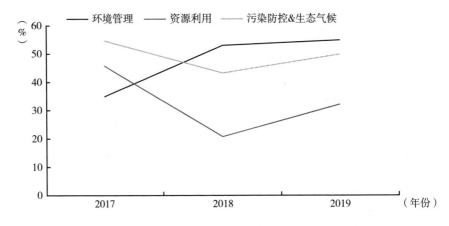

图8　原材料行业环境贡献三级指标得分率

资料来源：社投盟。

（二）价值成因对比

1. 目标 | 驱动力

2019 年原材料行业目标 | 驱动力平均得分率为 62.13%，较沪深 300 低 1.34 个百分点，位列全行业第 6。其中得分最高的原材料公司为紫金矿业（601899.SH），在沪深 300 排名第 6，得分率为 86.67%。业务驱动得分低于沪深 300，位于全行业第 10，与沪深 300 相差 5.83 个百分点；价值驱动得分略低于沪深 300，行业排名第 6 名；战略驱动表现优于沪深 300，得分率比沪深 300 高 2.01 个百分点。

原材料行业目标 | 驱动力近三年保持稳步上涨，得分率与沪深 300 差距缩小。原材料行业价值驱动指标得分率稳定增长，但与其他两个二级指标相比，增速仍相对缓慢，2017 年价值驱动为得分率最高的指标，2019 年降至末位。战略驱动得分率 2018 年增长 31.69 个百分点，2019 年增幅减小。业务驱动在 2018 年大幅增长后增势疲弱，2019 年得分率仅增长 2.29 个百分点。2019 年原材料行业目标 | 驱动力得分增速显著放缓，但仍较沪深 300 增速高。

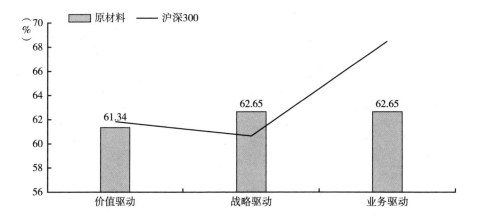

图9 原材料行业与沪深300目标Ⅰ驱动力得分率对比

资料来源：社投盟。

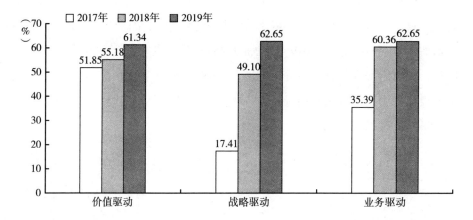

图10 原材料行业目标Ⅰ驱动力二级指标得分率

资料来源：社投盟。

2. 方式丨创新力

原材料行业方式丨创新力2019年得分率较沪深300高2.83个百分点，全行业排名第6。其中东方雨虹（002271.SZ）在原材料行业得分率最高，为78.89%，在沪深300排名第8。原材料公司在技术创新、模式创新与管理创新方面均表现良好，优于沪深300。

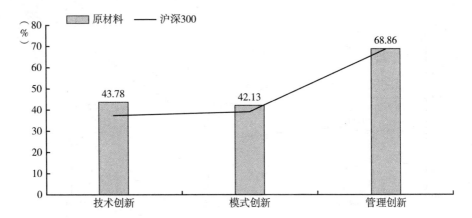

图 11　原材料行业与沪深 300 方式Ⅰ创新力得分率对比

资料来源：社投盟。

原材料行业方式Ⅰ创新力得分率近三年增速逐渐放缓，与管理创新变化趋势一致。技术创新得分率小幅下降。模式创新得分率保持连续增长，2018年增加 1.66 个百分点，2019 年增加 3.28 个百分点。管理创新得分率先涨后跌，2018 年增加了 14.25 个百分点，2019 年小幅下降 0.55 个百分点。三个二级指标中，管理创新指标行业内得分率连续三年稳居第一，模式创新得分率虽然持续增长但仍排名末位。

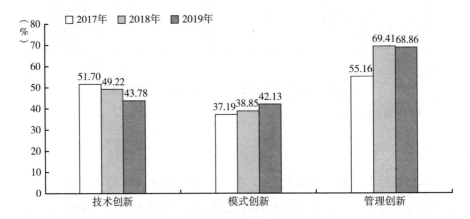

图 12　原材料行业方式Ⅰ创新力二级指标得分率

资料来源：社投盟。

3. 效益 | 转化力

在效益 | 转化力方面，原材料行业表现亮眼，位于全行业第3，平均得分率较沪深300高2.70个百分点。其中，海螺水泥（600585.SH）该指标行业内得分率最高，为83.36%，在沪深300中排名第8。

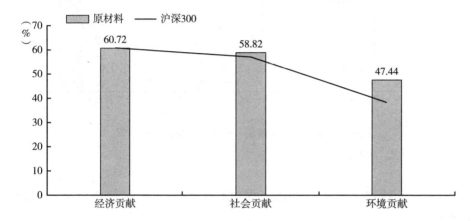

图13 原材料行业与沪深300效益 | 转化力得分率对比

资料来源：社投盟。

原材料行业效益 | 转化力得分率缓慢上升，每年均增长约2.4个百分点。2019年经济贡献得分率增加了2.01个百分点，社会贡献得分率几乎稳定不变，环境贡献得分率波动上涨，2019年增长至47.44%。效益 | 转化力二级指标相对排名维持不变，经济贡献得分率排名始终居首位。

三 原材料上榜公司与原材料行业对比

原材料上榜公司是指沪深300成分股中进入"义利99"榜单的原材料公司。本部分会对原材料上榜公司和沪深300中原材料公司总体进行对比分析，从中找到原材料行业上榜公司值得学习借鉴的亮点表现与值得关注的短板。在价值构成部分，会分别对这两个评估对象的利维表现和义维表现进行横向对比；在价值成因部分，将从目标 | 驱动力、方式 | 创新

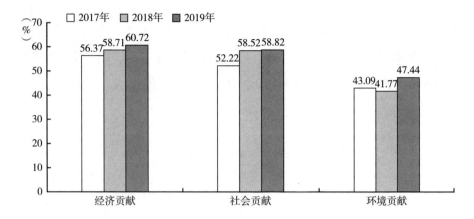

图14　原材料行业效益｜转化力二级指标得分率

资料来源：社投盟。

力、效益｜转化力角度分别阐述原材料上榜公司和原材料行业的横向对比。

（一）价值构成对比

1.利维表现

原材料上榜公司平均规模较原材料行业大，平均市值比原材料行业高109.50亿元；平均营业收入规模较原材料行业高209.74亿元，平均净利润超出行业平均水平49.80%，平均利润率为7.89%，较行业平均利润率高出0.74个百分点；平均纳税额较高，超出原材料行业16.46亿元。

表6　原材料上榜公司2019年经济贡献构成

评估对象	数量（家）	平均营业收入（亿元）	平均净利润（亿元）	平均市值（亿元）	平均股息率（%）	平均市盈率（倍）	平均纳税额（亿元）
原材料上榜公司	17	794.94	62.72	540.10	2.66	15.98	44.34
原材料行业	36	585.20	41.87	430.60	2.32	18.72	27.88

资料来源：Wind，社投盟。

原材料上榜公司平均营业收入与平均净利润变化相反，股息率增长较快。原材料上榜公司平均营业收入 2017 年下降明显，同比减少 24.48%，2018 年小幅回升，同比增长 9.11%，但仍未回升至 2016 年的水平。原材料上榜公司平均净利润变化趋势与平均营业收入截然相反，2016～2018 年先涨后跌，2017 年平均净利润增长率达到了 219.96%，延续了 2016 年迅猛增长的态势，2018 年平均净利润减少至 62.72 亿元，同比下降了 11.06%。

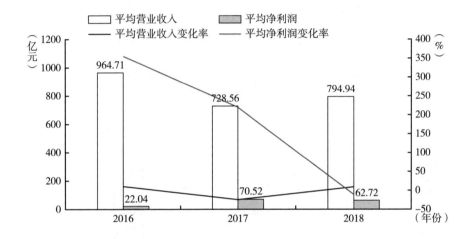

图 15 原材料上榜公司平均营业收入、平均利润率及变化率

资料来源：Wind，社投盟。

原材料上榜公司总市值 2018 年大幅下降，为 2016～2018 年最低，与原材料行业变化趋势一致；市盈率稳定下降，降幅逐渐减小。股息率连续三年高速增长，从 0.66%（2016 年）上升至 2.66%（2018 年），上涨了 2.00 个百分点。

2. 义维表现

原材料上榜公司员工权益得分率比原材料行业高 19.80 个百分点；公益贡献得分率最低，为 52.97%，但比原材料行业高 8.06 个百分点；原材料行业整体安全运营表现较好，得分率最高，上榜公司与未上榜公司差距较小。

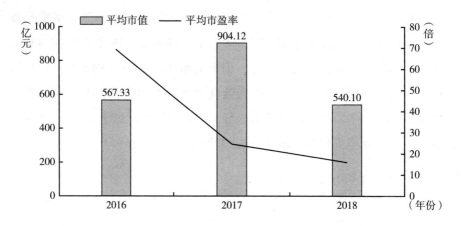

图16　原材料上榜公司平均市值、平均市盈率

资料来源：Wind，社投盟。

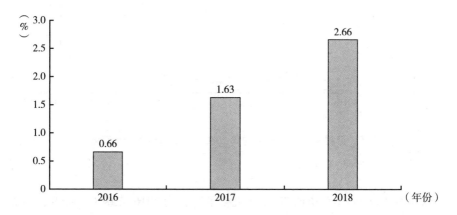

图17　原材料上榜公司平均股息率

资料来源：Wind，社投盟。

表7　原材料上榜公司2019年社会贡献三级指标得分率

单位：%

评估对象	客户价值	员工权益	合作伙伴	安全运营	公益贡献
原材料上榜公司	56.45	70.26	81.70	90.85	52.97
原材料行业	47.18	50.46	65.74	85.80	44.91

资料来源：社投盟。

除合作伙伴指标以外，原材料上榜公司社会贡献三级指标得分率2019年均有所下降。客户价值、安全运营与公益贡献指标2017～2019年得分率均呈现先涨后跌的态势。客户价值得分率波动最大，2018年增长了21.43个百分点，2019年下降36.40个百分点并达到三年最低点。安全运营得分率2019年未能增长，下降至90.85%，但三年内得分率始终最高。员工权益得分率持续下降且降幅最大，2019年下降8.79个百分点，下降幅度较2018年减小。合作伙伴得分率连续三年保持增长，增速逐渐放缓，在社会贡献中由得分率排名倒数第二位变为第二名。

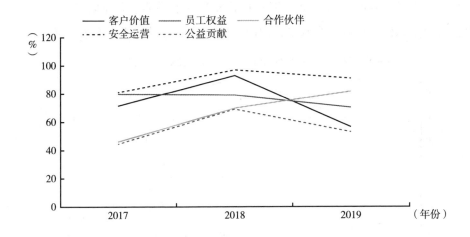

图18　原材料上榜公司社会贡献三级指标得分率

资料来源：社投盟。

原材料上榜公司环境贡献表现显著优于原材料行业整体水平。2019年原材料上榜公司生态气候得分率与行业差值最大，高出24.47个百分点。环境管理得分率超出行业1.47个百分点。资源利用得分率为三级指标中最低，超出原材料行业19.35个百分点。污染防控指标平均得分率最高，略高于原材料行业平均水平。

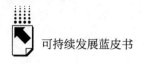

表8 原材料上榜公司 2019 年环境贡献三级指标得分率

单位：%

评估对象	环境管理	资源利用	污染防控	生态气候
原材料上榜公司	56.30	51.47	72.06	52.94
原材料行业	54.83	32.12	71.18	28.47

资料来源：社投盟。

原材料上榜公司环境贡献各三级指标得分率 2019 年涨跌互现，其中环境管理得分率下降了 10.02 个百分点；资源利用表现改善，扭转了 2018 年得分率大幅下降的局面，2019 年增加了 6.23 个百分点；污染防控 & 生态气候得分率总体保持在较高水平，2019 年重回环境贡献三级指标第一名。

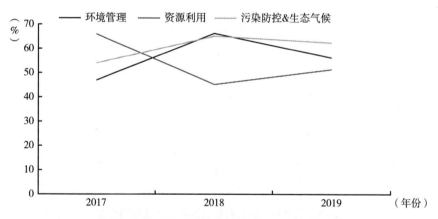

图19 原材料上榜公司环境贡献二级指标得分率

资料来源：社投盟。

（二）价值成因对比

1. 目标 | 驱动力

2019 年原材料上榜公司目标 | 驱动力平均得分率为 69.02%，较原材料行业高 6.89 个百分点。其中价值驱动得分率比行业高 18.07 个百分点；战略驱动得分率较行业低 1.22 个百分点；上榜公司业务驱动得分率与行业接近，仅高 0.09 个百分点。

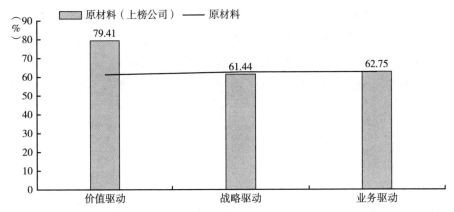

图20 原材料上榜公司与原材料行业目标Ⅰ驱动力得分率对比

资料来源：社投盟。

原材料上榜公司的目标Ⅰ驱动力2017~2019年保持稳步上涨。原材料上榜公司战略驱动得分率2018年大幅上升，增长了41.43个百分点，2019年得分率增幅显著减小，仅增加0.33个百分点。业务驱动得分率由2018年的65.08%下降至2019年的62.75%，未能延续高速增长的态势。价值驱动得分率2019年增长24.65个百分点，增幅显著增大。2017年目标Ⅰ驱动力中得分率最高的指标是价值驱动。由于2018年战略驱动与业务驱动得分率大幅上升，价值驱动滑至末位。2019年该指标表现显著提升，重新排名第1。

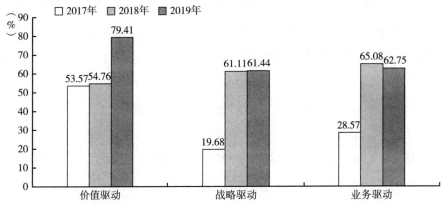

图21 原材料上榜公司目标Ⅰ驱动力二级指标得分率

资料来源：社投盟。

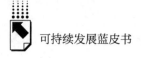
2. 方式 | 创新力

2019 年原材料上榜公司方式 | 创新力得分率为 64.87%，较原材料行业高 8.05 个百分点。其中技术创新得分率较原材料行业高 11.12 个百分点；管理创新得分率较原材料行业高 7.87 个百分点；模式创新表现略优于原材料行业，得分率较原材料行业高 4.44 个百分点。

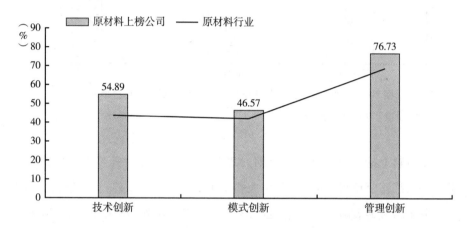

图22 原材料上榜公司与原材料行业方式 | 创新力得分率对比

资料来源：社投盟。

不同于原材料行业方式 | 创新力得分率近三年连续增长的趋势，2019 年原材料上榜公司方式 | 创新力得分率小幅下降，为 64.87%。其中管理创新得分率波动较大，2018 年上涨了 9.58 个百分点，2019 年下降了 3.43 个百分点；技术创新得分率由 2017 年的 53.57% 波动上涨至 2019 年的 54.89%；模式创新得分率 2019 年小幅提升，仅为 0.14 个百分点。3 个二级指标同年得分率排名较稳定，管理创新得分率稳居第一位。

3. 效益 | 转化力

原材料上榜公司效益 | 转化力 2019 年得分率为 63.85%，较原材料行业高 6.93 个百分点。上榜公司经济贡献得分率较原材料行业高 3.43 个百分点；社会贡献得分率比行业高 11.63 个百分点，得分率差值最大；环境贡献得分率较原材料行业平均得分率高 9.23 个百分点。

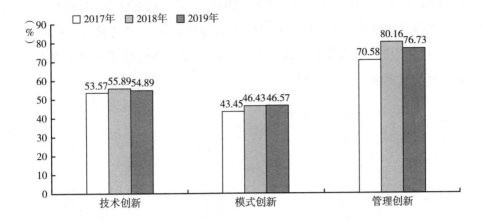

图23　原材料上榜公司方式丨创新力二级指标得分率

资料来源：社投盟。

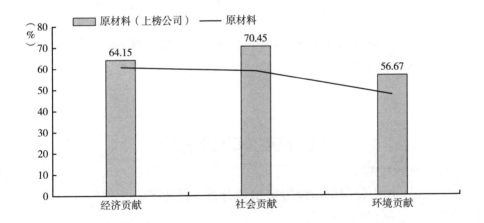

图24　原材料上榜公司与原材料行业效益丨转化力得分率对比

资料来源：社投盟。

原材料上榜公司效益丨转化力得分率波动上升，2018 年增长 7.85 个百分点，2019 年下降 4.46 个百分点。二级指标经济贡献与社会贡献得分率也呈现先涨后跌、总体上升的态势；环境贡献得分率较为稳定，2019 年下降了 2.85 个百分点。经济贡献波动上涨，得分率由 2017 年的

59.40%上升至 2018 年的 66.12%，2019 年又小幅下降至 64.15%；社会贡献得分率 2018 年上涨了 17.00 个百分点，2019 年下降了 11.07 个百分点。上榜公司效益 | 转化力二级指标社会贡献得分率排名始终居首位，环境贡献表现相对较弱。

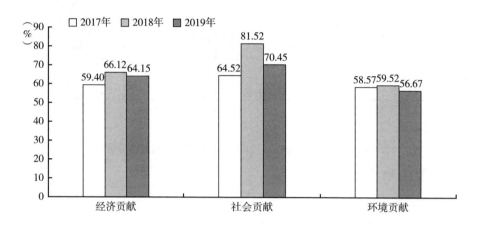

图 25 原材料上榜公司效益 | 转化力二级指标得分率

资料来源：社投盟。

四 亮点公司聚焦分析

（一）龙头公司可持续发展价值分析：紫金矿业

1. 基础信息

紫金矿业（601899. SH）为本次原材料行业中可持续发展价值得分最高的公司，在"义利 99"榜单中排名第 3。紫金矿业成立于 2000 年，于 2008 年 4 月在上交所上市，属地方国企。以"矿业立企，报国惠民"为使命，以"成为全球重要的黄金及金属原料生产企业"为愿景。2018 年紫金矿业权属企业巴彦淖尔紫金、赛恩斯环保公司分别获得"2018 年度国家科学技术进步奖二等奖""国家技术发明奖二等奖"。

表9 紫金矿业（601899.SH）基础信息

公司名称	紫金矿业集团股份有限公司
股票代码	601899.SH
证券简称	紫金矿业
中证行业	原材料
上市时间	2008 - 04 - 25
可持续发展价值排名（总榜）	3
可持续发展价值排名（行业）	1
可持续发展价值评级	AA
信息披露工作评价	A
数据完备度（%）	83.87
员工总数（人）	19226
纳税总额（亿元）	45.34
环保投入（万元）	66300
对外捐赠（万元）	20650.56

资料来源：Wind，社投盟。

2. 价值构成

从价值构成来看，紫金矿业经济贡献得分率在原材料行业中排名第10，在沪深300中排名第71。2018年营业收入为1059.94亿元，净利润为46.83亿元，截至2018年12月31日，总市值为726.92亿元，市盈率为16.56倍。紫金矿业在社会贡献与环境贡献方面表现亮眼，社会贡献得分在原材料行业中排名第1，在沪深300中排名第3；环境贡献得分在原材料行业中排名第1，在沪深300中排名第3。同时，紫金矿业经济贡献得分率高出行业平均得分率5.32个百分点，经济贡献方面表现较为优秀，是一家典型的"义利并举"的公司。

表10 紫金矿业（601899.SH）价值构成

价值构成				
经济贡献				
评估对象	营业收入(亿元)	净利润(亿元)	总市值(亿元)	股息率(%)	市盈率(倍)
紫金矿业	1059.94	46.83	726.92	2.69	16.56
原材料	585.2	41.87	430.60	2.32	18.72

续表

社会贡献—得分率(%)				
评估对象	客户价值	员工权益	合作伙伴	安全运营	公益贡献
紫金矿业	79.17	72.22	77.78	100.00	100.00
原材料	47.18	50.46	65.74	85.80	44.91

环境贡献—得分率(%)				
评估对象	环境管理	资源利用	污染防控	生态气候	
紫金矿业	85.71	90.63	87.50	87.50	
原材料	54.83	32.12	71.18	28.47	

资料来源：Wind，社投盟。

3. 价值成因

紫金矿业在2019年"义利99"排行榜中位列第3，可持续发展价值得分率为75.42%，其中目标丨驱动力得分率86.67%、方式丨创新力得分率69.78%、效益丨转化力得分率76.37%。目标丨驱动力得分率在原材料行业排名第1，在沪深300中排名第9；方式丨创新力得分率在原材料行业排名第6，在沪深300中排名第48；效益丨转化力得分率在原材料行业排名第2，在沪深300中排名第3。紫金矿业在目标丨驱动力和效益丨转化力上在行业内有着绝对的优势，其中价值驱动与战略驱动指标得分率均为满分，环境贡献与社会贡献得分率均为原材料行业公司最高。

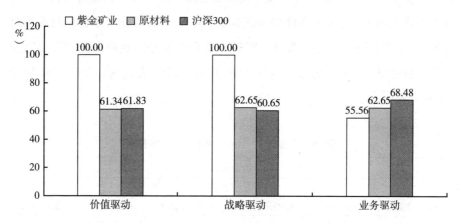

图26 紫金矿业目标丨驱动力二级指标得分率

资料来源：社投盟。

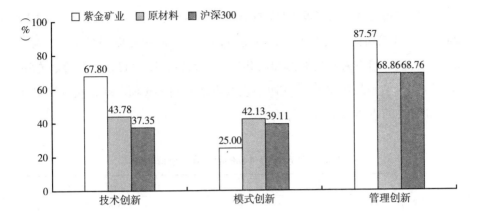

图27 紫金矿业方式丨创新力二级指标得分率

资料来源：社投盟。

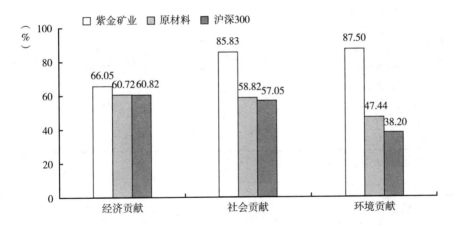

图28 紫金矿业效益丨转化力二级指标得分率

资料来源：社投盟。

（二）黑马公司可持续发展价值分析：江西铜业

1. 基础信息

江西铜业（600362.SH）为2019年原材料行业可持续发展价值评分排第13的公司，在沪深300中列第82名，较2018年排名上升了100个位次，可持续发展得分率上升了9.62个百分点。江西铜业成立于1997年，集团于2002年1月成功在上交所上市，属地方国企。江西铜业以"致力于持续发掘资源价值，追求人与自然的和谐共生"为宗旨，以"责任、包容、专注、务实"为价值观。2018年，江西铜业共申请专利119项、获得授权专利77项，获得江西省科技进步一等奖1项、三等奖1项。

表11　江西铜业（600362.SH）价值构成

公司名称	江西铜业股份有限公司
股票代码	600362.SH
证券简称	江西铜业
中证行业	原材料
上市时间	2002 - 01 - 11
可持续发展价值排名（总榜）	82
可持续发展价值排名（行业）	13
可持续发展价值评级	A -
信息披露工作评价	A
数据完备度(%)	77.20
员工总数(人)	19711
纳税总额(亿元)	38.44
环保投入(万元)	20174.10
对外捐赠(万元)	103.30

资料来源：Wind，社投盟。

2. 价值构成

从价值构成看，江西铜业的社会贡献指标与环境贡献得分率均伴随行业震荡呈现上涨态势。与2017年相比，江西铜业的社会贡献得分率2019年增加了7.72个百分点，环境贡献得分率上涨了15.00个百分点。江西铜业近三年经济贡献各指标均表现强劲，发展动力强。其中营业收入规模持续缓慢扩大；公司净利润增速迅猛，2017年净利润增长了81.93%，2018年增速虽下降至43.34%，但仍较为可观，主要原因是供给侧结构性改革在一定程度上化解了产能过剩问题，江西铜业作为有色金属行业龙头公司，在良好的市场条件中处于有利地位。

表12　2016～2018年江西铜业（600362.SH）经济贡献

年份	营业收入（亿元）	净利润（亿元）	总市值（亿元）	股息率（％）	市盈率（倍）
2016	2023.08	9.41	481.48	0.60	146.14
2017	2050.47	17.12	562.39	0.74	50.61
2018	2152.90	24.54	385.07	1.52	22.03

资料来源：Wind，社投盟。

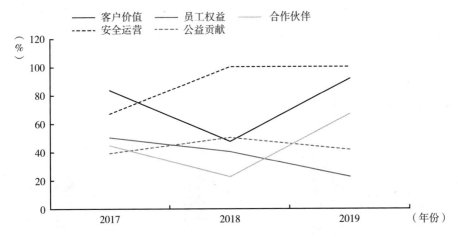

图29　江西铜业社会贡献三级指标得分率

资料来源：社投盟。

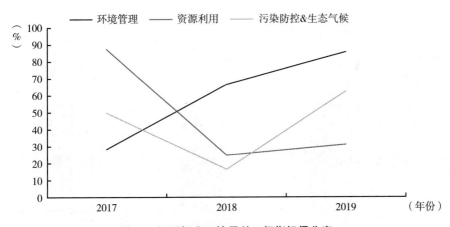

图30　江西铜业环境贡献三级指标得分率

资料来源：社投盟。

3. 价值成因

从价值成因分析，江西铜业 2019 年可持续发展价值得分率为 61.66%，其中目标 | 驱动力得分率 68.33%、方式 | 创新力得分率 58.43%、效益 | 转化力得分率 62.17%。方式 | 创新力和效益 | 转化力得分率均呈现波动上涨的态势。2018 年方式 | 创新力得分率下降了 0.84 个百分点，效益 | 转化力下降 4.92 个百分点；2019 年方式 | 创新力得分率上升了 7.85 个百分点，效益 | 转化力得分率上升了 9.89 个百分点。目标 | 驱动力得分率三年内持续上升，由 2017 年的 46.00% 上升至 2019 年的 68.33%。

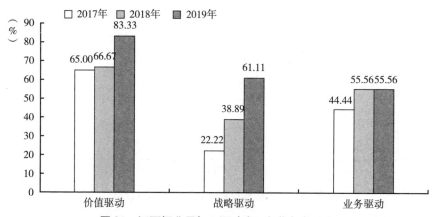

图 31 江西铜业目标 | 驱动力二级指标得分率

资料来源：社投盟。

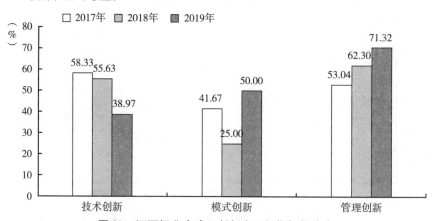

图 32 江西铜业方式 | 创新力二级指标得分率

资料来源：社投盟。

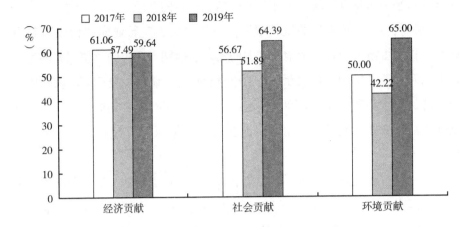

图33　江西铜业效益丨转化力二级指标得分率

资料来源：社投盟。

五　原材料行业可持续发展价值展望

原材料行业2019年可持续发展价值平均分达57.42分，在全行业中排名第5。从"3A三力"角度来看，原材料行业目标丨驱动力指标位列全行业第6，得分率较沪深300低1.34个百分点；方式丨创新力排名第6，得分率较沪深300高2.83个百分点；效益丨转化力表现亮眼，位于全行业第3名。从原材料上榜公司来看，平均净利润显著高于原材料行业；社会贡献三级指标中，上榜公司与行业在安全运营方面差距较小；环境贡献三级指标中，上榜公司生态气候指标优势尤为显著。

2019年原材料行业上榜公司数量显著增加，由2018年的7家上榜公司变为17家（增加了10家），主要得益于技术创新和环境治理两个方面进步明显。在供给侧结构性改革与高端产品市场需求较大的影响下，原材料公司加大技术研发创新投入，技术创新指标进步显著快于沪深300进步水平。另外，环保部会同证监会推动上市公司及其子公司在年度报告中披露环境信息，到2020年，所有上市公司强制披露环境信息；原材料行业环保信息有

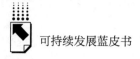
效披露水平显著提升，缓解了评估有效信息不足的问题。

原材料行业目前处于关键转型期，正从"做大"行业向"做强"行业转变。作为上游行业，下游增速疲弱的需求、前期行业扩张过快积累的过剩产能以及产业结构的不合理性是目前原材料行业面临的主要问题。随着国家对于环保要求和质量规范系列文件的出台，原材料行业日趋成熟，落后产能加速出清和有效产能兼并重组使得龙头公司占据原材料行业市场份额有所提升。

原材料行业风险与机遇并存。在全球贸易与投资疲软、制造业增长乏力等宏观因素的影响下，原材料行业发展的不确定性增大。但国家出台的系列政策鼓励资源合理开发利用、加快产业转型升级和技术创新，对于原材料行业尤其是行业龙头的发展较为有利。未来原材料行业应立足于提升质量与环境治理，在技术创新与模式创新上加大投入，推动特色资源高质化利用，逐步实现绿色改造升级与产品升级。

2019年能源行业可持续发展价值评估报告

摘　要： 本文分析了沪深300成分股中能源上市公司的可持续发展
价值评估情况。首先介绍了能源行业可持续发展价值概
况，其次将能源行业与沪深300对比以及能源上榜公司与
能源行业对比分析，再次分析了能源行业中可持续发展价
值得分最高的龙头企业以及可持续发展价值排名进步最大
的黑马企业，最后对能源行业可持续发展价值进行了总结
分析。

关键词： 能源　可持续发展价值　龙头企业　黑马企业

一　能源行业概况

（一）能源行业定义

按照使用类型，可将能源分为常规能源和新型能源。常规能源包括一次
能源中的可再生的水力资源和不可再生的煤炭、石油、天然气等资源。新型
能源是相对常规能源而言的，包括太阳能、风能、地热能、海洋能、生物
能、氢能以及用于核能发电的核燃料等能源。

中证指数有限公司行业分类标准下的能源行业只包含了煤炭、石油和天
然气这三种常规能源的相关公司。由表1可知，根据中证行业分类，2019
年A股上市能源公司有81家，43.21%与煤炭业务相关，剩余公司从事的主

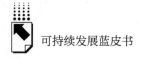

营业务与石油和天然气的生产和销售有关。沪深300上市公司中能源公司仅有10家，其中4家是煤炭公司。

表1 能源行业上市公司分类分布情况

单位：家

一级行业	二级行业	三级行业	四级行业	沪深A股	沪深300
能源	能源	能源开采设备与服务	石油与天然气钻井	2	0
			石油与天然气开采设备与服务	21	3
		石油与天然气	综合性石油与天然气企业	2	2
			石油与天然气的探勘与生产	6	0
			石油与天然气的炼制与营销	14	1
			石油与天然气的储存于运输	1	0
		煤炭	煤炭	35	4

资料来源：中证指数，社投盟。

（二）能源行业发展现状

中国的常规能源具有"富煤、缺油、少气"的特点，而新能源面临能量密度较小、品位较低、有间歇性及转换利用的经济性差等短板，还处于研究、发展阶段，只能因地制宜地开发和利用。因此，中国形成了煤炭为主体、电力为中心、石油天然气和可再生能源全面发展的能源供应格局。[①]

2018年中国一次能源消费总量为46.4亿吨标准煤，增速为3.3%，为近6年来最高点。其中，各能源品种消费全面增长，总体呈现"煤炭回暖、石油稳增、清洁能源快速增长"的特点。煤炭依然具有经济性优势，2018年总计消费27.38亿吨标准煤，占能源消费总量的59%，同比下降了1.4个百分点；石油消费量为8.77亿吨标准煤，占比保持在18.9%左右；天然气消费量为3.62亿吨标准煤，与水电、核电、风电等消费量占能源消费总量的22.1%，同比上升1.3个百分点。

---

① 《中国的能源状况与政策》，中华人民共和国国务院新闻办，2007。

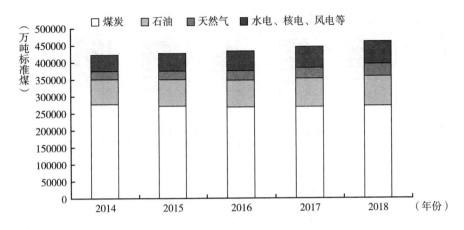

图1　2014～2018年一次能源消费情况

资料来源：国家统计局，社投盟。

在能源需求与能源消费快速扩张的同时，我国基本形成了煤、油、气、可再生能源多轮驱动的能源生产体系。近年来，能源生产总量经历持续增长后2016年转头下降，最近两年又出现上扬。2018年一次能源生产总量为37.7亿吨标准煤，同比增长5%。原煤生产总量保持平稳，2016年受供给侧结构性改革的影响煤炭产量有所下降，随后缓慢回升。2018年原煤生产总量达到25.8亿吨标准煤，远超石油与天然气，在一次能源生产总量中占据绝对的主导地位。原油生产总量自2016年起呈现缓慢下滑趋势，2018年为2.7亿吨标准煤，同比下降1.3%，但降幅有所收窄。受治理大气污染等政策影响，煤改气进程持续推进，天然气开采力度逐年加大，生产总量稳健上升，近五年来上升了21.89%，其中2018年天然气产量为2.13亿吨标准煤，同比增长8.3%。

我国基于资源特征仍然对煤炭保持绝对的依赖，且基本能实现自给自足。2014～2018年石油和天然气的进口量呈稳步上升走势，2018年我国油气对外依存度双创新高，其中石油对外依存度首次超过70%，进口量为全球第一；天然气对外依存度升至45.3%。

基于我国能源现状，"十一五"以来，我国高度重视节能降耗工作，单位

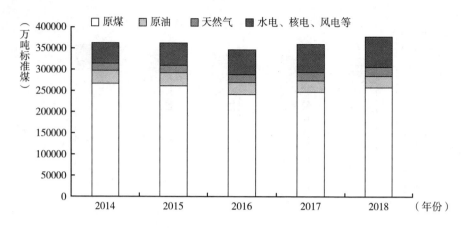

图 2 2014~2018 年一次能源生产情况

资料来源：国家统计局，社投盟。

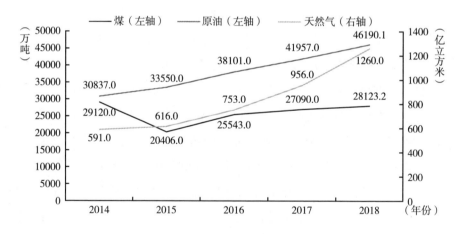

图 3 2014~2018 年我国能源进口情况

资料来源：国家统计局、海关总署、社投盟。

GDP 综合能耗指标连续被纳入我国"十一五"、"十二五"和"十三五"规划。随着我国节能降耗政策的大力推动与能源科技水平的不断提高，我国的单位 GDP 能耗显著下降。2018 年单位 GDP 能耗为 0.52 吨标准煤/万元，同比下降 3.1%，2018 年单位 GDP 能耗较 2000 年降低 40.23%。然而，我国单位

GDP能耗仍较世界平均水平高1.3倍，是OECD国家平均水平的1.5倍，降低单位GDP能耗的任务依然艰巨。[①]

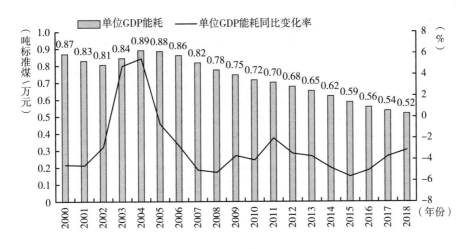

图4 2010~2018年单位GDP能耗

资料来源：Wind，社投盟。

此外，我国在能源生产安全上取得了前所未有的成绩，百万吨死亡率首次降至0.1以下。2018年全国煤矿共发生事故224起、死亡333人，同比分别减少2起、50人，分别下降0.9%、13.1%，且实现了事故总量、较大事故、重特大事故和百万吨死亡率"四个下降"，创历史最好水平。[②]

（三）能源行业政策

随着党的十九大对"推进能源生产和消费革命，构建清洁低碳、安全高效的能源体系"既定发展思路的确定，我国在清洁能源和新能源的发展

---

① 许萍、杨晶：《2018年中国能源产业回顾及2019年展望》，《石油科技论坛》2019年第1期。

② 别凡、武晓娟：《两会丨国家煤矿安监局黄玉治：安全生产根源在企业，企业不主动，安全永无宁日》，《中国能源报》2019年3月10日。

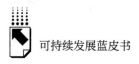

以及能源安全方面陆续出台多项政策措施，能源行业加速向"清洁、绿色、高质量"的方向持续迈进，能源消费结构显著改善。

表2　中国能源行业近年主要相关政策

时间	政策	主要相关内容
2018.5	《关于2018年光伏发电有关事项的通知》	为促进光伏行业健康可持续发展，提高发展质量，现对2018年光伏发电有关事项做出相关安排：合理把握发展节奏，优化光伏发电新增建设规模，2018年安排1000万千瓦左右规模用于支持分布式光伏项目建设，暂不安排2018年普通光伏电站建设规模；明确支持光伏方向不变，完善光伏发电电价机制，降低补贴强度；发挥市场配置资源决定性作用，所有普通光伏电站均须通过竞争性招标方式确定项目业主，鼓励地方加大分布式发电市场化交易力度
2018.7	《打赢蓝天保卫战三年行动计划》	以京津冀及周边地区、长三角地区、汾渭平原等区域（以下称重点区域）为重点，持续开展大气污染防治行动，综合运用经济、法律、技术和必要的行政手段，大力调整优化产业结构、能源结构、运输结构和用地结构，强化区域联防联控，狠抓秋冬季污染治理。其中，明确提出加强对煤炭的治理与监管，加快储气设施建设步伐，多渠道、多途径推进"煤改电""煤改气"，坚持"以气定改"、循序渐进，保障重点区域、领域用气需求
2018.8	《国务院办公厅关于加强核电标准化工作的指导意见》	制定了2019年、2022年和2027年的核电发展目标，建立政府引导、相关企事业单位广泛参与、协同推进核电标准化工作的体制机制；形成标准技术路线统一、结构完善的核电标准体系；加强自主创新，开展全面配套研究；支撑核电安全高效发展及核电"走出去"
2018.9	《国务院关于促进天然气协调稳定发展的若干意见》	当前我国天然气产供储销体系还不完备，产业发展不平衡不充分问题较为突出。为有效解决天然气发展问题，国务院针对"加强产供储销体系建设，促进天然气供需动态平衡"与"深化天然气领域改革，建立健全协调稳定发展体制机制"两方面提出了若干意见
2018.10	《清洁能源消纳行动计划（2018~2020年）》	通过优化电源布局，完善电网基础设施，加强政府宏观政策引导与市场调节作用，充分发挥电网资源配置作用，推进电力消费方式变革，分别实现2018年到2020年的年度清洁能源消纳目标
2019.2	《关于建立油气项目核准工作绿色通道有关事宜的通知》	为切实抓好天然气产供储销体系建设、优化油气项目核准流程，国家发改委、国家能源局明确至2020年12月31日，对"跨境、跨省（区、市）干线输油管网（不含油田集输管网）""跨境、跨省（区、市）干线输气管网（不含油气田集输管网）""新建（含异地扩建）进口液化天然气接收、储运设施"等三类项目建立核准工作绿色通道

资料来源：中国政府网，社投盟。

（四）2019年能源行业可持续发展价值评估概要

0 家公司被筛选子模型剔除

10 家公司进入"沪深300"（占比3.33%）

7 家公司上榜"义利99"（占比7.07%）

9 家公司发布独立的社会责任报告

数据完备度83.23%

可持续发展价值得分率63.58%　排名第1[①]

目标丨驱动力平均得分率67.00%　排名第3

方式丨创新力平均得分率68.60%　排名第1

效益丨转化力平均得分率60.50%　排名第1

可持续发展价值前三公司：1. 中国神华（601088. SH）；2. 中国石化（600028. SH）；3. 兖州煤业（600188. SH）

可持续发展价值升幅前三公司：1. 陕西煤业（601225. SH）；2. 中国石油（601857. SH）；3. 兖州煤业（600188. SH）

评估亮点：战略驱动、技术创新、管理创新及环境贡献排名第1

　　　　　价值驱动、模式创新及社会贡献排名第2

评估暗点：业务驱动排名第11

二　能源行业与沪深300对比

这里的能源行业是指沪深300成分股中的能源公司。本部分从价值构成和价值成因两个方面对能源行业和沪深300进行对比分析。在价值构成部分，分别从利维表现和义维表现两个方面进行横向对比；在价值成因部分，从目标丨驱动力、方式丨创新力、效益丨转化力三个方面进行横向对比。

---

① 在11个行业中排名第1，下同。

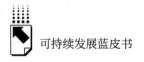

（一）价值构成对比

1. 利维表现

能源公司规模差距悬殊，中国石油、中国石化以及中国神华 3 家公司平均市值高达 10117.55 亿元，拉高了能源行业的平均市值；剩余 7 公司的平均市值只有 451.25 亿元，不及沪深 300 平均水平。能源行业的平均营业收入排名第 1，平均净利润排名仅次于金融行业，平均营业收入与平均净利润分别约为沪深 300 平均水平的 6 倍与 2.4 倍，能源行业的利润率较低。能源行业的平均股息率排名第一，平均市盈率排倒数第二（共 11 个行业）。

表 3　能源行业经济贡献构成

评估对象	数量（家）	平均营业收入（亿元）	平均净利润（亿元）	平均市值（亿元）	平均股息率（％）	平均市盈率（倍）	平均纳税额（亿元）
能源行业	10	6032.63	245.96	2502.29	3.93	12.77	755.76
沪深 300	300	977.34	103.48	970.60	2.14	21.37	83.12

资料来源：Wind，社投盟。

2016～2018 年，能源行业的平均营业收入与平均净利润高速增长。平均营业收入持续上升，2017 年同比增加了 7.89％，而 2018 年实现了 52.38％的骤升，平均营业收入突破 6000 亿元。平均净利润持续稳定提升，与 2016 年相比，2018 年净利润翻了一番，由 106.55 亿元增长到 245.96 亿元。

2016～2018 年能源行业的平均市值稳定在 2300 亿元以上，平均市盈率逐年下降。能源行业的平均市值在 2017 年下降了 4.82％，2018 年以 7.67％的增速反弹至 2502.29 亿元。平均市盈率持续下降，2017 年骤降至 23.17倍，2018 年的降幅有所缓和，但仍下降至 12.77 倍。

2016～2018 年，能源行业平均股息率在加速上升，从 1.02％（2016年）上升至 3.93％（2018 年）。

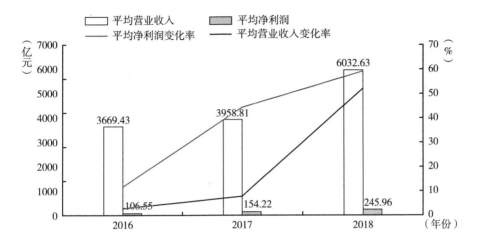

图5 能源行业平均营业收入、平均净利润及变化率

资料来源：Wind，社投盟。

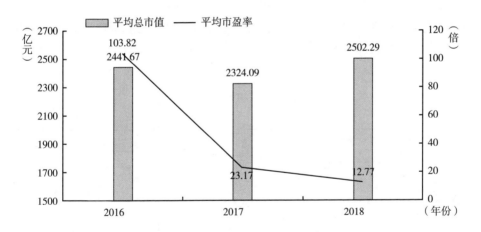

图6 能源行业平均市值、平均市盈率

资料来源：Wind，社投盟。

2. 义维表现

能源行业的社会贡献整体表现优于沪深300，但安全运营得分率较沪深300低9.30个百分点，能源行业在安全管理体系和安全事故预防与处理方面亟待加强。员工权益在社会贡献下5个三级指标中得分率最高，且在11个行业

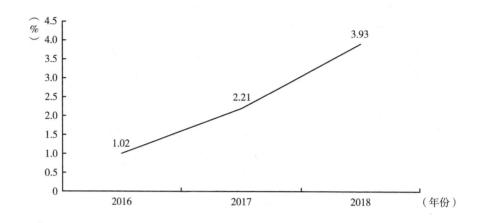

图7 能源行业平均股息率

资料来源：Wind，社投盟。

中排名第1。客户价值与公益贡献得分率相较其他三级指标较低，但仍高于沪深300平均水平，在众行业中名列前茅。合作伙伴得分率略高于沪深300平均水平，排名处于中位水平。

表4 能源行业2019年社会贡献构成

单位：%

评估对象	客户价值	员工权益	合作伙伴	安全运营	公益贡献
能源行业	57.78	71.67	64.44	63.33	57.50
沪深300	43.67	52.72	63.89	72.63	52.35

资料来源：Wind，社投盟。

安全运营在前两年均为社会贡献下得分率最高的三级指标，但在2019年下降剧烈，得分率由2018年的78.63%下降至63.33%，在所有三级指标中处于中位水平。客户价值得分率逐年缓慢下降。合作伙伴得分率保持增长态势，2019年得分率上涨了16.58个百分点，且增幅变大。公益贡献得分率先升后降，2019年跌至57.5%，成为本年度社会贡献下得分率最低的三级指标。员工权益得分率先降后升，由71.21%（2017年）下跌至65.13%

（2018 年）再升至 71.67%（2019 年），成为社会贡献下得分率最高的三级指标。

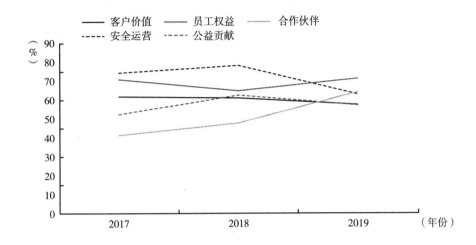

图 8　能源行业社会贡献三级指标得分率

资料来源：Wind，社投盟。

能源行业在环境贡献下的所有三级指标均高于深沪 300。其中污染防控与生态气候指标表现亮眼，均较沪深 300 高约 37 个百分点，且两者得分率均在众行业中排名第一。资源利用指标得分率较沪深 300 高 8.51 个百分点，行业排名第 2。环境管理得分率处于中位水平，是能源行业环境贡献下得分率较低的三级指标。能源行业该指标虽比沪深 300 高 13.12 个百分点，但在众行业中排名仅列第 4。

表 5　能源行业环境贡献构成

单位：%

评估对象	环境管理	资源利用	污染防控	生态气候
能源行业	54.05	40.31	87.50	57.50
沪深 300	40.93	31.80	49.99	20.44

资料来源：Wind，社投盟。

纵观能源行业 2017～2019 年环境贡献表现，污染防控 & 生态气候①连续三年是环境贡献下得分率最高的三级指标，2019 年增长 10.96 个百分点，继续保持领先。环境管理得分率 2017 年显著落后，2018 年大幅提升，但该指标 2019 年下降，持续进行环境管理仍然是提升可持续发展能力的重要工作。资源利用指标得分率排名总体靠后，近年来得分率连续下降，能源行业需要引起重视。

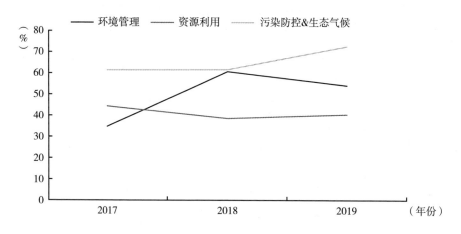

图 9　能源行业环境贡献三级指标得分率

资料来源：Wind，社投盟。

（二）价值成因对比

1. 目标 | 驱动力

能源行业的目标 | 驱动力得分率为 67.00%，较沪深 300 高 3.53 个百分点，位列行业第 3。其中，战略驱动得分率较沪深 300 高 13.79 个百分点，价值驱动得分率较沪深 300 高 4.84 个百分点，而业务驱动得分率较沪深 300 低 8.48 个百分点，拉低了目标 | 驱动力的总体得分。中国神华（601088. SH）为能源行业中目标 | 驱动力得分最高公司，在沪深 300 中排名第 27，得分率为 80%。

---

① 2019 年社标委对指标做了微调，环境贡献下由 3 个三级指标调整为 4 个三级指标。

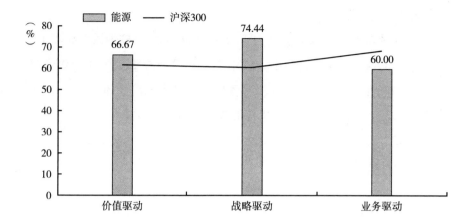

图10 能源行业与沪深300目标Ⅰ驱动力得分率

资料来源：Wind，社投盟。

纵观2017～2019年，能源行业目标Ⅰ驱动力得分率稳步上升。战略驱动得分率2018年提升了29.64个百分点，2019年增幅放缓至16.32个百分点。2017年价值驱动在3个指标中得分率最高，然而该指标在2018年大幅下降了13.96个百分点，虽然2019年有所回升，但仍低于战略驱动。业务驱动得分率2018年骤升至61.54%，2019年略降。

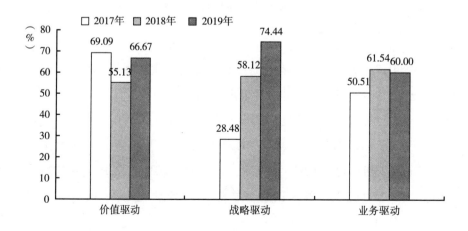

图11 能源行业目标Ⅰ驱动力二级指标得分率

资料来源：Wind，社投盟。

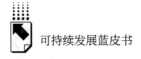

2. 方式 | 创新力

2019 年能源行业方式 | 创新力得分率为 68.60%，较沪深 300 高 14.16 个百分点，位列行业第 1。其中，技术创新得分率较沪深 300 领先最显著（领先 24.32 个百分点），模式创新与管理创新分别比沪深 300 高 9.22 个百分点和 10.93 个百分点，各三级指标的领先优势成就了能源行业方式 | 创新力指标的突出表现。中国石油是能源行业中方式 | 创新力得分最高企业，在沪深 300 中排名第 4，得分率为 85.68%。

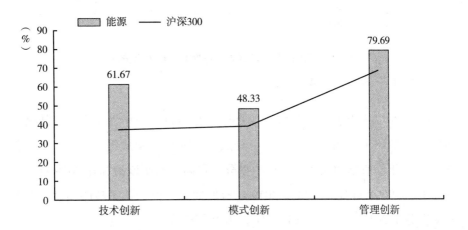

图 12　能源行业与沪深 300 方式 | 创新力得分率

资料来源：Wind，社投盟。

纵观 2017~2019 年，得益于各三级指标得分率的逐年上升，能源行业方式 | 创新力得分率稳步上升。管理创新始终在能源行业方式 | 创新力中领先，技术创新与模式创新也得到了不容忽视的成长。2018 年模式创新的得分率提高了 12.79 个百分点，为能源行业方式 | 创新力提升的主要动力，其余两个指标均只上涨了不足 2 个百分点。2019 年技术创新的得分率提高 10.63 个百分点，模式创新与管理创新分别提高 4.10 个百分点和 7.16 个百分点。

3. 效益 | 转化力

能源行业的效益 | 转化力指标得分率为 60.50%，较沪深 300 高 6.28 个百

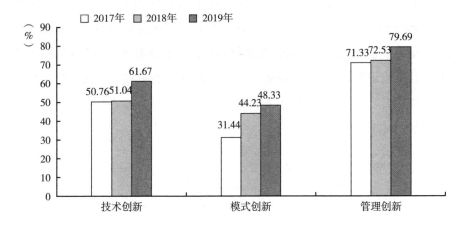

图13 能源行业方式Ⅰ创新力二级指标得分率

资料来源：Wind，社投盟。

分点，位列行业第一。环境贡献的得分率虽略低于经济贡献与社会贡献，但该指标领先沪深300最多，较沪深300高17.11个百分点。经济贡献得分率为61.87%，仅较沪深300领先1.05个百分点；而社会贡献得分率为62.94%，领先沪深300平均水平5.89个百分点。兖州煤业（600188.SH）为能源行业中效益Ⅰ转化力得分最高的公司，排名第6名，得分率为73.97%。

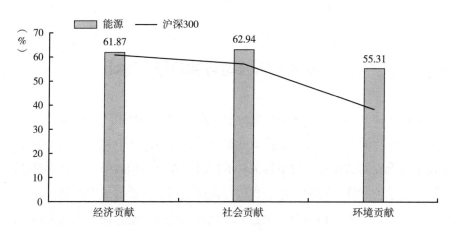

图14 能源行业与沪深300效益Ⅰ转化力得分率

资料来源：Wind，社投盟。

纵观 2017～2019 年，得益于各三级指标得分率的逐年上升，能源行业效益丨转化力得分率平稳上升。社会贡献以有限的领先优势在能源行业效益丨转化力中处于领先地位，经济贡献紧跟其后，且不断缩小与社会贡献指标的差距。社会贡献指标得分率 2019 年下降了 0.21 个百分点。经济贡献指标得分率连续上升。环境贡献指标得分率虽低于其他两个三级指标，但涨势强劲，特别是 2018 年上涨了 10.62 个百分点。

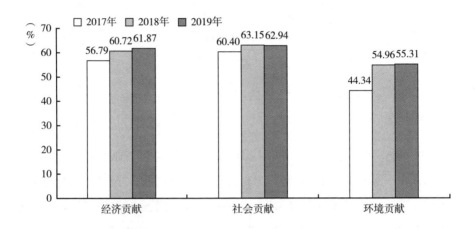

图 15 能源行业效益丨转化力二级指标得分率

资料来源：Wind，社投盟。

三 能源上榜公司与能源行业对比

能源上榜公司是指沪深 300 成分股中进入"义利 99"榜单的能源公司。本部分会对能源上榜公司和能源行业进行对比分析，从中找到能源上榜公司值得学习借鉴的亮点表现与值得关注的短板。在价值构成部分，分别对这两个评估对象的利维表现和义维表现进行横向对比；在价值成因部分，将从目标丨驱动力、方式丨创新力、效益丨转化力角度分别阐述能源上榜公司和能源行业的横向对比。

（一）价值构成对比

1. 利维表现

能源上榜公司平均营业收入和平均净利润相较整个能源行业的经济表现优势最大，分别领先能源行业 40.69％和 42.20％，而平均纳税额也较能源行业高 41.79％，能源上榜公司的盈利能力和经济竞争力皆高于能源行业。能源上榜公司的平均市值较能源行业高 38.41％，规模较能源行业大；平均市盈率较能源行业低 14.41％，能源上榜公司的平均股息率领先能源行业1.29 个百分点。

表6　能源上榜公司 2019 年经济贡献构成

评估对象	数量（家）	平均营业收入（亿元）	平均净利润（亿元）	平均市值（亿元）	平均股息率（％）	平均市盈率（倍）	平均纳税额（亿元）
能源上榜公司	7	8487.15	349.76	3463.42	5.22	10.93	1071.60
能源行业	10	6032.63	245.96	2502.29	3.93	12.77	755.76

资料来源：Wind，社投盟。

2016～2018 年，能源上榜公司的平均营业收入整体呈上升趋势，2017 年略微下降 4.58％，2018 年以 35.32％涨幅升至 8487.15 亿元；而平均净利润率的变化趋势与平均营业收入变化率"先减后增"的走势基本一致。

能源上榜公司群体的平均市值逐年缩小，由 2016 年的 4166.87 亿元下降至 2018 年的 3463.42 亿元，下降了 16.88％；而平均市盈率呈现出"先增后减"的走势，综合两年变化后数值基本不变。

平均股息率保持稳健增长，2016～2018 年提高了 4.09 个百分点，但增长率在 2017 年后有所减缓。

2. 义维表现

从社会贡献看，能源上榜公司的员工权益表现突出，为社会贡献下三级

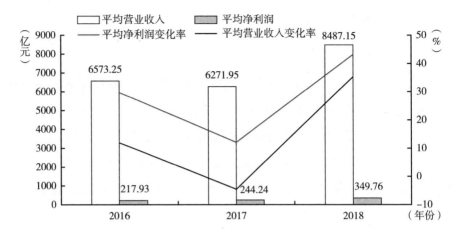

图16 能源上榜公司平均营业收入、平均净利润及变化率

资料来源：Wind，社投盟。

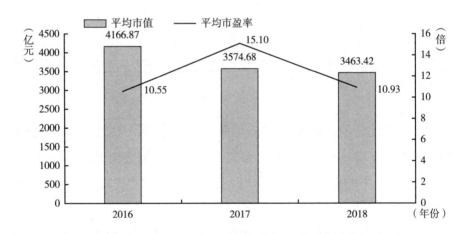

图17 能源上榜公司平均市值、平均市盈率

资料来源：Wind，社投盟。

指标中得分率最高的指标，该表现与行业整体特点一致；其他四个三级指标表现接近。员工权益和公益贡献优势明显，分别领先能源行业 8.49 个百分点和 6.49 个百分点。能源上榜公司的安全运营表现与能源行业平均水平基本持平，仅领先 0.16 个百分点。

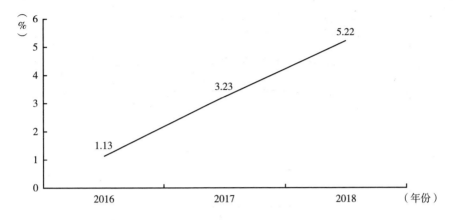

图18　能源上榜公司平均股息率

资料来源：Wind，社投盟。

表7　能源上榜公司 2019 年社会贡献构成

单位：%

评估对象	客户价值	员工权益	合作伙伴	安全运营	公益贡献
能源上榜公司	61.90	80.16	66.67	63.49	63.99
能源行业	57.78	71.67	64.44	63.33	57.50

资料来源：Wind，社投盟。

2017~2019 年，能源上榜公司的社会贡献下三级指标整体呈"先升后降"趋势。员工权益为 2017 年得分率最高的三级指标，且近三年来得分率保持稳定，虽 2018 年被上升的安全运营领先了 2.5 个百分点，2019年因安全运营得分率的骤降而重新取得领先地位。合作伙伴为 2017 年三级指标中得分率最低的指标，到 2019 年实现反超，得分率仅次于员工权益。2019 年，除员工权益外的三级指标均明显下降，且得分率均低于70%。

从环境贡献看，2019 年能源上榜公司污染防控指标得分率最高，达89.29%，比能源行业高 1.79 个百分点，能源行业整体在污染防控方面表现良好。能源上榜公司生态气候得分率优势明显，领先能源行业 13.93 个百分

157

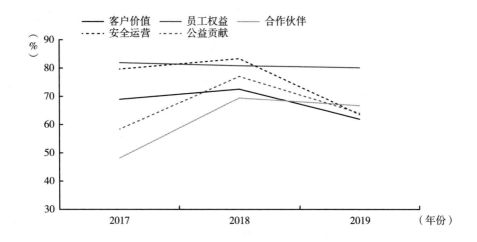

图 19　能源上榜公司社会贡献得分率

资料来源：Wind，社投盟。

点。资源利用是能源上榜公司得分率最低的指标，仅为 46.43%。值得注意的是，能源上榜公司在环境管理指标上的表现较行业平均水平低 1.33 个百分点，是能源上榜公司综合竞争的短板。

表 8　能源上榜公司 2019 年环境贡献构成

单位：%

评估对象	环境管理	资源利用	污染防控	生态气候
能源上榜公司	52.72	46.43	89.29	71.43
能源行业	54.05	40.31	87.50	57.50

资料来源：Wind，社投盟。

2017～2019 年，污染防控 & 生态气候指标得分率整体虽略有下降，但始终以显著优势领先于其他两个指标。环境管理指标得分率 2017 年虽落后于资源利用 20.74 个百分点，但 2018 年涨势强劲，2019 年虽呈现下降趋势，但仍然高于资源利用。

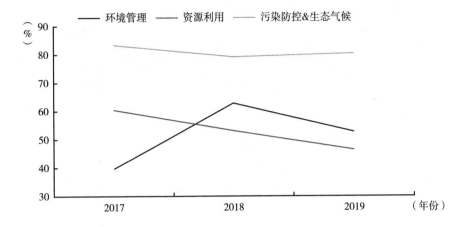

图20 能源上榜公司环境贡献得分率

资料来源：Wind，社投盟。

（二）价值成因对比

1. 目标 | 驱动力

2019年能源上榜公司的目标 | 驱动力平均得分率为72.38%，仅领先能源行业5.38个百分点。其中，业务驱动得分率仅为61.9%，为目标驱动力下二级指标中得分率最低的指标，且低于能源行业1.90个百分点，该指标作为短板在一定程度上拉低了目标 | 驱动力的综合得分。战略驱动得分率为77.78%，三个二级指标中最高。价值驱动得分率虽比战略驱动低1.59个百分点，但该指标相较能源行业优势最大，高于能源行业9.52个百分点。

纵观2017~2019年，能源上榜公司的战略驱动指标得分率增长强劲，业务驱动相对较弱。价值驱动得分率整体较高，2017年以83.33%的得分率领先于战略驱动（37.22%）和业务驱动（51.85%）；但因其波动下降的走势，2019年被战略驱动以1.59个百分点的微小优势实现反超。业务驱动近两年均为目标 | 驱动力下得分率最低的指标。

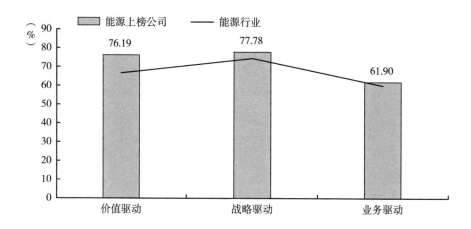

图21 能源上榜公司和能源行业目标Ⅰ驱动力得分率

资料来源：Wind，社投盟。

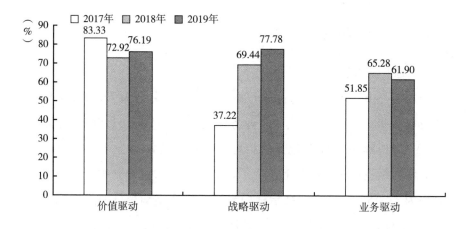

图22 能源上榜公司和能源行业目标Ⅰ驱动力二级指标得分率

资料来源：Wind，社投盟。

2. 方式 | 创新力

2019年能源上榜公司的方式 | 创新力平均得分率为73.58%，比能源行业领先4.90个百分点，且能源上榜公司在方式 | 创新力下的所有二级指标表现均高于能源行业平均水平，表现稳定。管理创新得分率为

83.97%，远超其他两个指标，但其较能源行业仅领先4.28个百分点，相对优势较小。模式创新为方式Ⅰ创新力下得分率最低的指标，但领先能源行业6.43个百分点。技术创新指标得分率为66.67%，较能源行业领先5个百分点。

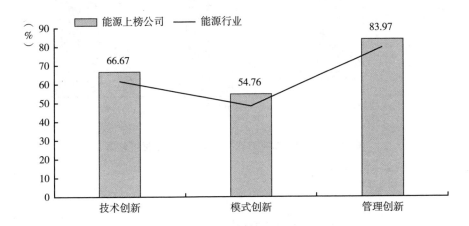

图23　能源上榜公司和能源行业方式Ⅰ创新力得分率

资料来源：Wind，社投盟。

纵观2017～2019年，能源上榜公司管理创新在方式Ⅰ创新力下二级指标下得分率最高，且得分率稳定在83%左右。模式创新得分率2018年和2019年分别提高了8.86个百分点和6.32个百分点。技术创新得分率涨势强劲，2018年提高了2.22个百分点，2019年涨幅提高到6.81个百分点。

3. 效益Ⅰ转化力

2019年能源上榜公司效益Ⅰ转化力得分率为66.43%，较能源行业领先5.93个百分点。经济贡献的相对优势显著，领先能源行业8.16个百分点。社会贡献与环境贡献得分率分别较能源行业高4.30个百分点和3.11个百分点。环境贡献得分率最低，2019年度得分率为58.41%，分别较经济贡献和社会贡献低11.62个百分点和8.83个百分点。

纵观2017～2019年，经济贡献得分率波动上升，社会贡献与环境贡献波动下降，效益Ⅰ转化力下社会贡献的领先地位逐渐被经济贡献取代。经济

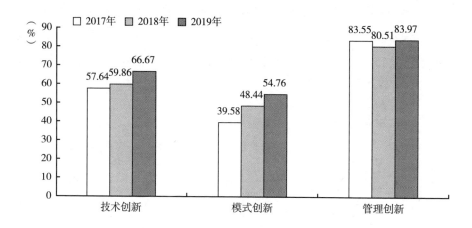

图24 能源上榜公司方式Ⅰ创新力二级指标得分率

资料来源：Wind，社投盟。

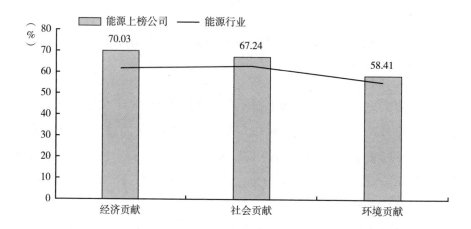

图25 能源上榜公司和能源行业效益Ⅰ转化力得分率

资料来源：Wind，社投盟。

贡献得分率2018年下降了2.11个百分点，2019年回升了5.72个百分点，整体小幅上升。社会贡献与环境贡献得分率在2018年分别提高9.24个百分点和7.73个百分点，涨势强劲，然而2019年皆大幅回落。

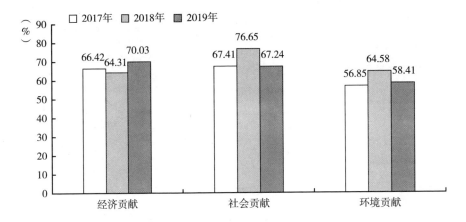

图26 能源上榜公司效益 | 转化力二级指标得分率

资料来源：Wind，社投盟。

四 亮点公司聚焦分析

（一）龙头企业可持续发展价值分析：中国神华

1. 基础价值

中国神华（601088.SH）作为2019年能源行业龙头，表现稳定，在沪深300排名与上一年度一致。中国神华属于央企，于2007年10月在上交所上市，以"为社会发展提供绿色能源"为使命，以"坚持矿、路、港、电、化一体化发展，打造国际一流大型能源企业"为愿景。

表9 中国神华基础信息

公司名称	中国神华能源股份有限公司
股票代码	601088.SH
证券简称	中国神华
中证行业	能源
上市时间	2007－10－09
可持续发展价值排名（总榜）	8

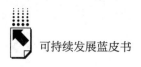

续表

公司名称	中国神华能源股份有限公司
可持续发展价值排名(行业)	1
可持续发展价值评级	AA -
信息披露工作评价	A
数据完备度(%)	85.68
员工总数(人)	86856
纳税总额(亿元)	531.82
环保投入(万元)	142200
对外捐赠(万元)	460.00

资料来源：Wind，社投盟。

2. 价值构成

从价值构成来看，中国神华经济贡献得分率为76.06%，在能源行业中排名第1，在沪深300中排名第19；社会贡献得分率仅为56.53%，在能源行业中排名第8，在沪深300中排名第163；环境贡献得分率为63.33%，在能源行业中排名第3，在沪深300中排名29。中国神华在经济贡献与环境贡献指标上均取得了不菲的表现，但在社会贡献方面亟待提高。

表 10　中国神华价值构成

经济贡献—得分率				
评估对象	营业收入(亿元)	净利润(亿元)	总市值(亿元)	股息率(%)	市盈率(倍)
中国神华	2641.01	540.41	3472.79	5.07	8
能源	6032.63	245.96	2502.29	3.93	12.77

社会贡献—得分率(%)				
评估对象	客户价值	员工权益	合作伙伴	安全运营	公益贡献
中国神华	11.11	83.33	44.44	66.67	77.08
能源	57.78	71.67	64.44	63.33	57.50

环境贡献—得分率(%)			
评估对象	环境管理	资源利用	污染防控	生态气候
中国神华	57.14	50.00	100.00	75.00
能源	54.05	40.31	87.50	57.50

资料来源：Wind，社投盟。

3. 价值成因

中国神华在2019年"义利99"排行榜中位列第8名，可持续发展价值评分为72.31分。其中目标丨驱动力得分率为80%，在能源行业中排名第1，在沪深300中排名第28；方式丨创新力得分率为78.38%，在能源行业中排名第2，在沪深300中排名第9；效益丨转化力得分率为68%，在能源行业中排名第3，在沪深300中排名第25。

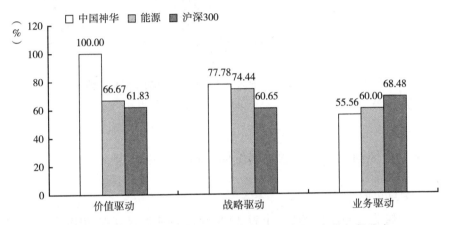

图27 中国神华、能源、沪深300目标丨驱动力二级指标得分率

资料来源：Wind，社投盟。

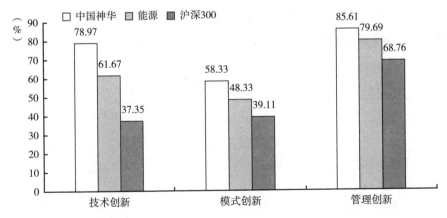

图28 中国神华、能源、沪深300方式丨创新力二级指标得分率

资料来源：Wind，社投盟。

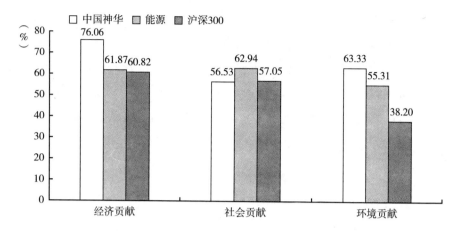

图 29　中国神华、能源、沪深 300 效益 I 转化力二级指标得分率

资料来源：Wind，社投盟。

（二）黑马企业可持续发展价值分析：陕西煤业

1. 基础价值

陕西煤业（601225. SH）作为 2019 年的行业黑马，在 2019 年"义利99"榜单中排名第 31，较上一年上升 45 个位次。该公司于 2014 年 1 月在上交所上市，属于地方国企，以"服务客户、造福员工，回报股东、奉献社会"为使命，围绕"安全、高效、绿色、创新、和谐"的发展理念，坚定"无人化矿井、智慧化矿区、一流上市企业"的发展目标。

表 11　陕西煤业基础信息

公司名称	陕西煤业股份有限公司
股票代码	601225. SH
证券简称	陕西煤业
中证行业	能源
上市时间	2014 – 1 – 28
可持续发展价值排名（总榜）	31
可持续发展价值排名（行业）	6
可持续发展价值评级	A +

公司名称	陕西煤业股份有限公司
信息披露工作评价	A
数据完备度(%)	88.97
员工总数(人)	29619
纳税总额(亿元)	107.79
环保投入(万元)	—
对外捐赠(万元)	18.34

资料来源：Wind，社投盟。

2. 价值构成

从价值构成看，陕西煤业的社会贡献与环境贡献得分率均伴随行业震荡呈现下跌趋势，但经济贡献得分率稳健上升，2018年较上一年增长21.24个百分点，2019年增幅有所减缓。

陕西煤业2018年营业收入为572.24亿元，净利润为159.29亿元，两者2016～2018年连续上升，但涨幅收窄；股息率强劲增长，且增幅变大，由1.35个百分点到4.27个百分点；截至2018年12月31日，总市值为744亿元，市盈率为6.62倍。

表12　陕西煤业经济贡献构成

年份	经济贡献				
	营业收入 (亿元)	净利润 (亿元)	总市值 (亿元)	股息率 (%)	市盈率 (倍)
2016	331.32	43.8	485	0	−309.80
2017	509.27	157.26	816.00	1.35	8.33
2018	572.24	159.29	744.00	5.62	6.62

资料来源：Wind，社投盟。

陕西煤业社会贡献下员工权益得分率2017～2019年波动上升，始终处于领先地位；合作伙伴指标得分率稳健上升，在2019年一跃成为社会贡献指标下排名第2的三级指标；客户价值指标得分率始终落后，且2017～2019年持续下降，但2019年降幅收窄；安全运营和公益贡献指标走势相近，均为先升后降。

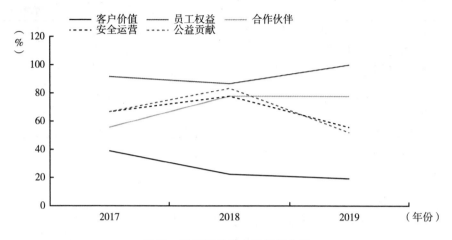

图30 陕西煤业社会贡献得分率

资料来源：Wind，社投盟。

陕西煤业近年来在环境贡献方面表现不尽如人意，污染防控＆生态气候得分率持续下降，2019 年度下降速度有所减缓，2017～2019 年总计下降了 50 个百分点；环境管理得分率先升后降，2017～2019 年总计下降了 9.52 个百分点；资源利用得分率 2017～2019 年总计下降了 3.12 个百分点。

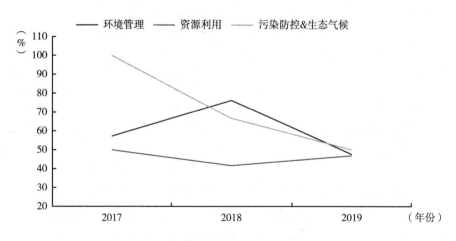

图31 陕西煤业环境贡献得分率

资料来源：Wind，社投盟。

3. 价值成因

从价值成因看，陕西煤业的可持续发展价值总得分为 68.44 分，本年度总榜单排名第 31，其中目标丨驱动力 7.67 分、方式丨创新力 22.06 分、效益丨转化力 38.71 分。陕西煤业的 3A 得分率均呈波动上升趋势。对于目标丨驱动力，战略驱动得分率连续三年强劲增长；方式丨创新力下的三级指标经历剧烈的波动，但整体得分皆有所提高，其中技术创新指标与模式创新指标 2019 年实现骤升；效益丨转化力整体得分较高，且经济贡献得分率稳健提升。

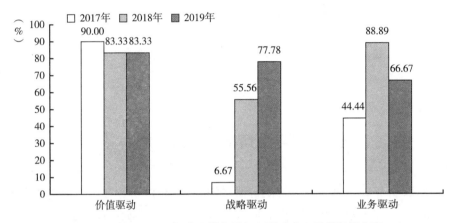

图32 2017～2019 年陕西煤业目标丨驱动力二级指标得分率

资料来源：Wind，社投盟。

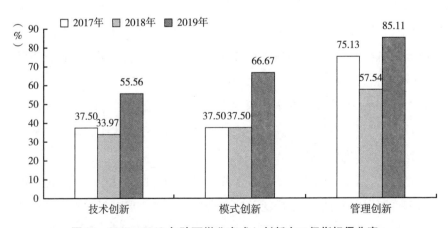

图33 2017～2019 年陕西煤业方式丨创新力二级指标得分率

资料来源：Wind，社投盟。

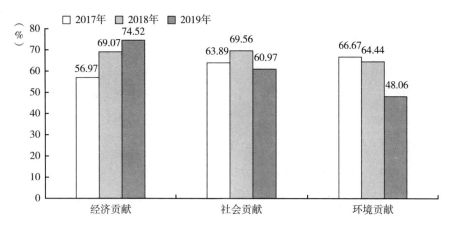

图34　2017～2019年陕西煤业效益丨转化力二级指标得分率

资料来源：Wind，社投盟。

五　能源行业可持续发展价值展望

　　能源行业2019年可持续发展价值平均分达63.58分，在全行业中排名第1。从3A三力角度来看，能源行业目标丨驱动力指标位列全行业第3，得分率较沪深300高3.53个百分点；方式丨创新力排名第1，得分率较沪深300高14.16个百分点；效益丨转化力排名全行业第1，得分率较沪深300高6.28个百分点。从能源上榜公司来看，利维表现比较优势明显，营业收入和净利润相较整个能源行业的优势最大；义维表现整体优于能源行业，社会贡献下的员工权益指标与环境贡献下的污染防控＆生态气候指标表现稳定且亮眼。值得注意的是，上榜公司安全运营2019年得分率骤降，与能源行业基本持平；资源利用得分率逐年下降；环境管理低于行业平均水平，能源上榜公司的综合竞争力受到极大影响。

　　近年来，基于全球变暖正在发生并且是人为造成的共识，化石能源的燃烧所带来的环境问题引起了广泛关注，全球掀起了一股针对化石能源产业的撤资运动的风潮。然而，中国是一个多煤少油的国家，产量占世界的40%左右。煤炭具有明显的成本优势且使用的技术门槛较低，同等的发热量，用煤的成本只相当于用油的 30% 、天然气的 40% ，为发电行业、运输行业提供了强大的能源保障。从能源资源和能源安全战略考虑，在可以预见的几十年内，我国能源仍将主要依靠煤炭。

面对化石能源带来的环境污染与耗竭威胁，我国政府和企业进行了积极的探索，党的十八大以来，以习近平同志为核心的党中央，准确把握全球能源供需宽松化、能源供给低碳化、能源系统智能化、能源治理复杂化、能源安全多元化的发展大势，做出了推动能源革命的重大战略部署。五年来，我国能源消费结构显著优化，煤炭消费比重下降 8.4 个百分点；非化石能源消费比重提升到 14.3% ，天然气消费比重达到 7.8% ，电力占终端能源消费比重提升到 25.5% 。此外，能源供给质量大幅提升，我国在五年内累计退出煤炭落后产能 8.1 亿吨，淘汰关停落后煤电机组 3000 万千瓦以上；非化石能源发展迅猛，可再生能源发电装机突破 7 亿千瓦，核电在建在运装机达到 5800 万千瓦，有力提升了能源供给质量。在我国政府的推动与能源公司的不懈努力下，我国煤炭供给侧结构性改革深入推进，煤炭的开采与利用朝安全高效智能化和清洁高效集约化方向发展；产业结构得到优化，向煤、油、气、核、新能源、可再生能源多轮驱动的能源供应体系迈进。

在可预见的未来，产业转型与绿色发展依然是能源行业可持续发展的政策性指导，煤炭行业将进一步朝清洁高效方向转型升级，煤炭工业健康协调可持续发展的步伐加快。在由高碳向低碳发展、由单一向多元能源结构发展的过程中，天然气有望成为化石能源向新能源过渡的桥梁，在未来能源的可持续发展中发挥支柱作用。负责天然气生产与销售的化石能源公司，有望获得突出的市场收益；而加快天然气转型将成为头部石油公司在原油稳产压力下适应能源转型的方向。

B.6
2019年金融行业可持续发展价值评估报告

摘　要:　本文分析了沪深300成分股中金融上市公司的可持续发展价值评估情况。首先介绍了金融行业可持续发展价值概况，其次将金融行业与沪深300对比以及金融上榜公司与金融行业对比分析，再次分析了金融行业中可持续发展价值得分最高的龙头企业以及可持续发展价值排名进步最大的黑马企业，最后对金融行业可持续发展价值进行了总结分析。

关键词:　金融　可持续发展价值　龙头企业　黑马企业

一　金融行业概况

(一)金融行业定义

金融行业是指经营金融商品的特殊行业。根据中证指数有限公司行业分类标准，金融行业与地产行业在一级行业分类中同属于"金融地产"。本报告中将金融和地产拆分为两个一级行业，金融行业包括银行、保险、资本市场和其他金融。由表1可知，从上市公司数量来看，目前金融行业以资本市场和商业银行为主。

表1　金融行业上市公司分类分布情况

单位：家

一级行业	二级行业	三级行业	四级行业	沪深A股	沪深300
金融	银行	商业银行	综合性银行	13	13
			区域性银行	20	9
		抵押信贷机构	抵押信贷机构	0	0
	其他金融	其他金融服务	其他综合性金融服务	6	2
			多领域控股	1	1
			特殊金融服务	2	0
		消费信贷	消费信贷	4	0
	资本市场	资本市场	资产管理与托管银行	4	0
			投资银行业与经纪业	43	27
			综合性资本市场	0	0
			金融交易与数据	0	0
	保险	保险	人寿与健康保险	3	3
			多元化保险	3	3
			财产与意外伤害保险	1	0
			再保险	0	0
			保险经纪商	0	0

资料来源：中证指数，社投盟。

（二）金融行业发展现状

2018年，中国经济平稳增长，经济运行保持韧性，但正面临外部阻力和贸易摩擦带来的不确定因素。在必要的金融监管改革和外部需求减弱的推动下，2018年中国GDP增速放缓至6.6%，同比回落0.2个百分点。人民币2018年初至2019年8月经历了约11.9%的市场化贬值，但外汇储备充足，2019年8月中国外汇储备约3.1万亿美元，足以应对汇率出现持续大幅度波动及随之带来的强烈负面效应。居民消费价格温和上涨，2018年CPI同比上涨2.1%。2019年以来广义货币（M2）增速5.95%。截至2019年8月，社会融资规模存量216.01万亿元。

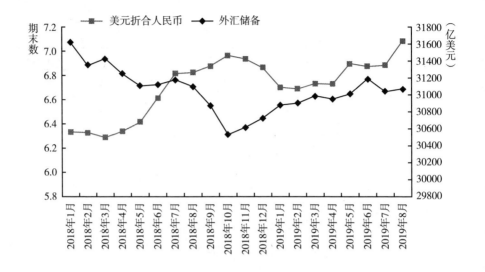

图1 人民币汇率和外汇储备

资料来源：中国人民银行，社投盟。

金融是国民经济的重要枢纽。2019 年上半年中国 GDP 为 450933 亿元，按可比价格计算，同比增长 6.3%。而金融业增加值 37854.2 亿元，同比增长 7.3%，占 GDP 的 8.39%。尽管股票市场和债券市场有了长足的发展，但银行业仍是中国金融业的主体。2019 年 8 月，银行业金融机构总资产 2758638 亿元，同比增长 8%；总负债 25262150 亿元，同比增长 7.6%。截至 2019 年 8 月，境内上市公司 3697 家，总市值 539710 亿元，股票筹资额 2593 亿元。2019 年累计发行各类债券 296507 亿元，其中政府债券 65433 亿元，金融债券 168292 亿元，公司信用类债券 62477 亿元。从融资金额来看，债券市场远大于股票市场。

根据《中国绿色金融发展研究报告 2019》，2018 年中国绿色金融资金总需求为 2.1 万亿元，但总供给只有 1.3 万亿元，供需缺口达 8000 亿元。报告预测，2019 年中国绿色金融资金总需求量将达到 2.5 万亿元。2018 年，中国绿色债券发行总量继续位居全球前列，发行规模和发行数量均保持强劲势头，彰显出旺盛的生命力。中国境内贴标和非贴标绿色债券全年发行规模达 18372.67 亿元，发行数量共计 507 只。其中，共发行 129 只境内贴标绿色债券，发行规模达 2221.97 亿元；共发行境外贴标绿色债券 15 只，约合人民币 453.96 亿元，合计贴标绿色债券金额为 2675.93 亿元。非贴标绿色债券发行数量 378 只，发行规模 16150.70 亿元，其中投向绿色项目的金额达 6829.15 亿元。

近年来，我国金融市场对外开放步伐越来越大。自 2019 年 4 月 1 日起，中国债券被纳入彭博巴克莱债券指数。自 2019 年 5 月 28 日起，MSCI 将 A 股纳入因子从 5% 提高至 10%，并将于年内完成纳入 20% 的目标；2019 年 6 月 17 日，沪伦通正式启动。上市公司华泰证券发行沪伦通下首只全球存托凭证产品，在伦敦证券交易所挂牌交易。2019 年 9 月 10 日，经国务院批准，国家外汇管理局决定取消合格境外机构投资者（QFII）和人民币合格境外机构投资者（RQFII）投资额度限制。此外，此次取消合格境外机构投资者投资额度限制时，RQFII 试点国家和地区限制也一并取消，有助于进一步便利境外机构投资者投资境内证券市场，拓展我国金融市场开放的深度和广度。

（三）金融行业政策

2018 年 3 月，银监会和保监会合并，原银监会会长郭树清担任银保监会主席并兼任央行党委书记和副行长，易纲担任央行行长和党委副书记，与易纲形成"郭易配"领导班子。这标志着中国统一监管体系正式形成。2018 年以来的监管政策多具有统一性，包括：资管新规、理财新规与私募资管新规的全局平衡；信用评级体系的互联互通、债券市场监管的有机统一、互联网金融与民间借贷的协调行动、助力小微金融服务的"几家抬"；等等。

2018 年是中国资产管理行业的变革之年。经过十多年的砥砺前进和不断创新，行业规模已达 124 亿元。2018 年 4 月 27 日，央行、银保监会、证监会、国家外汇局联合发布《关于规范金融机构资产管理业务的指导意见》，坚持宏观审慎管理与微观审慎监管相结合、机构监管与功能监管相结合的原则，首次系统全面地构建了未来资管业务的新范式。配套细则针对银

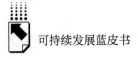

行委贷、理财资金、险资、私募基金等多个细分领域，从破刚兑、去通道、去杠杆、破资金池等方面入手规范细分行业资管业务，是在大框架下的进一步明确和完善。

除了资产管理行业政策文件外，普惠金融、绿色金融、企业社会责任等相关政策文件也陆续出台。央行还主动通过降准、扩大 MLF 担保品范围、提高信贷额度、提供 MLF 增量资金、下调国库现金定存招标利率等方式支持实体经济。

尽管外部环境复杂多变，中国金融行业仍在加快开放的步伐。多项政策信息的发布推动了跨境人民币结算、金融市场开放外资进入、金融机构放开外资持股比例限制、明确外资投资准入负面清单等。

表 2 中国金融行业近年主要相关政策

时间	政策	主要相关内容
2016.1	《国务院关于印发推进普惠金融发展规划（2016～2020 年）的通知》	立足机会平等要求和商业可持续原则，以可负担的成本为有金融服务需求的社会各阶层和群体提供适当、有效的金融服务。大力发展普惠金融，是我国全面建成小康社会的必然要求，有利于促进金融业可持续均衡发展，推动大众创业、万众创新，助推经济发展方式转型升级，增进社会公平和社会和谐
2016.10	《国务院办公厅关于印发互联网金融风险专项整治工作实施方案的通知》	规范发展互联网金融是国家加快实施创新驱动发展战略、促进经济结构转型升级的重要举措，为贯彻落实党中央、国务院决策部署，鼓励和保护真正有价值的互联网金融创新，整治违法违规行为，切实防范风险，建立监管长效机制，促进互联网金融规范有序发展，制定本方案
2018.1	《中国银监会关于进一步深化整治银行业市场乱象的通知》	深化整治银行业市场乱象，明确银行业金融机构承担主体责任，监管部门承担监管责任，要求把发现问题和解决问题作为出发点和落脚点，重点整治问题多的机构、乱象多的区域、风险集中的业务领域，严查案件风险。明确自查自纠从宽、监管发现从严，对银行主动发现、主动处置、主动作为的提高监管容忍度。坚持稳中求进，实行新老划断、循序渐进、分类施策，防范"处置风险的风险"。突出"监管姓监"，将监管重心定位于防范和处置各类金融风险，而不是做大做强银行业，强调对监管履职行为进行问责，严肃监管氛围。注重建立长效机制，弥补监管短板，切实解决产生乱象的体制机制问题

续表

时间	政策	主要相关内容
2018.3	《中国人民银行关于加强绿色金融债券存续期监督管理有关事宜的通知》	今后将对存续期绿色金融债券募集资金使用情况进行监督核查,包括发行人经营状况、募集资金投放进度、绿色项目情况等。同时发布了《绿色金融债券存续期信息披露规范》以及信息披露报告模板,明确指出季度报告及年度报告内所应披露的信息细则,包括报告期内投放的绿色项目情况、典型绿色项目案例分析、重大污染责任事故或其他环境违法事件等信息
2018.4	《国务院办公厅关于全面推进金融业综合统计工作的意见》	为增强金融服务实体经济能力,健全货币政策和宏观审慎双支柱调控框架,完善金融监管体系,守住不发生系统性金融风险的底线,按照党中央、国务院关于统筹推进金融业综合统计工作的决策部署,经国务院同意,现提出意见
2018.4	《关于规范金融机构资产管理业务的指导意见》	按照产品类型统一监管标准,从募集方式和投资性质两个维度对资产管理产品进行分类,分别统一投资范围、杠杆约束、信息披露等要求。坚持产品和投资者相匹配原则,加强投资者适当性管理,强化金融机构的勤勉尽责和信息披露义务。明确资产管理业务不得承诺保本保收益,打破刚性兑付。严格非标准化债权类资产投资要求,禁止资金池,防范影子银行风险和流动性风险。分类统一负债和分级杠杆要求,消除多层嵌套,抑制通道业务。加强监管协调,强化宏观审慎管理和功能监管
2018.6	《关于进一步支持商业银行资本工具创新的意见》	中国人民银行决定适当扩大中期借贷便利(MLF)担保品范围。新纳入中期借贷便利担保品范围的有:不低于 AA 级的小微企业、绿色和"三农"金融债券,AA + 、AA 级公司信用类债券(优先接受涉及小微企业、绿色经济的债券),优质的小微企业贷款和绿色贷款
2018.9	《上市公司治理准则(2018 修订)》	内容涵盖上市公司治理基本理念和原则,股东大会、董事会、监事会的组成和运作,董事、监事和高级管理人员的权利义务,上市公司激励约束机制,控股股东及其关联方的行为规范,机构投资者及相关机构参与公司治理,上市公司在利益相关者、环境保护和社会责任方面的基本要求,以及信息披露与透明度等
2018.11	《绿色投资指引(试行)》	基金管理人应根据自身条件,逐步建立完善绿色投资制度,通过适用共同基准、积极行动等方式,推动被投企业关注环境绩效、完善环境信息披露,根据自身战略方向开展绿色投资
2018.11	《上海证券交易所上市公司重大违法强制退市实施办法》	上交所退市新规明确了证券重大违法和社会公众安全重大违法两类强制退市情形。其中,在原欺诈发行和重大信息披露违法两大领域的基础上,新规对证券重大违法情形进行了类型化规定,明确了首发上市欺诈发行、重组上市欺诈发行、年报造假规避退市以及交易所认定的其他情形等四种情形 对于上市公司严重危害市场秩序,严重侵害社会公众利益,造成重大社会影响的,新规专门作为一类退市情形进行规范

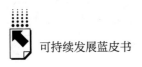

时间	政策	主要相关内容
2018.11	《关于完善系统重要性金融机构监管的指导意见》	主要涵盖三个环节:一是科学评估,合理认定对金融体系稳健性具有系统性影响的金融机构;二是加强监管,降低系统重要性金融机构发生重大风险的可能性;三是建立特别处置机制,确保系统重要性金融机构发生重大风险时,能够得到安全、快速、有效处置,保障其关键业务和服务不中断
2019.5	《中国银保监会关于开展"巩固治乱象成果 促进合规建设"工作的通知》	对银行机构提出了股权与公司治理、宏观政策执行、信贷管理、影子银行和交叉金融业务风险和重点风险处置的工作要点
2019.7	《关于进一步扩大金融业对外开放的有关举措》	其中涉及信用评级公司、理财公司、养老金管理公司、货币经纪公司等多种金融机构类别,并明确将放宽外资持股比例限制和准入门槛、缩短外资持股比例限制过渡期时间等
2019.9	《取消合格境外投资者(QFII/RQFII)投资额度限制 扩大金融市场对外开放》	取消合格境外机构投资者(QFII)和人民币合格境外机构投资者(RQFII)投资额度限制。RQFII试点国家和地区限制也一并取消

资料来源:中国政府网,中国证监会,中国银保监会,国家外汇管理局,社投盟。

(四)2019年金融行业可持续发展价值评估概述

6家公司被筛选子模型剔除①

58家公司进入"沪深300"(占比19.33%)

10家公司上榜"义利99"(占比10.10%)

56家公司发布独立的社会责任报告

数据完备度76.63%

---

① 平安银行、民生银行、交通银行、新华保险、光大银行、中信银行因被中国人民银行、银保监会公开处罚而剔除。

可持续发展价值得分率52.44%　　排名第9[①]

目标 | 驱动力平均得分率66.81%　　排名第4

方式 | 创新力平均得分率49.75%　　排名第10

效益 | 转化力平均得分率51.39%　　排名第10

可持续发展价值前三公司：1. 农业银行（601288. SH）；2. 中国平安（601318. SH）；3. 兴业银行（601166. SH）

可持续发展价值升幅前三公司：1. 中国平安（601318. SH）；2. 中国太保（601601. SH）；3. 上海银行（601229. SH）

评估亮点：价值驱动排名第3

评估暗点：模式创新排名第11、技术创新排名第10、环境贡献排名第9

二　金融行业与沪深300对比

这里的金融行业是指沪深300成分股中的公司。本部分从价值构成和价值成因两个方面将金融行业与沪深300进行对比分析。在价值构成部分，分别从利维表现和义维表现两个方面进行横向对比；在价值成因部分，从目标 | 驱动力、方式 | 创新力、效益 | 转化力三个方面进行横向对比。

（一）价值构成对比

1. 利维表现

金融行业公司规模大，盈利能力强。金融行业平均市值是沪深300的2.21倍，平均营业收入是沪深300的1.26倍，而平均净利润是沪深300的2.90倍，在11个行业中居首，平均纳税额是沪深300的1.64倍。行业平均股息率高于沪深300，平均市盈率略低于沪深300。

---

① 在11个行业中排名第9，下同。

表3　金融行业与沪深300经济贡献对比

评估对象	数量（家）	平均营业收入（亿元）	平均净利润（亿元）	平均市值（亿元）	平均股息率（%）	平均市盈率（倍）	平均纳税额（亿元）
金融	58	1226.67	299.74	2144.16	2.52	21.27	136.26
沪深300	300	977.34	103.48	970.60	2.14	21.37	83.12

资料来源：Wind，社投盟。

金融行业平均营业收入和平均净利润2016～2018年稳步上升。平均营业收入从2016年的1021.11亿元增长到2018年的1226.67亿元，复合增长率为9.60%。平均净利润同样保持增长，2017年经历7.01%的大幅提升后2018年增速放缓，仅为0.43%。

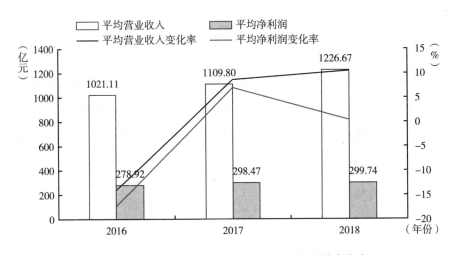

图2　金融行业平均营业收入、平均净利润及其变化率

资料来源：Wind，社投盟。

金融行业平均市值在2016～2018年中先升后降，2017年增长20.13%，达到2544.85亿元。但2018年增长率为－15.75%，平均市值下降至2144.16亿元。行业平均市盈率在2017年上升至21.84倍，在2018年又回落到21.27倍。

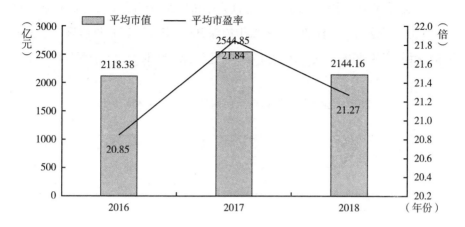

图3　金融行业平均市值及平均市盈率

资料来源：Wind，社投盟。

2017 年金融行业平均股息率仅为 1.76%，2018 年显著上升，涨幅约 43.18%，达到 2.52%。

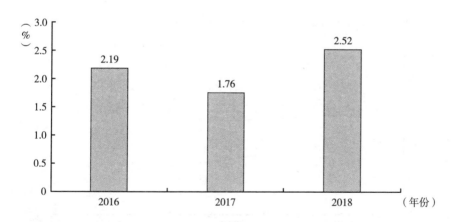

图4　金融行业平均股息率

资料来源：Wind，社投盟。

2. 义维表现

社会贡献的三级指标中，金融行业在员工权益、合作伙伴和公益贡献三项指标上优于沪深300，其中合作伙伴得分率最高，为 68.39%；公益贡献和员工权益分别比沪深300高9.43个百分点和8.30个百分点。金融行业客户价值、安全运营两项指标的得分率低于沪深300。其中，客户价值得分率为沪深300得分率的56%，安全运营得分率也比沪深300低11.14个百分点。

表4 金融行业2019年社会贡献构成与沪深300对比

单位：%

评估对象	客户价值	员工权益	合作伙伴	安全运营	公益贡献
金融	24.64	61.02	68.39	61.49	61.78
沪深300	43.67	52.72	63.89	72.63	52.35

资料来源：社投盟。

金融行业社会贡献2017～2019年表现平平，合作伙伴是唯一连续增长的指标，年平均复合增长率为18.86%。而客户价值得分率逐年下降，平均跌幅超过24%，2019年该项指标得分率仅为24.64%，远低于其他指标。安全运营和公益贡献得分率均在2018年增长，并在2019年回落。

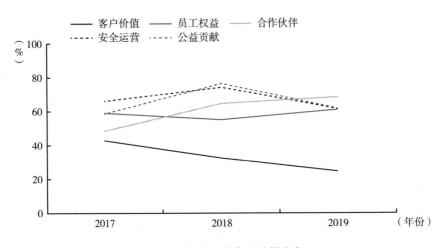

图5 金融行业社会贡献得分率

资料来源：社投盟。

金融行业环境贡献表现相比沪深300令人失望，仅资源利用指标的得分率高于沪深300。值得注意的是，金融行业环境管理的得分率不足10%，远低于沪深300（40.93%）。此外，金融行业在污染防控和生态气候指标上的得分率均低于沪深300。

表5　金融行业2019年环境贡献构成与沪深300对比

单位：%

评估对象	环境管理	资源利用	污染防控	生态气候
金融	9.96	47.63	38.34	15.95
沪深300	40.93	31.80	49.99	20.44

资料来源：社投盟。

2019年，金融行业环境贡献三级指标得分率均未能保持2018年的上升势头，分数回落。其中降幅最大的为环境管理，2019年得分率仅为9.96%，相比2018年下跌近20个百分点，同时，2017～2019年均为得分率最低的指标。资源利用得分率较高，但仅2018年超过了50%。污染防控＆生态气候①2017～2019年得分率较为平稳。

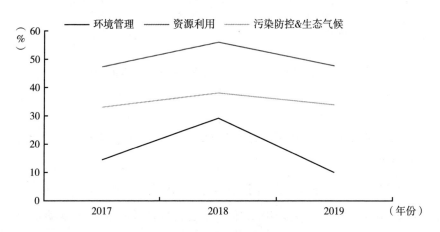

图6　金融行业环境贡献得分率

资料来源：社投盟。

---

① 2019年社标委对指标做了微调，环境贡献下由3个三级指标调整为4个三级指标。

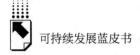

（二）价值成因对比

1.目标 | 驱动力

2019 年金融行业目标 | 驱动力平均得分率为 66.81%，比沪深 300（63.47%）高 3.34 个百分点，位列全行业第 4 名。金融行业价值驱动、战略驱动和业务驱动的得分率分别比沪深 300 高 4.26 个百分点、3.05 个百分点和 2.40 个百分点。其中，业务驱动得分率最高，为 70.88%。

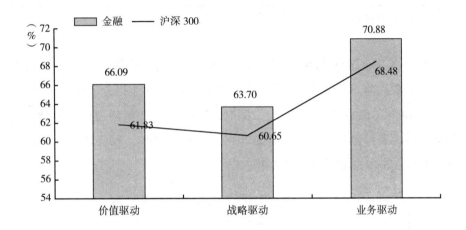

图7　金融行业目标 | 驱动力得分率与沪深 300 对比

资料来源：社投盟。

金融行业 2017～2019 年目标 | 驱动力得分率持续上升。三年间涨幅最大的为战略驱动，2017 年得分率 29.60%，2019 年得分率 63.70%，年均复合增长率 46.69%。战略驱动得分率 2017 年在 3 个二级指标中最低，经过 2017～2018 年大幅增长后，2019 年已经接近价值驱动和业务驱动得分率。价值驱动得分率年均增幅虽不及战略驱动，但仍呈现稳步上升趋势。2019 年该指标得分率为 66.09%，在三个指标中居中。2018 年业务驱动得分率取得 49.12% 的增长并在 2019 年保持上涨势头，成为目标 | 驱动力二级指标中得分率最高的指标。

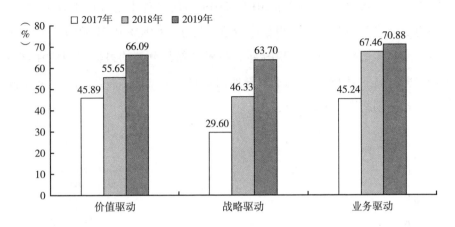

图8　金融行业目标 | 驱动力二级指标得分率

资料来源：社投盟。

2.方式 | 创新力

2019年，金融行业方式 | 创新力得分率为49.75%，比沪深300（54.45%）低4.7个百分点，在11个行业中排名第10。二级指标中，只有管理创新得分率（69.22%）略高于沪深300（68.76%）。得分率最低的是技术创新，仅为24.84%，比沪深300低12.51个百分点。

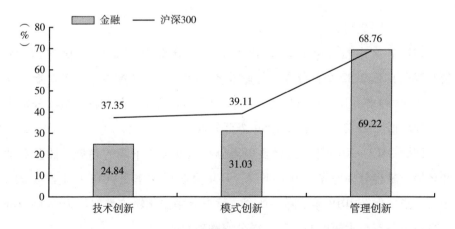

图9　金融行业方式 | 创新力得分率与沪深300对比

资料来源：社投盟。

方式Ⅰ创新力下二级指标 2017～2019 年均呈现先上升后下降的趋势,2019 年技术创新和模式创新得分率分别下降了 22.99% 和 21.89%;管理创新得分率基本持平。2017～2019 年,技术创新得分率均最低。即使在该指标得分率最高的 2018 年,也不及管理创新的一半。总体而言,2019 年金融行业方式Ⅰ创新力得分情况较差。

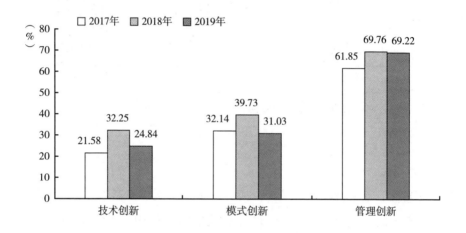

图 10　金融行业方式Ⅰ创新力二级指标得分率

资料来源:社投盟。

3. 效益Ⅰ转化力

2019 年金融行业效益Ⅰ转化力平均得分率为 51.39%,比沪深 300(54.22%)低 2.83 个百分点,行业排名第 10。二级指标中,环境贡献得分率仅为 30.91%,比沪深 300 低 7.29 个百分点。经济贡献和社会贡献分别比沪深 300 低 1.22 个百分点和 1.59 个百分点。

回顾 2017～2019 年,经济贡献得分率呈现逐年下降的趋势,社会贡献和环境贡献得分率为先上升后下降。环境贡献得分率在 2018 年上涨了约 8 个百分点,但在 2019 年下降。社会贡献得分率变化轨迹类似。2019 年经济贡献得分率有较大幅度的下降,得分率跌破 60%。

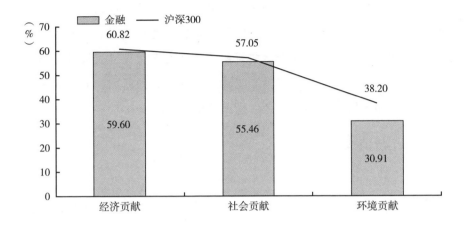

图11 金融行业效益|转化力得分率与沪深300对比

资料来源：社投盟。

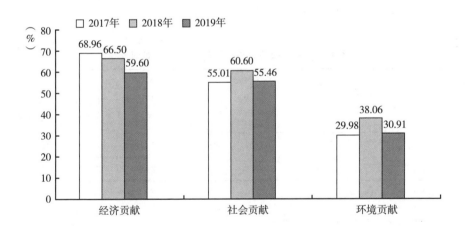

图12 金融行业效益|转化力二级指标得分率

资料来源：社投盟。

三 金融上榜公司与金融行业对比

上榜公司是指沪深300成分股中进入"义利99"榜单的金融公司。

本部分对金融行业上榜公司和沪深300中金融公司总体进行对比分析，从中找到金融行业上榜公司值得学习借鉴的亮点表现与值得关注的短板。在价值构成部分，分别对这两个评估对象的利维表现和义维表现进行横向对比；在价值成因部分，将从目标丨驱动力、方式丨创新力、效益丨转化力角度分别阐述金融上榜公司和金融行业的横向对比。

（一）价值构成对比

1. 利维表现

金融上榜公司约占金融行业的17%，呈现规模大、平均市值高、营收表现好、股息率高的特点。其中，金融上榜公司平均市值和平均营业收入分别为金融行业的2.8倍和3.1倍，平均净利润为行业平均水平的约3.0倍，平均股息率高于行业平均水平0.72个百分点，平均市盈率远低于行业平均水平，平均纳税总额是行业平均水平的3.1倍。

表6　金融上榜公司与金融行业经济贡献对比

评估对象	数量（家）	平均营业收入（亿元）	平均净利润（亿元）	平均市值（亿元）	平均股息率（%）	平均市盈率（倍）	平均纳税额（亿元）
金融上榜公司	10	3857.05	887.57	6017.81	3.24	8.51	424.35
金融行业	58	1226.67	299.74	2144.16	2.52	21.27	136.26

资料来源：Wind，社投盟。

2016～2018年，金融上榜公司平均市值稳步上升，复合增长率为24.64%。平均市盈率则先上升后下降，2017年达到最高11.76倍，2018年平均市盈率为8.51倍。2017年金融上榜公司平均营业收入较2016年增长12.83%，平均净利润增长10.08%。2018年平均营业收入有显著提升，达3857.05亿元，同比增长近70%。同期，平均净利润增长率达到31.60%。平均股息率2017年小幅下降至2.64%，而在2018年重新回到3%以上。

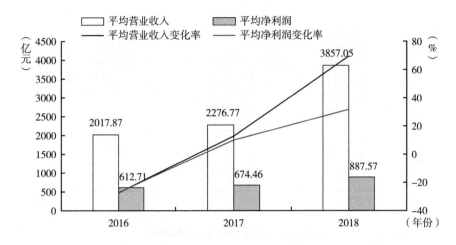

图13 金融上榜公司平均营业收入、平均净利润及变化率

资料来源：Wind，社投盟。

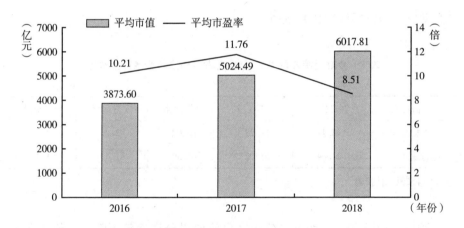

图14 金融上榜公司平均市值及平均市盈率

资料来源：Wind，社投盟。

2. 义维表现

金融上榜公司社会贡献中所有指标均优于行业总体表现。安全运营得分率最高，为82.22%，同时与行业平均差异最大，高出行业平均20.73个百分点；员工权益得分率差异最小，仅比行业高6.20个百分点；客户价值得

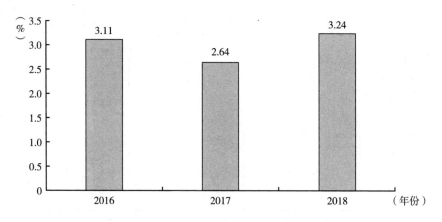

图15　金融上榜公司平均股息率

资料来源：Wind，社投盟。

分率最低，但仍高出行业 8.83 个百分点。合作伙伴和公益贡献得分率分别获得 80% 和 78.55% 的优异成绩。

表7　金融上榜公司 2019 年社会贡献构成与金融行业对比

单位：%

评估对象	客户价值	员工权益	合作伙伴	安全运营	公益贡献
金融上榜公司	33.47	67.22	80.00	82.22	78.55
金融行业	24.64	61.02	68.39	61.49	61.78

资料来源：社投盟。

2017～2019 年，金融上榜公司客户价值得分率逐年下降，其他社会贡献三级指标得分率变化幅度不大。虽然金融上榜公司 2019 年客户价值得分率高于金融行业近 10 个百分点，但该指标是唯一得分率连续下降的指标，从 2017 年的 61.71% 下降至 2019 年的 33.47%。员工权益得分率在 2017～2019 年基本持平。公益贡献得分率小幅波动。安全运营得分率虽在 2018 年有小幅下跌，但 2019 年又重新增至 82.22%。合作伙伴得分率 2017～2019 年逐步提升，在 2019 年已经取得 80% 的优异成绩。

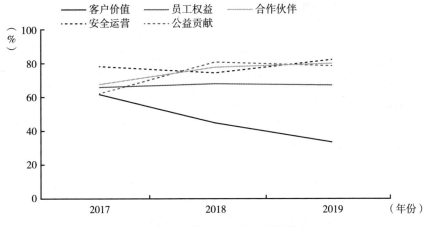

图16 金融上榜公司社会贡献得分率

资料来源：社投盟。

金融上榜公司环境贡献全面领先金融行业，污染防控表现突出。金融上榜公司在环境贡献表现上均优于金融行业。其中，污染防控得分率最高，为75.57%，高出金融行业37.23个百分点。环境管理得分率最低，为21.11%，但仍然高出金融行业11.15个百分点，是所有指标中差异最小的一项。

表8 金融上榜公司2019年环境贡献构成与金融行业对比

单位：%

评估对象	环境管理	资源利用	污染防控	生态气候
金融上榜公司	21.11	62.50	75.57	28.13
金融行业	9.96	47.63	38.34	15.95

资料来源：社投盟。

2017～2019年，金融上榜公司环境贡献三级指标的得分率总体呈现先上升后下降的趋势。作为三级指标中得分率最低的指标，环境管理得分率在2018年显著上升到46.25%，但2019年跌至21.11%。资源利用得分率走势类似，但2019年跌幅较小，保持在60%以上。污染防控＆生态气候是唯一三年得分率保持增长的指标，2019年获得66.08%的得分率，成为三个指标中的冠军。

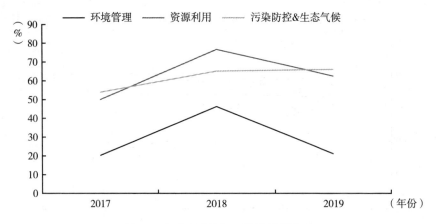

图17 金融上榜公司环境贡献得分率

资料来源：社投盟。

（二）价值成因对比

1. 目标 | 驱动力

2019年金融上榜公司目标 | 驱动力平均得分率为71.67%，较金融行业高4.86个百分点。其中，价值驱动得分率高出金融行业10.58个百分点，业务驱动得分率高出金融行业5.79个百分点，战略驱动比金融行业低3.7个百分点。

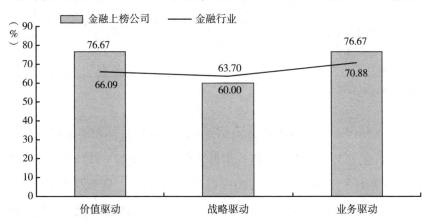

图18 金融上榜公司目标 | 驱动力得分率与金融行业对比

资料来源：社投盟。

2017～2019 年，金融上榜公司目标丨驱动力下二级指标的得分率均稳步上升。战略驱动得分率涨幅最大。业务驱动得分率上涨幅度较为平稳，年均上涨 5 个百分点。价值驱动得分率在 2019 年上涨 16.67 个百分点至76.67%，与业务驱动并列第一。战略驱动得分率在 2018 年显著上涨，增长了 18.14 个百分点；2019 年继续保持增长势头，上涨至 60.00%。

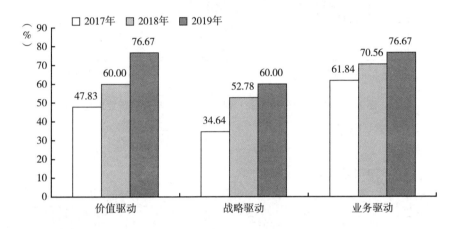

图 19　金融上榜公司目标丨驱动力二级指标得分率

资料来源：社投盟。

2. 方式丨创新力

2019 年金融上榜公司方式丨创新力平均得分率为 61.52%，超出金融行业 11.77 个百分点。其中，技术创新得分率高出 16.23 个百分点，模式创新得分率高出 18.97 个百分点，管理创新得分率高出 6.84 个百分点。2019 年金融上榜公司管理创新得分率最高，为 76.06%。

金融上榜公司模式创新得分率 2018 年上升 9.18 个百分点，2019 年上升 1.87 个百分点，是三个指标中唯一得分率连续三年增长的指标。技术创新和管理创新得分率未能延续 2018 年的上涨趋势，2019 年均有下降。其中，技术创新得分率 2018 年增长 14.46 个百分点，2019 年为 41.07%，下降 3.1 个百分点；管理创新指标得分率 2018 年增长 5.05 个百分点，2019 年为 76.06%，下降 1.94 个百分点，基本趋于稳定。

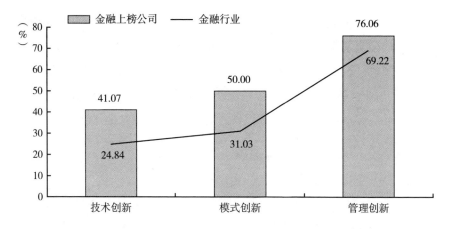

图20 金融上榜公司方式Ⅰ创新力得分率与金融行业对比

资料来源：社投盟。

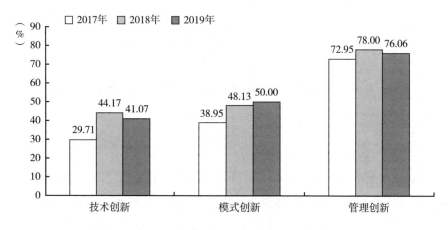

图21 金融上榜公司方式Ⅰ创新力二级指标得分率

资料来源：社投盟。

3. 效益 | 转化力

2019年金融上榜公司效益 | 转化力平均得分率为67.38%，超出金融行业15.99个百分点。其中，经济贡献得分率高出12.72个百分点，社会贡献得分率高出12.83个百分点，环境贡献得分率高出25.70个百分点。2019年经济贡献得分率最高，为72.32%。

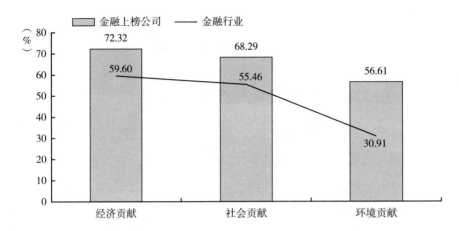

图22 金融上榜公司效益丨转化力得分率与金融行业对比

资料来源：社投盟。

金融上榜公司在效益丨转化力方面表现平稳。经济贡献与社会贡献得分率基本保持不变，2017～2019年平均得分率分别为72.56%和68.20%。环境贡献得分率波动幅度相对较大，2018年增长17.20个百分点，达到61.67%，但2019年下降5.06个百分点至56.61%。经济贡献得分率排名始终居首位。

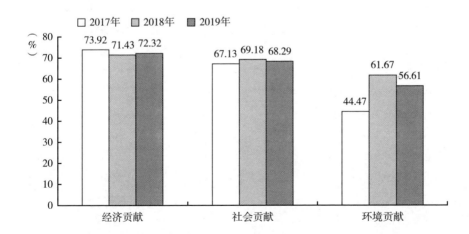

图23 金融上榜公司效益丨转化力二级指标得分率

资料来源：社投盟。

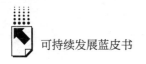
四 亮点公司聚焦分析

（一）龙头公司可持续发展价值分析：农业银行

1. 基础信息

农业银行位居 2019 年金融行业可持续发展价值排行榜榜首。农业银行的前身最早可追溯至 1951 年成立的农业合作银行，2010 年 7 月分别在上交所和香港联交所挂牌上市。农业银行是中国主要的综合性金融服务提供商之一。自 2014 年起，金融稳定理事会连续五年将农业银行纳入全球系统重要性银行名单。2018 年，在美国《财富》杂志世界 500 强排名中，农业银行位列第 40 位；在英国《银行家》杂志全球银行 1000 强排名中，以一级资本计，农业银行列第 4 位。

表 9 农业银行基础信息

公司名称	中国农业银行股份有限公司
股票代码	601288. SH
证券简称	农业银行
中证行业	金融
上市时间	2010 - 07 - 15
可持续发展价值排名（总榜）	4
可持续发展价值排名（行业）	1
可持续发展价值评级	AA -
信息披露工作评价	D
数据完备度（%）	88. 86
员工总数（人）	473691
纳税总额（亿元）	782. 69
环保投入	—
对外捐赠	—

资料来源：Wind，社投盟。

2. 价值构成

从价值构成来看，农业银行经济贡献得分在金融行业中排第4名，在沪深300中排第26名，2018年营业收入为5985.88亿元，净利润为2026.31亿元，截至2018年12月31日，总市值为12416.61亿元，市盈率为6.16倍；社会贡献得分在金融行业中排第1名，在沪深300中排第24名；环境贡献得分在金融行业中排第3名，在沪深300中排第17名。农业银行各项表现均名列前茅。

表10　农业银行价值构成

经济贡献				
评估对象	营业收入（亿元）	净利润（亿元）	总市值（亿元）	股息率（%）	市盈率（倍）
农业银行	5985.88	2026.31	12416.61	4.56	6.16
金融	1226.67	299.74	2144.16	2.52	21.27

社会贡献—得分率（%）				
评估对象	客户价值	员工权益	合作伙伴	安全运营	公益贡献
农业银行	50.00	83.33	77.78	100.00	83.33
金融	24.64	61.02	68.39	61.49	61.78

环境贡献—得分率（%）			
评估对象	环境管理	资源利用	污染防控	生态气候
农业银行	16.67	50.00	98.96	62.50
金融	9.96	47.63	38.34	15.95

资料来源：Wind，社投盟。

3. 价值成因

农业银行在2019年"义利99"排行榜中位列第4名，总分为74.51分，其中目标丨驱动力获得满分10分、方式丨创新力19.54分、效益丨转化力44.98分。目标丨驱动力得分在金融行业排名第1，在沪深300中排名并列第1；方式丨创新力得分在金融行业排名第4，在沪深300中排名第71；效益丨转化力得分在金融行业排名第1，在沪深300中排名第5。可见农业银行在目标丨驱动力和效益丨转化力上有着绝对的优势，特别是价值驱动、战略驱动和业务驱动获得满分的优异成绩。在环境贡献上的得分率超行业平均水平40.2个百分点。

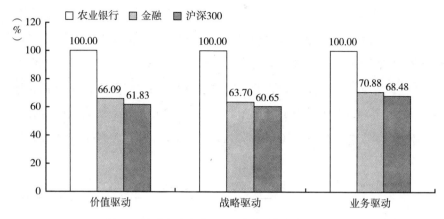

图24 农业银行目标丨驱动力二级指标得分率

资料来源：社投盟。

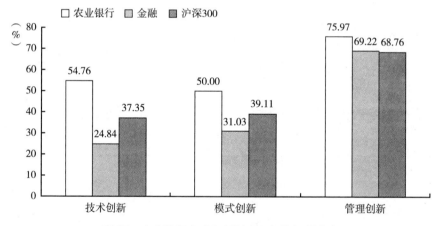

图25 农业银行方式丨创新力二级指标得分率

资料来源：社投盟。

（二）黑马公司可持续发展价值分析：南京银行

1.基础信息

南京银行（601009.SH）作为2019年的行业黑马，在2019年"义利99"榜单中排名第86，较上年上升106个位次，2007年7月在上交所上市，是国内首家在上交所主板上市的城商行。南京银行在2018年"全球1000家大银

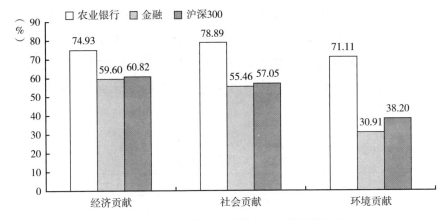

图26 农业银行效益丨转化力二级指标得分率

资料来源：社投盟。

行"中列第143位、"2018全球银行品牌500强"中列第124位（英国《银行家》杂志）、2018年中国银行业100强榜单中列第22位（中国银行业协会）。

表11 南京银行基础信息

公司名称	南京银行股份有限公司
股票代码	601009. SH
证券简称	南京银行
中证行业	金融
上市时间	2007/7/19
可持续发展价值排名（总榜）	86
可持续发展价值排名（行业）	10
可持续发展价值评级	A－
信息披露工作评价	B
数据完备度（%）	85. 85
员工总数（人）	10721
纳税总额（亿元）	43. 71
环保投入	—
对外捐赠	—

资料来源：Wind，社投盟。

2. 价值构成

从经济贡献看，南京银行的营业收入在2017年经历小幅下降后，

2018 年回弹至 274.06 亿元，增长率 10.33%。2017 年在营业收入下降的条件下净利润仍然增长了 16.95%，并且 2018 年继续保持上涨势头，最终获得 111.88 亿元，增长率 14.62%。股息率和净利润一样，2016～2018 年连续 3 年上涨，并且在 2018 年取得惊人的 122.5% 的增长率，达到 5.34%。

表 12　南京银行价值构成

年份	营业收入(亿元)	净利润(亿元)	总市值(亿元)	股息率(%)	市盈率(倍)
2016	266.21	83.46	656.77	2.05	8.03
2017	248.39	97.61	656.52	2.40	7.03
2018	274.06	111.88	547.95	5.34	5.07

资料来源：Wind，社投盟。

从社会贡献来看，安全运营 2017～2019 年连续三年取得满分的优异表现。客户价值、员工权益和合作伙伴得分率都经历了先下降后上升的趋势，其中合作伙伴得分率在 2019 年增长显著，获得 66.67% 的得分率。公益贡献得分率在 2018 年提升 27.77 个百分点后，2019 年有所回落，得分率为 66.67%。

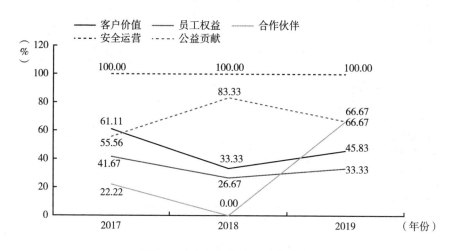

图 27　南京银行社会贡献得分率

资料来源：社投盟。

从环境贡献来看，其中环境管理 2017～2019 年连续三年得分率为 0。资源利用得分率在 2017 年获得满分的好成绩后，2018 年经历了悬崖式暴跌为 0，2019 年又大幅上涨至 75%，波动剧烈。污染防控 & 生态气候得分率变化趋势与资源利用相似，但波动幅度更小，并且 2019 年以 76.67% 的得分率列三项中最高。

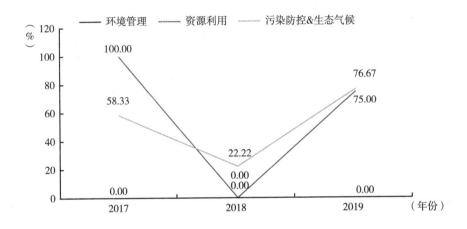

图 28　南京银行环境贡献得分率

资料来源：社投盟。

3. 价值成因

从价值成因来看，南京银行 2019 年可持续发展价值评分为 61.35 分，其中目标 | 驱动力 6.33 分、方式 | 创新力 17.22 分、效益 | 转化力 37.80 分。目标 | 驱动力的二级指标中，价值驱动得分率先升后降，战略驱动得分率先降后升，业务驱动得分率和 2018 年持平。方式 | 创新力的三项二级指标中，模式创新和管理创新均取得进步，模式创新在 2018 年下跌后 2019 年又重新与 2017 年得分率 58.33% 持平，管理创新更是突破三年新高，得分率为 64.89%。效益 | 转化力的三项表现亮眼，社会贡献和环境贡献均取得显著提升，尤其是环境贡献得分率，从 2018 年的 13.33% 升到 2019 年的 61.11%，上涨 47.78 个百分点。

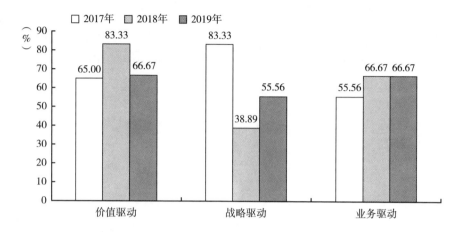

图29 2017~2019年南京银行目标 I 驱动力二级指标得分率

资料来源：社投盟。

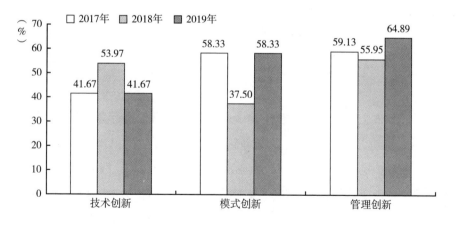

图30 2017~2019年南京银行方式 I 创新力二级指标得分率

资料来源：社投盟。

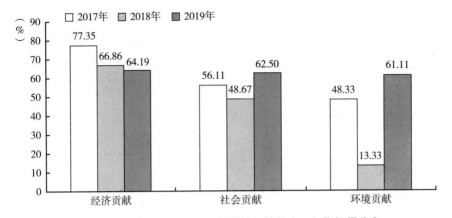

图31 2017~2019年南京银行效益丨转化力二级指标得分率

资料来源：社投盟。

五 金融行业可持续发展价值展望

2017~2019年，金融行业可持续发展价值有所下降，上榜公司数量由2017年的23家减少到2019年的10家。金融行业营业收入和净利润稳中有升。总市值先升后降，2019年为2144.16亿元，跌回2017年的水平。从价值构成看，2019年金融行业经济贡献得分率跌至第8位，与2017年和2018年分列第1位和第2位形成鲜明对比，这也是2019年金融行业总体表现下降的主要原因。金融行业的社会贡献与环境贡献排名未有太大变化，分别排第6名和第9名。从价值成因看，本年度金融行业目标丨驱动力表现大幅提升，价值驱动、战略驱动、业务驱动得分率分列全行业第3位、第4位、第4位，成为3A中唯一全面领先沪深300的优势项。反之，金融行业的短板方式丨创新力仍未见弥补，2019年度技术创新、模式创新和管理创新得分率分别排第10名、第11名和第6名，需要行业特别关注。

随着经济全球化深入发展，世界经济和国际金融体系持续深度调整，我国经济发展进入新常态，经济发展方式加快转变，经济结构逐步调整优化。深化金融改革、加快建设多层次金融市场体系、完善金融调控机制、加强金

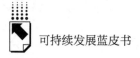
融监督成为我国金融业发展的重要任务，着力构建组织多元、服务高效、监管审慎、风险可控的金融体系的国家发展战略为金融业发展提供了良好机遇。随着国家"十三五"规划实施，供给侧结构性改革、"一带一路"倡议、自贸试验区建设、"大众创业、万众创新"战略、精准扶贫、绿色经济、银行卡清算市场开放等为金融业带来机遇和挑战，金融机构需要不断调整经营战略和发展思路，提高金融服务实体经济的效率，推动普惠金融、绿色金融发展，增强风险防控能力。

中国金融行业正经历向高质量发展的过程，面临增长放缓和分化严重的巨大挑战。金融行业应发挥自身经济贡献的优势，弥补在环境贡献方面的短板，加大技术创新、模式创新的投入力度，加强金融科技和监管科技的研究与应用，积极推进区块链、人工智能等新技术的应用研究，支持行业的可持续发展。

2019年医药卫生行业可持续发展价值评估报告

摘　要： 本文分析了沪深300成分股中医药卫生上市公司的可持续发展价值评估情况。首先介绍了医药卫生行业可持续发展价值概况，其次将医药卫生行业与沪深300对比以及医药卫生上榜公司与医药卫生行业对比分析，再次分析了医药卫生行业中可持续发展价值得分最高的龙头企业以及可持续发展价值排名进步最大的黑马企业，最后对医药卫生行业可持续发展价值进行了总结分析。

关键词： 医药卫生　可持续发展价值　龙头企业　黑马企业

一　医药卫生行业概况

（一）医药卫生行业定义

医药卫生行业与人类的生命健康息息相关，具有刚性需求，被公认为是"永远的朝阳产业"。根据中证指数有限公司行业分类标准，医药卫生行业下设2个二级分类、5个三级分类、10个四级分类（见表1）。

2019年6月沪深300成分股中共有29家医药卫生行业的公司，其中26家为医药生物公司，且这26家公司中19家属于制药行业。另外，医药卫生2019年进入"义利99"排行榜的10家公司全部属于医药生物行业，其中9家为制药公司，剩余1家为制药与生物科技服务公司。我国医药卫生上市公

司以制药公司为主，相比之下，在医疗器械、医疗用品与服务提供商和生物科技方面还有待提升。

表1　医药卫生行业上市公司分类分布情况

单位：家

一级行业	二级行业	三级行业	四级行业	沪深A股	沪深300
医药卫生	医疗器械与服务	医疗器械	医疗器械	35	1
		医疗用品与服务提供商	医疗用品经销商	28	0
			医疗保健服务	5	1
			医疗保健机构	8	1
			医疗保健技术	6	0
	医药生物	生物科技	生物科技	41	6
		制药	化学药	112	7
			中药	66	9
			药品经销商	28	3
		制药与生物科技服务	制药与生物科技服务	7	1

资料来源：中证指数，社投盟。

（二）医药卫生行业发展现状

随着我国社会经济的发展，人均收入水平不断提高，越来越多的人有能力关注并解决自己的健康问题，加之"二孩"政策全面实施、人口平均寿命提高、人口老龄化趋势的发展，对医疗的需求不断增加，医药卫生市场持续扩大。国家统计局数据显示，医疗保健费用在全国居民人均消费构成中占比连续四年稳步增长，由2015年的7.4%到2018年的8.5%。2014～2017年，我国卫生总费用支出不断增加，2015年卫生总费用增加16.03%，2016年增加13.11%，2017年增加13.49%，连续三年保持两位数的增长。可见，我国近年来对该行业的需求越来越大。

从供给来看，2010～2017年，每万人医疗卫生机构床位数保持稳定增长，8年时间每万人医疗卫生机构床位数增加了59.83%；2010～2018年，医疗卫生机构床位数同样连续9年增长，9年间增长了75.56%。此外，2009～2017

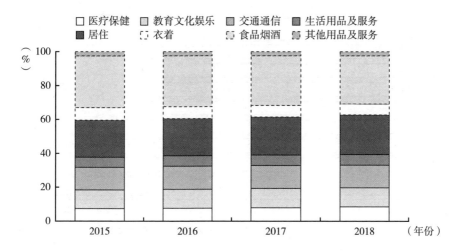

图1　2015～2018年全国居民人均消费支出构成

资料来源：国家统计局，社投盟。

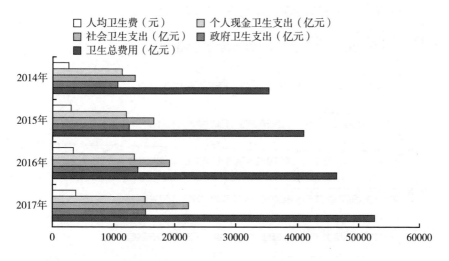

图2　2014～2017年卫生费用支出情况

资料来源：国家统计局，社投盟。

年，每万人拥有卫生技术人员数连续9年增加，每万人拥有注册护士数与每万人拥有职业（助理）医师数均逐年增加，其中每万人拥有注册护士数增速更快，并在2013年追上每万人拥有职业（助理）医师数，逐渐拉开差距。

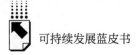

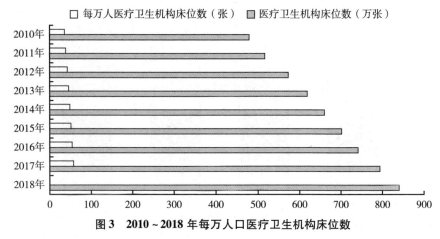

图3　2010～2018年每万人口医疗卫生机构床位数

资料来源：国家统计局，社投盟。

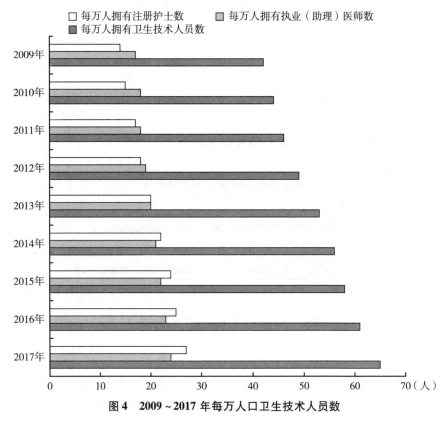

图4　2009～2017年每万人口卫生技术人员数

资料来源：国家统计局，社投盟。

（三）医药卫生行业政策

2016 年以来我国医改政策密集落地，行业内部分化加剧。2017 年是政策落实年：各省招标推进，两票制全面落地，新版医保目录推出，药监体系继续推进一致性评价及评审审批各项改革等。2017 年 10 月 8 日，中办、国办联合发布的《关于深化审评审批制度改革鼓励药品医疗器械创新的意见》，为近年来药监体系改革集大成之政策，是前期多个药审改革政策的汇总，最终导向为鼓励药械创新及与国际接轨。2018 年是国家医保局组建元年，中国药品定价、采购与医保支付端的权力终于合一，医保基金运行的独立性大幅上升。第一个大动作是："4＋7 城市"药品带量采购。2019 年医保局持续发挥作用：高值耗材集采、实施第二批药品带量采购、出台辅助用药目录及 2019 版新医保目录等。

表 2　中国医药卫生行业近年主要相关政策

时间	政策	主要相关内容
2015.8	《关于改革药品医疗器械审评审批制度的意见》	实行药品与药用包装材料、药用辅料关联审批，提高药品审批标准，将药品分为新药和仿制药，将仿制药生物等效性试验由审批改为备案
2016.3	《国务院办公厅关于开展仿制药质量和疗效一致性评价的意见》	国家基本药物目录(2012 年版)中 2007 年 10 月 1 日前批准上市的化学药品仿制药口服固体制剂，应在 2018 年底前完成一致性评价，其中需开展临床有效性试验和存在特殊情形的品种，应在 2021 年底前完成一致性评价；逾期未完成的，不予再注册
2016.10	《"健康中国 2030"规划纲要》	完善医疗卫生服务体系，建立专业公共卫生机构、综合和专科医院、基层医疗卫生机构"三位一体"的重大疾病防控机制，建立信息共享、互联互通机制，推进慢性病防、治、管整体融合发展，实现医防结合。充分发挥中医药独特优势，加强重点人群健康服务，健全医疗保障体系，完善药品供应保障体系
2016.12	《国务院关于印发"十三五"深化医药卫生体制改革规划的通知》	实施药品采购"两票制"改革(生产企业到流通企业开一次发票，流通企业到医疗机构开一次发票)，鼓励医院与药品生产企业直接结算药品货款，药品生产企业与配送企业结算配送费用，严格按合同回款

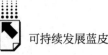
续表

时间	政策	主要相关内容
2017.1	《国务院办公厅关于进一步改革完善药品生产流通使用政策的若干意见》	推行药品购销"两票制"。综合医改试点省(区、市)和公立医院改革试点城市要率先推行"两票制",鼓励其他地区实行"两票制",争取到2018年在全国推开
2017.2	《"十三五"国家药品安全规划》	加快推进仿制药质量和疗效一致性评价,深化药品医疗器械审评审批制度改革,健全法规标准体系,加强全过程监管
2017.10	《关于深化审评审批制度改革鼓励药品医疗器械创新的意见》	近年来药监体系改革集大成之政策,是前期多个药审改革政策的汇总,最终导向为鼓励药械创新及与国际接轨。接受境外临床试验数据。在境外多中心取得的临床试验数据,符合中国药品医疗器械注册相关要求的,可用于在中国申报注册申请。对在中国首次申请上市的药品医疗器械,注册申请人应提供是否存在人种差异的临床试验数据。加快上市审评审批,加快临床急需药品医疗器械审评审批,支持罕见病治疗药品医疗器械研发。促进药品创新和仿制药发展
2018.3	《深化党和国家机构改革方案》	组建国家医疗保障局,把原属人社部的基本医保和生育保险职责、国家卫计委的新农合职责、民政部医疗救助职责,及国家发改委的药品和医疗服务价格管理职责,整合到一处
2018.4	《国务院办公厅关于改革完善仿制药供应保障及使用政策的意见》	将与原研药质量和疗效一致的仿制药纳入与原研药可相互替代药品目录,加快制定医保药品支付标准,与原研药质量和疗效一致的仿制药、原研药按相同标准支付。仿制药企业为开发新技术、新产品、新工艺产生的研发费用,符合条件的按照有关规定在企业所得税税前加计扣除
2018.11	《4+7城市药品集中采购文件》	国家组织药品集中采购试点,试点地区范围为北京、天津、上海、重庆四个直辖市和沈阳、大连、厦门、广州、深圳、成都、西安共11个城市(以下简称"4+7城市")。试点地区委派代表组成联合采购办公室作为工作机构,代表试点地区公立医疗机构实施集中采购
2019.1	《国务院办公厅关于印发国家组织药品集中采购和使用试点方案的通知》	深化医药卫生体制改革,完善药品价格形成机制,开展国家组织药品集中采购和使用试点
2019.7	《国务院办公厅关于印发治理高值医用耗材改革方案的通知》	完善价格形成机制,降低高值医用耗材虚高价格,规范医疗服务行为,严控高值医用耗材不合理使用

续表

时间	政策	主要相关内容
2019.7	《健康中国行动（2019～2030年）》	该文件是一份目标与行动指南,旨在实现以下目标: 到2022年,覆盖经济社会各相关领域的健康促进政策体系基本建立,全民健康素养水平稳步提高,健康生活方式加快推广,心脑血管疾病、癌症、慢性呼吸系统疾病、糖尿病等重大慢性病发病率上升趋势得到遏制,重点传染病、严重精神障碍、地方病、职业病得到有效防控,致残和死亡风险逐步降低,重点人群健康状况显著改善 到2030年,全民健康素养水平大幅提升,健康生活方式基本普及,居民主要健康影响因素得到有效控制,因重大慢性病导致的过早死亡率明显降低,人均健康预期寿命得到较大提高,居民主要健康指标水平进入高收入国家行列,健康公平基本实现,实现《"健康中国2030"规划纲要》有关目标

资料来源：中国政府网，国家医疗保障局，国家卫健委，社投盟。

（四）2019年医药卫生行业可持续发展价值评估概要

1家公司被筛选子模型剔除[①]

29家公司进入"沪深300"（占比9.67%）

10家公司上榜"义利99"（占比10.10%）

23家公司发布独立的社会责任报告

数据完备度72.59%

可持续发展价值得分率54.90%　排名第7[②]

目标丨驱动力平均得分率62.18%　排名第6

方式丨创新力平均得分率52.63%　排名第7

效益丨转化力平均得分率54.82%　排名第5

可持续发展价值前三公司：1. 康弘药业（002773. SZ）；2. 华东医药（000963. SZ）；3. 东阿阿胶（000423. SZ）

---

① 上海莱士（002252. SZ）：连续停牌超过3个月被剔除。

② 在11个行业中排名第7，下同。

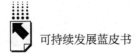

可持续发展价值升幅前三公司：1. 康弘药业（002773. SZ）；2. 新和成（002001. SZ）；3. 科伦药业（002422. SZ）

评估亮点：业务驱动、社会贡献及环境贡献排名第5

评估暗点：模式创新和经济贡献排名第9

二 医药卫生行业与沪深300对比

这里的医药卫生行业是指沪深300成分股中的公司。本部分在价值构成和价值成因两个方面将医药卫生行业与沪深300进行对比分析。在价值构成部分，分别从利维表现和义维表现两个方面进行横向对比；在价值成因部分，从目标丨驱动力、方式丨创新力、效益丨转化力三个方面进行横向对比。

（一）价值构成对比

1. 利维表现

医药卫生公司规模较小，估值相对更高。医药卫生行业平均市值不及沪深300的一半，在11个行业中排名第9；营业收入规模较小，平均营业收入不及沪深300的1/5；行业平均净利润整体偏低，约为沪深300的1/6，在11个行业中排名第10；行业平均利润率仅为9.09%；平均股息率处于行业第9名，低于沪深300平均股息率；行业平均市盈率高于沪深300平均市盈率；平均纳税总额仅为沪深300的15.29%，在11个行业中排名第10。

表3 医药卫生行业经济贡献构成

评估对象	数量（家）	平均营业收入（亿元）	平均净利润（亿元）	平均市值（亿元）	平均股息率（%）	平均市盈率（倍）	平均纳税额（亿元）
医药卫生	29	192.22	17.47	452.92	1.31	23.54	12.71
沪深300	300	977.34	103.48	970.60	2.14	21.37	83.12

资料来源：Wind，社投盟。

如图 5 所示，医药卫生行业平均营业收入呈先降后升趋势，2017 年同比下降 2.94%，2018 年同比增长 19.24%，为 2016～2018 年最高值；平均净利润基本稳定，2017 年同比增长 1.07%，2018 年同比下降 2.35%，为 2016～2018 年最低值。

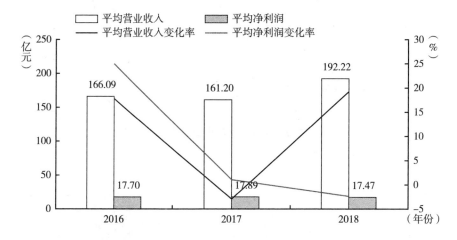

图 5　医药卫生行业平均营业收入、平均净利润及变化率

资料来源：Wind，社投盟。

医药卫生行业平均市值先升后降，2017 年增长了 16.98%，达到 613.13 亿元；2018 年同比下降 26.18%，为 2016～2018 年最低值。平均市盈率的变化趋势与平均市值相似，2017 年平均市盈率增长至 47.26 倍，2018 年平均市盈率大跌至 23.54 倍。平均股息率连续三年持续增长，从 2016 年的 0.78% 上升至 2018 年的 1.31%，且增速不断提升，但仍低于沪深 300 平均股息率。

2. 义维表现

2019 年医药卫生行业社会贡献得分率位于全行业第 5 名，较 2018 年上升 3 个位次。对应三级指标中，安全运营得分率最高，为 72.41%，客户价值和员工权益得分率最低，分别为 49.38% 和 49.43%。各个三级指标得分率与沪深 300 相比优势不突出，其中客户价值得分率位列全行业第 5 名，其得分率比沪深 300 高 5.71 个百分点；员工权益得分率位列全行业第 7 名，得分率比沪深 300 低 3.29 个百分点。

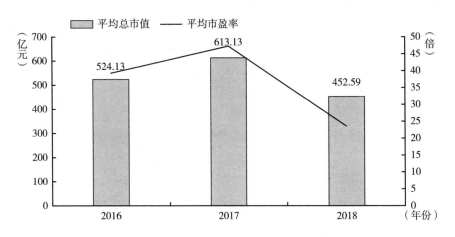

图6　医药卫生行业平均市值及平均市盈率

资料来源：Wind，社投盟。

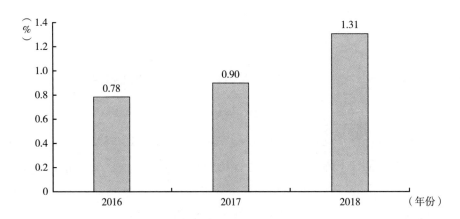

图7　医药卫生行业平均股息率

资料来源：Wind，社投盟。

表4　医药卫生行业2019年社会贡献构成

单位：%

评估对象	客户价值	员工权益	合作伙伴	安全运营	公益贡献
医药卫生	49.38	49.43	62.07	72.41	56.90
沪深300	43.67	52.72	63.89	72.63	52.35

资料来源：社投盟。

合作伙伴、安全运营和公益贡献得分率均实现连续提升。其中，安全运营得分率始终是 5 个三级指标里最高的；安全运营和公益贡献得分率增速不断放缓；合作伙伴得分率上升趋势显著，2019 年增加了 27.22 个百分点，该指标在 5 个三级指标的排名由末位上升至第 2 名。客户价值未能延续 2017 年显著增长的态势，得分率由 67.05% 下降至 49.38%。员工权益指标得分率持续下降，但下降速度放缓。

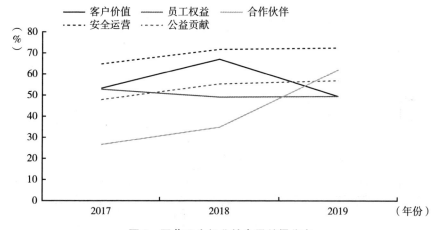

图 8　医药卫生行业社会贡献得分率

资料来源：社投盟。

医药卫生行业环境贡献得分率位列全行业第 5 名，较 2018 年上升 1 个位次。4 个三级指标中污染防控得分率最高，为 55.60%，生态气候得分率最低，仅为 14.22%。环境管理和污染防控表现优于沪深 300，分别比沪深 300 高 14.24 个百分点和 5.61 个百分点；资源利用和生态气候表现不如沪深 300，分别比沪深 300 低 5.40 个百分点和 6.22 个百分点。

表 5　医药卫生行业 2019 年环境贡献构成

单位：%

评估对象	环境管理	资源利用	污染防控	生态气候
医药卫生	55.17	26.40	55.60	14.22
沪深 300	40.93	31.80	49.99	20.44

资料来源：社投盟。

2019 年医药卫生行业环境贡献三级指标环境管理、污染防控 & 生态气候[①]较 2018 年呈下降趋势，资源利用较 2018 年呈上升趋势。环境管理得分率 2019 年小幅下降，但依然是环境贡献三级指标中得分率最高的指标。资源利用得分率在 2019 年有所回升，上涨 2. 54 个百分点，但仍比 2017 年低，2018 ~ 2019 年连续两年位于 4 个三级指标的末位。2017 ~ 2019 年污染防控 & 生态气候得分率持续下降。

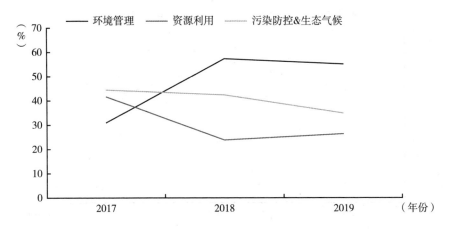

图 9　医药卫生行业环境贡献得分率

资料来源：社投盟。

（二）价值成因对比

1. 目标｜驱动力

2019 年医药卫生行业目标｜驱动力平均得分率为 62. 18%，较沪深 300 低 1. 29 个百分点，位列全行业第 6。该指标得分最高的医药卫生公司是华东医药（000963. SZ），列 300 家公司的第 7，得分率为 90%。目标｜驱动力的 3 个二级指标均略低于沪深 300 平均水平。其中，价值驱动得分率比沪深 300 低 2. 64 个百分点，其余两个指标与沪深 300 差值不超过 1 个百分点。

---

① 2019 年社标委对指标做了微调，环境贡献下由 3 个三级指标调整为 4 个三级指标。

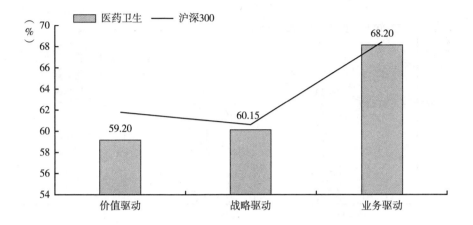

图 10　医药卫生行业目标 | 驱动力得分率与沪深 300 对比

资料来源：社投盟。

医药卫生行业目标 | 驱动力 2017～2019 年先涨后跌，但总体呈上升趋势。2018 年目标 | 驱动力得分率为 67.88%，增长 25.27 个百分点，2019 年为 62.18%，下降 5.7 个百分点。2018 年，价值驱动得分率上涨 11.97 个百分点，战略驱动得分率上涨 22.69 个百分点，业务驱动得分率上涨 45.57 个百分点，导致目标 | 驱动力得分率快速升至 67.88%。2019 年，价值驱动得分率略有下降，战略驱动得分率上涨了 13.69 个百分点，业务驱动得分率下滑 26.75 个百分点。2017 年价值驱动指标为目标 | 驱动力中得分率最高项，2019 年降至末位。

2. 方式 | 创新力

2019 年医药卫生行业方式 | 创新力得分率为 52.63%，较沪深 300 低 1.82 个百分点，位列第 7。其中表现最好的医药卫生公司为康弘药业（002773，SZ），位列 300 家公司的第 25 名，得分率为 73.95%。医药卫生行业模式创新得分率低于沪深 300，相差 5.78 个百分点。技术创新得分率略高于沪深 300，高出 2.05 个百分点，管理创新得分率比沪深 300 略低。

医药卫生行业的方式 | 创新力 2017～2019 年呈先升后降的态势，2018

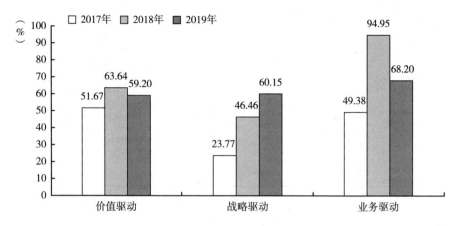

图11 医药卫生行业目标丨驱动力二级指标得分率

资料来源：社投盟。

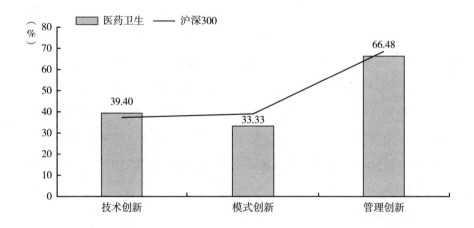

图12 医药卫生行业方式丨创新力得分率与沪深300对比

资料来源：社投盟。

年得分率增长17.43个百分点，2019年下降7.94个百分点。医药卫生行业方式丨创新力3个二级指标均在2018年达到2017～2019年的最高值，2019年技术创新、模式创新、管理创新得分率分别下降13.87个百分点、6.44个百分点、5.54个百分点。

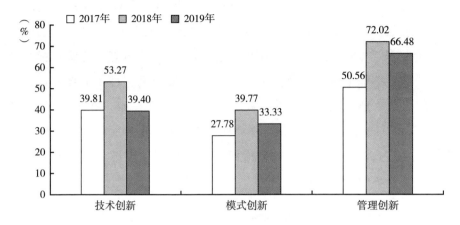

图13 医药卫生行业方式丨创新力二级指标得分率

资料来源：社投盟。

3. 效益丨转化力

医药卫生行业效益丨转化力2019年表现良好，整体排名处于全行业第5位，平均得分率较沪深300高0.60个百分点。其中，东阿阿胶（000423.SZ）该指标在医药卫生行业得分率最高，列300家公司的第20位，得分率为69.13%。

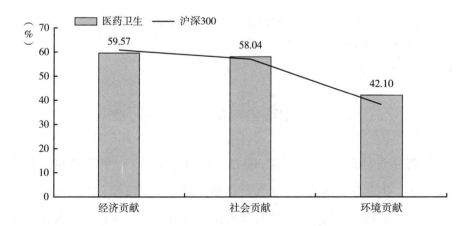

图14 医药卫生行业效益丨转化力得分率与沪深300对比

资料来源：社投盟。

医药卫生行业在效益∣转化力方面稳步提升，环境贡献指标波动上涨。医药卫生行业效益∣转化力指标得分率连续缓慢上升，但增速放缓，2018 年增长 1.98 个百分点，2019 年增长 0.23 个百分点。三级指标中经济贡献得分率基本保持平稳，2017～2019 年波动不超过 3 个百分点；社会贡献得分率连年上升，与效益∣转化力指标表现一致，在 2019 年达到最高点 58.04%；环境贡献得分率 2017～2019 年先升后降，总体呈上升趋势。效益∣转化力的 3 个二级指标同年得分率相对排名维持不变，经济贡献得分率始终位于首位。

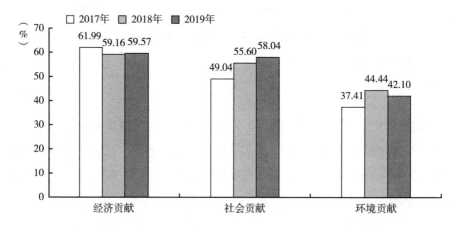

图 15　医药卫生行业效益∣转化力二级指标得分率

资料来源：社投盟。

三　医药卫生上榜公司与医药卫生行业对比

医药卫生上榜公司是指沪深 300 成分股中进入"义利 99"榜单的医药卫生公司。本部分对医药卫生上榜公司和沪深 300 中医药卫生公司总体进行对比分析，从中找到医药卫生行业上榜公司值得学习借鉴的亮点表现与值得关注的短板。在价值构成部分，分别对这两个评估对象的利维表现和义维表现进行横向对比；在价值成因部分，将从目标∣驱动力、方式∣创

新力、效益 | 转化力角度分别阐述医药卫生上榜公司和医药卫生行业的横向对比。

（一）价值构成对比

1. 利维表现

医药卫生上榜公司规模相对较大，各指标均领先行业。医药卫生行业上榜公司数量为 10 家，位于全行业第 3，上榜率为 34.48%，位于全行业第 6。上榜公司平均营业收入和平均净利润较高，分别为医药卫生行业的 1.7 倍和1.5 倍；平均市值与医药卫生行业相差不大；平均股息率略高于行业平均水平；平均市盈率低于行业平均水平；平均纳税额远超行业平均水平，是医药卫生行业的 1.5 倍。

表6　医药卫生上榜公司与医药卫生行业经济贡献构成

评估对象	数量（家）	平均营业收入（亿元）	平均净利润（亿元）	平均市值（亿元）	平均股息率（%）	平均市盈率（倍）	平均纳税额（亿元）
医药卫生上榜公司	10	328.51	26.18	470.95	1.56	20.60	19.07
医药卫生行业	29	192.22	17.47	452.59	1.31	23.54	12.71

资料来源：Wind，社投盟。

2016~2018 年医药卫生上榜公司平均营业收入先跌后涨，起伏变化较大，2017 年骤降 18.44%，2018 年有所回升，同比增长 8.42%；平均净利润持续走低，2017 年同比降低 8.27%，2018 年持续下降，同比降低5.96%，达到近三年最低值 26.18 亿元。

基于自 2017 年底中国开始接受国外临床实验数据、加快临床急需用药和罕见病用药的审评审批等综合原因，国内药企市场竞争加剧，2018 年医药卫生行业平均市值大幅下降。其中，上榜公司平均市值同比下降44.36%，达 2016~2018 年最低值。平均市盈率起伏明显，2017 年增长54.88%，2018 年大幅下降，同比下降 40.23%，降低至 20.60 倍。平均股息率在 2016~2018 年先跌后涨，并于 2018 年达到最大值。

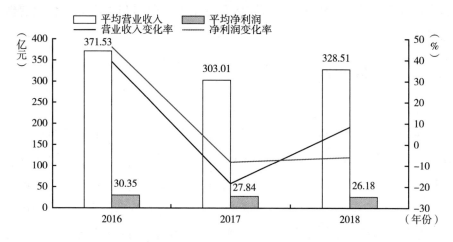

图16 医药卫生上榜公司平均营业收入、平均净利润及变化率

资料来源：Wind，社投盟。

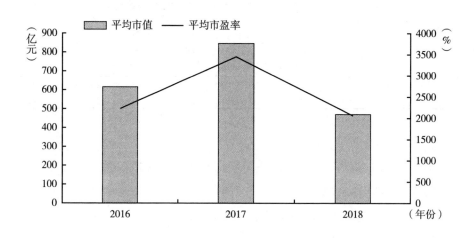

图17 医药卫生上榜公司平均市值、平均市盈率

资料来源：Wind，社投盟。

2. 义维表现

2019 年医药卫生行业上榜公司社会贡献对应三级指标得分率相对均衡，且都高于医药卫生行业。其中，得分率差异最大的指标是员工权益，高出行业 17.79 个百分点。得分率最高的是合作伙伴，为 76.67%，比行业高出

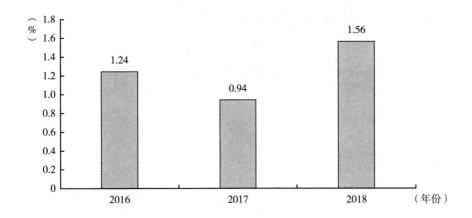

图18　医药卫生上榜公司平均股息率

资料来源：Wind，社投盟。

14.6个百分点。得分率安全运营差异最小，仅比行业高出3.15个百分点。公益贡献虽得分率最低，但仍高出行业8.67个百分点。

表7　医药卫生上榜公司与医药卫生行业2019年社会贡献构成

单位：%

评估对象	客户价值	员工权益	合作伙伴	安全运营	公益贡献
医药卫生上榜公司	65.69	67.22	76.67	75.56	65.57
医药卫生行业	49.38	49.43	62.07	72.41	56.90

资料来源：社投盟。

除合作伙伴以外，医药卫生上榜公司社会贡献三级指标得分率2019年均有所下降。其中客户价值得分率从75.00%（2018年）降至65.69%（2019年），安全运营指标从2018年的90.12%降至2019年的75.56%，公益贡献从2018年的70.37%降至2019年的65.57%。员工权益得分率持续走低，且下降幅度加大；合作伙伴表现突出，2019年一反颓势，增长33.46个百分点，从社会贡献中得分率最低的指标一跃成为得分率最高的指标。

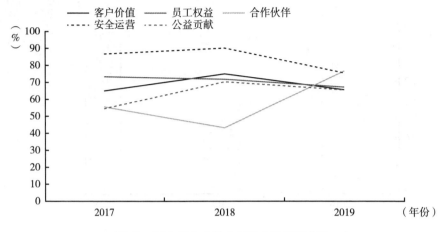

图19 医药卫生上榜公司社会贡献得分率

资料来源：社投盟。

2019年医药卫生上榜公司环境贡献指标全面领先医药卫生行业。环境管理表现出色，得分率位列全行业第2名，超出行业17.69个百分点。资源利用表现亮眼，得分率位列全行业第4名，超出行业25.79个百分点，优势明显。污染防控表现良好，得分率位列全行业第5名，超出行业20.65个百分点。生态气候表现平庸，但得分率仍超出行业19.53个百分点。

表8 医药卫生上榜公司与医药卫生行业2019年环境贡献构成

单位：%

评估对象	环境管理	资源利用	污染防控	生态气候
医药卫生上榜公司	72.86	52.19	76.25	33.75
医药卫生行业	55.17	26.40	55.60	14.22

资料来源：社投盟。

2017~2019年，医药卫生上榜公司环境贡献三级指标涨跌互现。环境管理得分率不断上升，从得分率最低的指标一跃成为得分率最高的指标。资源利用在2017年为环境贡献中得分率最高的指标，在2018年骤跌为环境贡献中得分率最低的指标，2019年虽小幅提升，但仍处于环境贡献三级指标的末位。污染防控＆生态气候得分率先涨后跌，2019年该指标得分率回归至2017年水平。

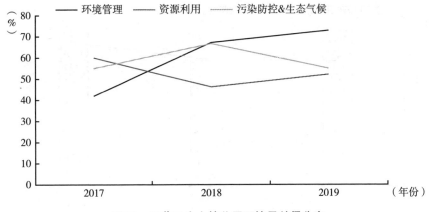

图20　医药卫生上榜公司环境贡献得分率

资料来源：社投盟。

（二）价值成因对比

1. 目标｜驱动力

2019年医药卫生上榜公司目标｜驱动力平均得分率为69.83%，较医药卫生行业高出7.65个百分点。从二级指标看，上榜公司价值驱动得分率高出行业14.14个百分点，业务驱动得分率高出行业7.36个百分点，战略驱动与行业相差不超过1个百分点。

医药卫生上榜公司目标｜驱动力得分稳步提升，增速有所减缓。与医药卫生行业目标｜驱动力先涨后跌的趋势不同，上榜公司的目标｜驱动力近两年不断上涨，2018年得分率为66.67%，同比增长50.60%，2019年增长4.75%，增速大幅减缓。

医药卫生上榜公司价值驱动和战略驱动得分率2017～2019年呈不断上涨的趋势，但价值驱动得分率增速由53.62%迅速减缓至8.49%；战略驱动得分率增速有所提升，由25.00%上升至33.75%。业务驱动得分率先涨后跌，2018年增长34.32个百分点，2019年下降12.09个百分点，但相较2017年，该指标仍取得较大进步，上涨22.23个百分点。

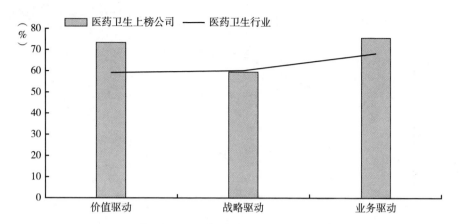

图21 医药卫生上榜公司目标Ⅰ驱动力得分率与医药卫生行业对比

资料来源：社投盟。

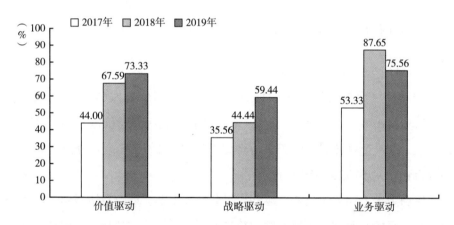

图22 2017～2019年医药卫生上榜公司目标Ⅰ驱动力二级指标得分率

资料来源：社投盟。

2. 方式 | 创新力

2019年医药卫生上榜公司方式 | 创新力平均得分率为64.79%，超出医药行业总体表现12.16个百分点，3个二级指标得分率均明显高于行业。其中，技术创新得分率高出行业15.13个百分点，模式创新得分率高出行业6.67个百分点，管理创新得分率高出行业12.74个百分点。2019年医药卫生上榜公司管理创新指标得分率最高，为79.22%。

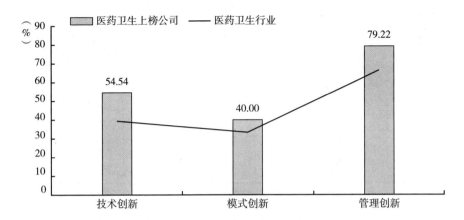

图23 医药卫生上榜公司方式 | 创新力得分率与医药卫生行业对比

资料来源：社投盟。

医药卫生上榜公司的方式 | 创新力得分率2017~2019年总体呈上升趋势，其中2018年增长10.07个百分点，2019年小幅下降1.18个百分点，总体呈上升趋势。

2017~2019年医药卫生上榜公司方式 | 创新力的3个二级指标得分率均呈先涨后跌的趋势。管理创新指标得分率在2018年上升13.21个百分点，2019年基本维持不变，仅下降0.45个百分点。技术创新和模式创新同样未能延续2018年的上涨趋势，2019年均有较大幅度下降。技术创新2018年得分率为62.12%，增长9.62个百分点，2019年得分率为54.54%，下降7.58个百分点；模式创新2018年得分率为45.83%，增长5个百分点，2019年得分率为40.00%，下降5.83个百分点，达到该指标近三年的最低值。

3. 效益 | 转化力

2019年医药卫生上榜公司效益 | 转化力平均得分率为64.57%，超出医药行业9.75个百分点，3个二级指标得分率均高于行业。其中，经济贡献得分率高出3.20个百分点，社会贡献得分率高出12.11个百分点，环境贡献得分率高出20.49个百分点。2019年社会贡献得分率最高，为70.14%。

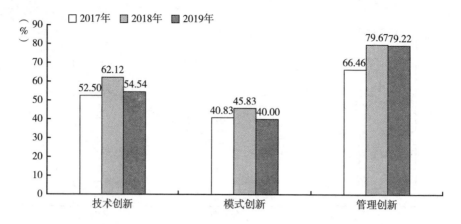

图24　2017～2019年医药卫生上榜公司方式 l 创新力二级指标得分率

资料来源：社投盟。

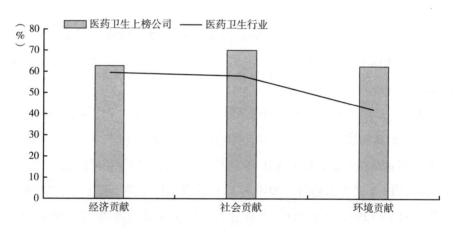

图25　医药卫生上榜公司效益 l 转化力得分率与医药卫生行业对比

资料来源：社投盟。

医药卫生上榜公司效益 l 转化力得分率持续上升，2018年增长1.96个百分点，2019年增长0.5个百分点。二级指标经济贡献得分率总体呈下降趋势，其中2018年下降3.27个百分点，2019年仅上升0.43个百分点，达62.77%。社会贡献和环境贡献得分率呈上升趋势，均在2019年达到2017～2019年最大值。效益 l 转化力二级指标同年得分率相对排名维持不变，社会贡献得分率始终居首位。

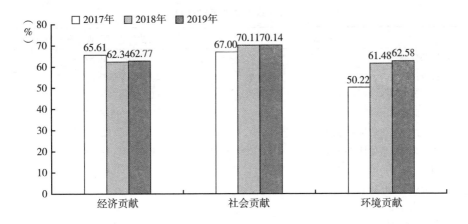

**图26　2017～2019年医药卫生上榜公司效益丨转化力
二级指标得分率**

资料来源：社投盟。

四　亮点公司聚焦分析

（一）龙头企业可持续发展价值分析：康弘药业

1. 基础信息

康弘药业（002773. SZ）在2019年一跃登上医药卫生行业可持续发展价值排行榜的榜首。康弘药业成立于1996年，2015年正式在深交所上市，属民营企业。康弘药业以"研发、制造、销售及传播专业创新的医药产品和知识，从根本上去改善患者个人体能和社会医疗效能，促进人类健康事业的进步"为宗旨，以"共建美好家园、共创辉煌人生、共筑健康人间"为文化理念。2018年康弘药业进入"2018中国医药上市公司竞争力20强""2018中国最具研发创新力医药上市公司10强"和获得"最具企业社会责任上市公司奖""中国工业大奖"。

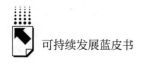

表9 康弘药业基础信息

公司名称	成都康弘药业集团股份有限公司
股票代码	002773. SZ
证券简称	康弘药业
中证行业	医药卫生
上市时间	2015/6/26
可持续发展价值排名(总榜)	12
可持续发展价值排名(行业)	1
可持续发展价值评级	AA –
信息披露工作评价	A
数据完备度(%)	82. 49
员工总数(人)	4382
纳税总额(亿元)	4. 73
环保投入(万元)	776. 11
对外捐赠(万元)	2510. 88

资料来源:Wind,社投盟。

2. 价值构成

从价值构成角度来看,康弘药业经济贡献得分在医药卫生行业中排第
19 名,在沪深 300 中排第 178 名,2018 年营业收入为 29.17 亿元,净利润
为 6.95 亿元,截至 2018 年 12 月 31 日,总市值为 229.70 亿元,市盈率为
31.22 倍。社会贡献得分率在医药卫生行业中排第 2 名,在沪深 300 中排第
23 名。环境贡献得分率在医药卫生行业中排名第 2,在沪深 300 中排名第
7。康弘药业虽然属于环境保护部门公布的重点排污单位,但在环境保护方
面做出了非凡的努力和卓越的贡献。同时,经济贡献是该企业明显的短板,
得分率还不及行业的平均水平,是一家典型的"义"比"利"突出的公司。

表10 康弘药业价值构成

经济贡献				
评估对象	营业收入(亿元)	净利润(亿元)	总市值(亿元)	股息率(%)	市盈率(倍)
康弘药业	29. 17	6. 95	229. 70	0. 82	31. 22
医药卫生	192. 22	17. 47	452. 59	1. 31	23. 54

续表

| | 社会贡献—得分率(%) | | | | |
评估对象	客户价值	员工权益	合作伙伴	安全运营	公益贡献
康弘药业	72. 22	88. 89	77. 78	77. 78	80. 46
医药卫生	49. 38	49. 43	62. 07	72. 41	56. 90

| | 环境贡献—得分率(%) | | | |
评估对象	环境管理	资源利用	污染防控	生态气候
康弘药业	92. 86	68. 75	87. 50	25. 00
医药卫生	55. 17	26. 40	55. 60	14. 22

3. 价值成因

康弘药业在 2019 年"义利 99"排行榜中列第 12 名，总分为 71.21 分，其中目标ㅣ驱动力 8 分、方式ㅣ创新力 22.18 分、效益ㅣ转化力 41.02 分。目标ㅣ驱动力得分在医药卫生行业排名第 6，在沪深 300 中排名第 27；方式ㅣ创新力得分在医药卫生行业排名第 1，在沪深 300 中排名第 25；效益ㅣ转化力得分在医药卫生行业排名第 2，在沪深 300 中排名第 22。康弘药业在方式ㅣ创新力和效益ㅣ转化力上有着绝对的优势，特别是在技术创新和环境贡献上的得分率超行业平均水平 30 多个百分点。

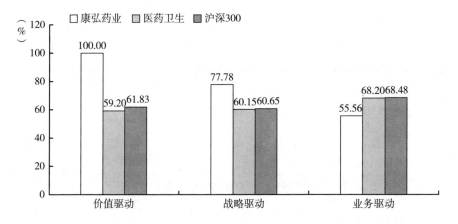

图 27　康弘药业、医药卫生、沪深 300 目标ㅣ驱动力二级指标得分率

资料来源：社投盟。

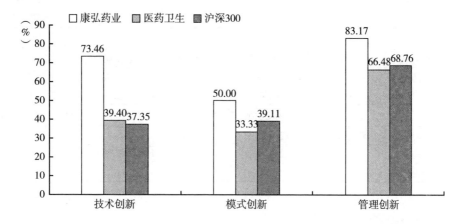

图28 康弘药业、医药卫生、沪深300方式Ⅰ创新力二级指标得分率

资料来源：社投盟。

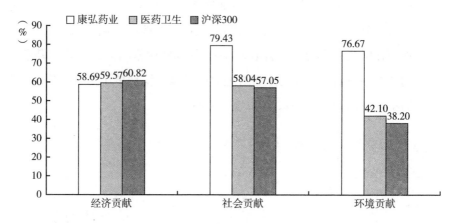

图29 康弘药业、医药卫生、沪深300效益Ⅰ转化力二级指标得分率

资料来源：社投盟。

（二）黑马企业可持续发展价值分析：美年健康

1. 基础信息

美年健康（002044.SZ）是2019年医药卫生行业中可持续发展价值评分中排第13名的公司，在沪深300中排第130名，较2018年排名上升了80

个位次，可持续发展价值总分提升 16.40%。美年健康成立于 1991 年，集团于 2015 年 5 月在深交所上市，分别于 2016 年、2017 年收购"美兆""慈铭"，属民营企业。美年健康以"牢记医疗的本质，守护每个中国人的生命质量"为宗旨，以"正直、平等、责任、进取"为价值观。2018 年公司获得"2018 年度社会责任—优秀品牌奖""中国医药上市企业价值投资 50强""2018 年度企业社会责任贡献奖"等荣誉。

表 11　美年健康基础信息

公司名称	美年大健康产业控股股份有限公司
股票代码	002044. SZ
证券简称	美年健康
中证行业	医药卫生
上市时间	2005 - 05 - 18
可持续发展价值排名（总榜）	130
可持续发展价值排名（行业）	13
可持续发展价值评级	BBB +
信息披露工作评价	B
数据完备度（%）	79.93
员工总数（人）	39296
纳税总额（亿元）	2.67
环保投入	—
对外捐赠（万元）	690.30

资料来源：Wind，社投盟。

2. 价值构成

从价值构成来看，美年健康的社会贡献和环境贡献得分率均在 2018 年小幅下降后，在 2019 年实现大幅提升；经济贡献得分率与行业大环境一致，在 2018 年达到巅峰，在 2019 年下滑，但得分率依旧高于 2017 年。进一步解读经济贡献可知，美年健康 2018 年营业收入为 84.58 亿元，较 2016 年增长 53.76 亿元，涨幅高达 174.43%；2018 年净利润为 9.73 亿元，较 2017年增长 2.79 亿元，较 2016 年增长 5.94 亿元。截至 2018 年 12 月 31 日，总市值为 466.67 亿元，市盈率为 57.50 倍。

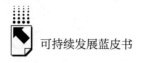

表12　2016～2018年美年健康经济贡献

经济贡献					
年份	营业收入（亿元）	净利润（亿元）	总市值（%）	股息率（%）	市盈率（倍）
2016	30.82	3.79	319.15	0.00	115.17
2017	62.33	6.94	568.91	0.06	123.78
2018	84.58	9.73	466.67	0.28	57.50

资料来源：Wind，社投盟。

社会贡献方面，2017～2019年员工权益和公益贡献的得分率均有一定程度下滑，但客户价值、合作伙伴和安全运营三项得分率均实现稳步提升，特别是合作伙伴，在三年时间内提升77.78个百分点，实现了质的飞跃。

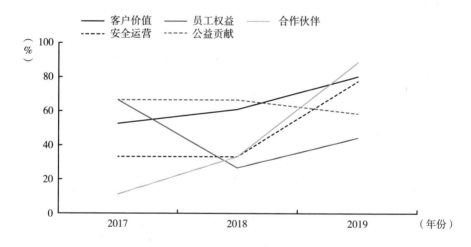

图30　美年健康社会贡献得分率

资料来源：社投盟。

环境贡献方面，美年健康各项三级指标均在2019年达到2017～2019年的最高值，其中，环境贡献得分率先降后升，资源利用得分率连续提升，污染防控＆生态气候得分率在2017年和2018年两年连续为0，终于在2019年实现突破，得分率达25%。

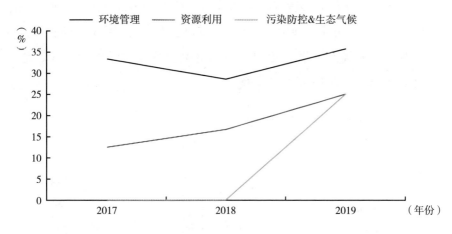

图31 美年健康环境贡献得分率

资料来源：社投盟。

3. 价值成因

从价值成因来看，美年健康在 2019 年可持续发展价值评分为 57.23 分，其中目标丨驱动力 8.33 分、方式丨创新力 17.64 分、效益丨转化力 31.26 分。目标丨驱动力各项指标在 2018 年已提升至较高水准，并在 2019 年基本

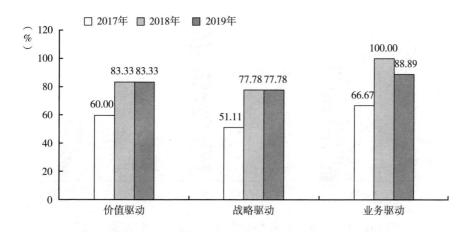

图32 2017~2019 年美年健康目标丨驱动力二级指标得分率

资料来源：社投盟。

保持；方式 | 创新力在 2019 年达到 2017～2019 年的最优状态，中最为亮眼的是模式创新，得分率自 2018 年的 25％ 飙升至 2019 年的 83.33％；效益 | 转化力整体得分提升显著，特别是社会贡献和环境贡献的得分率，均在 2019 年达到 2017～2019 年的最高峰。

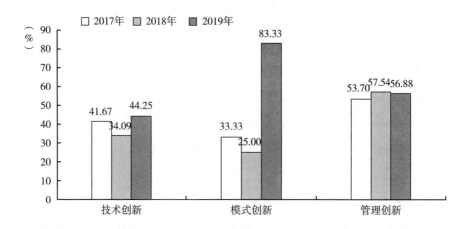

图 33　2017～2019 年美年健康方式 | 创新力二级指标得分率

资料来源：社投盟。

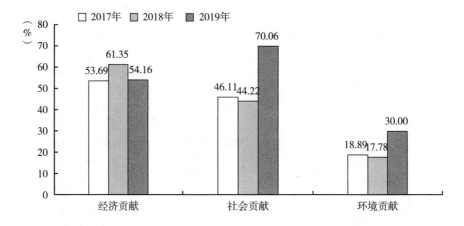

图 34　2017～2019 年美年健康效益 | 转化力二级指标得分率

资料来源：社投盟。

五　医药卫生行业可持续发展价值展望

2017～2019年，医药卫生行业可持续发展价值整体略低，行业上榜公司数量稳步增加，由2017年的5家增加到2019年的10家。经济贡献方面，营业收入先降后升，总体呈上升趋势；总市值先升后降，2018年跌幅较大；净利润稳定在17.40亿元以上。从价值构成角度看，2019年医药卫生行业的社会贡献与环境贡献得分率排名均处于中位水平，经济贡献得分率排名处于末三位，明显可见该行业发展的短板。从价值成因角度看，2019年医药卫生行业的3A三力均表现平庸，其中目标|驱动力和方式|创新力的表现均不及沪深300平均水平，目标|驱动力得分率为62.18%，较沪深300低1.29个百分点；方式|创新力得分率为52.63%，较沪深300低1.82个百分点；效益|转化力2019年表现良好，得分率较沪深300高0.60个百分点。

从国内医药卫生需求来看，自2014年以来我国卫生总费用支出连续四年增加，卫生人员数连续五年增加，城镇基本医疗保险参保人数连续五年增加并在2017年实现突破性飞跃，医疗保健在全国居民人均消费支出中占比自2015年连续四年扩大。该行业发展势头迅猛且具备长期发展的驱动力量，基于我国人口增加、老龄化加速、全面放开二孩政策等，医药卫生行业具有强大的市场基础；我国卫生总支出连年增加，全民医保和商业医保的推进，是该行业发展强大的资金基础；从我国消费结构的现实状况来看，随着人均收入水平的提高和中产阶级群体的扩大，居民对医疗保健的投入亦连年增加。

但该行业企业依然面临挑战。仿制药一致性评价的实施，使得率先通过一致性评价的仿制药品种有望占领先机，挤压未通过评价品种的市场份额，同时对原研品种构成威胁。[①] 随着国家医疗保险制度改革的深入，卫生部门药品招标采购、医疗保险对药品价格限制等政策推进，我国药品降价趋势仍将持续。又因"4+7带量采购"政策的实施，中标的药企可用价格换取市

---

① 《中国医药市场全景解读》，IQVIA。

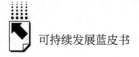

场空间，而未中标的药企则在失去大规模市场的同时不得不下调价格。2017年中国加入ICH后，接受境外临床试验数据并加快临床急需用药和罕见病用药的审评审批，中国药企也面临着更加激烈的竞争。医药企业要正确分析行业现状和自身定位，加快研制创新药和临床急需的仿制药，方可获得更多的发展机遇。

中国医药卫生行业正经历深刻的变革，稳定增长的需求是该行业发展的坚实基础，行业整体具有较大发展潜力。近年国家出台的一系列政策推动了医药卫生行业整体同国际对标、与国际接轨，促进了该行业的快速成长，同时也加剧了国内医药企业的竞争。未来医药卫生行业应立足于提升质量与研发能力，保持行业在社会贡献和环境贡献方面的优势，加大在模式创新与管理创新方面的投入，在提升自身竞争力的同时，实现行业的可持续发展。

评估工具篇

Assessment Tools

B.8
3A可持续发展价值评估体系

摘　要： 本文系统阐述了A股上市公司可持续发展价值评估体系及
2019年的优化改进。首先，阐述了可持续发展价值评估原
理；其次，描述了如何依据评估原理构建上市公司3A可持
续发展价值评估模型（以下简称"3A模型"），由筛选子
模型与评分子模型两部分组成；最后，介绍了3A模型的治
理结构，以保证可持续发展价值评估的公平、公正、公开、
公允。

关键词： 可持续发展价值　评估原理　评估体系　治理结构

自2016年10月开始，社会价值投资联盟以跨界协同、智慧众筹的方式
启动了发现中国"义利99"——A股上市公司可持续发展价值评估的研发

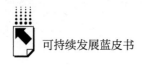
项目。2017 年 10 月，首次建成了"可持续发展价值评估体系"，并应用于沪深 300 成分股的评估。此后，在市场回测、数据分析、模型应用的基础上，不断优化完善 3A 模型。

一　3A 可持续发展价值评估原理

可持续发展价值评估依据了 3A 三力三合一的原理。3A 是 AIM（目标）、APPROACH（方式）和 ACTION（效益）的英文简称，是可持续发展价值评估的基础结构；三力指目标的驱动力、方式的创新力和效益的转化力，是可持续发展价值评估的主要特征；三合一指目标的驱动力、方式的创新力和效益的转化力协同作用，是可持续发展价值评估的平衡机制。

如果用公式表达，可形成包括目标 | 驱动力（AIM）、方式 | 创新力（APPROACH）和效益 | 转化力（ACTION）三个变量的一个函数关系：

$$可持续发展价值 = f(目标|驱动力, 方式|创新力, 效益|转化力)$$
$$或 SV = f(AIM, APPROACH, ACTION)$$

（一）3A 三力的评估架构

目标 | 驱动力（AIM），考察评估对象的价值定位、战略规划和主营业务，即回答"组织为什么存续""义利取向"的问题。

方式 | 创新力（APPROACH），考察评估对象在生产技术、运营模式和管理机制等方面的创新，即回答"组织如何谋求发展""义利方式"的问题。

效益 | 转化力（ACTION），考察评估对象所创造的经济、社会和环境综合效益，即回答"组织取得了怎样的内部效应和外部效应""义利结果"的问题。

（二）三合一的评估原理

可持续发展价值评估不仅考量各组成要素，也评测要素之间的协调关系，具体表现在以下两个方面。

目标、方式和效益的合一。可持续发展价值评估是"为何做—怎么做—好不好"完整、动态的评价过程，即从目标Ⅰ驱动力（AIM）、方式Ⅰ创新力（APPROACH）和效益Ⅰ转化力（ACTION）三个维度对企业进行系统性考量。它既注重企业的客观绩效，也注重价值追求和达成方式。该价值体系鼓励和支持企业不断进行自我审视，注重多利益相关方诉求与回应，接受来自企业内外部的监督，开展持续性优化改进，从而实现可持续发展价值的不断提升。

经济、社会和环境效益的合一。可持续发展价值评估综合考量评估对象的内部效应和外部效应。作为全球共识，2015 年 9 月 25 日，联合国 193 个成员国通过《2030 年可持续发展议程》，旨在以综合方式彻底解决社会、经济和环境三个维度的发展问题，转向可持续发展道路。作为中国国策，2015年 10 月，中国政府明确"创新、协调、绿色、开放、共享"五大发展理念。可持续发展价值评估契合全球共识和中国国策，是对经济、社会和环境贡献的综合评估。

二　3A 可持续发展价值评估方法

本部分将从逻辑体系、评估模型、指标逻辑、赋权赋值、评价标准等维度，打开 3A 模型的"黑匣子"，呈现全球首个上市公司可持续发展价值评估模型的内在机理。

（一）逻辑体系

可持续发展价值评估是一次系统性的社会创新实验。它贯通了可持续发展的全球共识、五大发展理念的中国方略和义利并举的价值主张，构建了从

基础层、工具层和应用层的开发路径，提出了目标丨驱动力、方式丨创新力和效益丨转化力的评估方式，并初步探索了形成机制和传导路径，如图1所示。

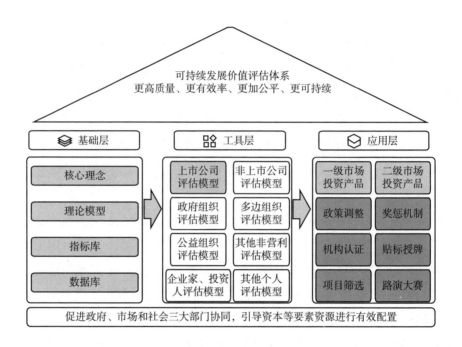

图1　中国可持续发展价值评估体系

基础层由核心理念、理论模型、指标库和数据库构成，主要回答可持续发展价值为什么和是什么；工具层包括面向个人和组织的评估模型，主要回答可持续发展价值怎么样和怎么做；应用层则广泛包括市场端产品（如主动及被动投资基金等）、政策端产品（如政策调整、激励机制等）和社会端产品（如路演大赛、认证授牌等），主要回答可持续发展价值能创造什么，和什么能创造可持续发展价值。

从理念、工具到应用的可持续发展价值体系框架，回答了可持续发展价值从何而来、到哪里去。基础层关注"逻辑"，重点在于可持续发展理念与现有主流认知体系如何自洽。主流认知体系包括公共政策、学术理论以及最有威力的文化积淀。应用层关注"需求"，重点在于是否融合到政府管理、企业运营和百姓生活中。而如何促进政府、市场和社会密切协同，长期以来极为短缺的就是"工具"，尤其是能广泛应用且逻辑自洽的"利器"。

（二）评估模型

在构建 3A 模型的过程中，我们紧扣了四个关键问题——如何能使有价值主张的评估理念做到"公允"、如何能使定性指标居多的 3A 模型做到"公平"、如何能够使数据源不完备的评估实施做到"公开"、如何能使跨产业应用的评估产品做到"公正"。

3A 模型由"筛选子模型"和"评分子模型"两部分构成。"筛选子模型"是可持续发展价值评估的负向剔除评估工具，"评分子模型"是可持续发展价值的正向量化评估工具。

2019 年 3 月在国际对标工作的基础上，按照数据可获取、指标可规范、模型可验证、算法可优化的原则，经评估标准工作委员会投票表决，对 3A 模型进行了优化。

1. 筛选子模型

"筛选子模型"是可持续发展价值评估的负面清单，包括 6 个方面（产业政策、特殊行业、财务问题、负面事件、违法违规、特殊处理）、17 个指标，对评估对象进行"是与非"的判断。

考虑到"筛选子模型"的国际应用以及整体一致性，2019 年"筛选子模型"部分指标作了优化调整。在领域上，将"产业问题""行业问题""重大负面事件""特殊处理上市公司"分别改为"产业政策""特殊行业""负面事件""特殊处理"；在指标上，将"限制类"与"淘汰类"合并为"生产要求"，"重大负面事件"下的"外部监督"改为"社会影响"；"违法违规"下的"违法""违规""受到证券监管部门处罚"分别改为"违法犯罪""违规行为""监管处罚"。

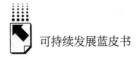

表 1 上市公司 3A 可持续发展价值评估模型——筛选子模型（2019）

序号	领域	指标	定义
1	产业政策	生产要求	公司含有《产业结构调整指导目录（国家发展改革委）》限制类生产线、生产工艺或淘汰类生产线、生产工艺
		持有股份	持有具有前述特征的公司股权超过 20%
2	特殊行业	烟草行业	主营烟草或由烟草业公司持股超过 50%
		博彩行业	主营博彩或由博彩业公司持股超过 50%
		持有股份	持有具有前述特征的公司股权超过 20%
3	财务问题	审计报告	审计机构出具非标准无保留意见审计报告
		违法行为	税务违法，并被税务机构处罚
		行政处罚	受到处罚：停止出口退税权、没收违法所得、收缴发票或者停止发售发票、提请吊销营业执照、通知出境管理机关阻止出境
		财务诚信	被列入财务失信被执行人名单
		外部监督	被专业财务机构或研究机构公开质疑有重大财务问题，无合理解释与回应
4	负面事件	社会影响	在持续经营、财务、社会、环境方面发生重大负面事件，造成严重社会影响或不积极应对、不及时公开披露处理结果
		伤亡事故	发生重大及特别重大事故且不积极应对、不及时公开披露处理结果 重大事故（10 人以上 30 人以下死亡，或者 50 人以上 100 人以下重伤，或者 5000 万元以上 1 亿元以下直接经济损失的事故） 特别重大事故（30 人以上死亡，或者 100 人以上重伤，或者 1 亿元以上直接经济损失的事故）
5	违法违规	违法犯罪	上市公司涉及单位犯罪刑事案件，董事、高管涉及公司本身的刑事案件尚未了结
		违规行为	违规并受到公开谴责或公开处罚的（省部级以上行政机构及上海、深圳证券交易所）
		监管处罚	受到证券监管部门处罚：1. 责令停产停业；2. 暂扣或者吊销许可证、暂扣或者吊销执照
6	特殊处理	ST 与 *ST	特别处理的上市公司
		连续停牌	在交易数据考察时段内连续停牌 3 个月或者多次停牌累计 6 个月

"筛选子模型"的构建遵循了底线原则，体现在刚性门槛、阶段推进两方面。所谓刚性门槛，是指任何上市公司如存在违法违规（省部级以上处罚）状况，如在财务、社会、环境方面有诚信问题或重大负面事件；被证券交易所公告特殊处理（ST、＊ST）等，即属于未达到可持续发展价值的基本要求，

禁止入围。所谓阶段推进，是指为有效引导上市公司创造可持续发展价值，在评估的起步阶段门槛宜低不宜高，待理念普及后再逐步提升底线。反映在指标设置上，违规处罚底线设在不低于省部级；反映在评价范围上，全部指标的评价对象为上市公司主体，而尚未延展到上市公司的并表企业。

作为可持续发展价值评估工具的一部分，"筛选子模型"简明有效，应用场景丰富。例如在资本市场，借助"筛选子模型"，基金管理公司可开发可持续发展价值主题的权益性投资产品。

2. 评分子模型

"评分子模型"对上市公司可持续发展价值进行量化评分，包括通用版、金融专用版和地产专用版。"评分子模型"通用版包括3个一级指标（目标丨驱动力、方式丨创新力、效益丨转化力）、9个二级指标、28个三级指标和57个四级指标。专用版和通用版的"目标丨驱动力"和"方式丨创新力"下全部指标以及"效益丨转化力"下部分指标（社会贡献）完全相同，只在"效益丨转化力"指标下的"经济贡献"和"环境贡献"存在差异。下文只介绍通用版具体指标。

对比2018年，2019年"评分子模型"在几个方面做了微调。

一是增加指标，补充之前没有考察到的内容。根据国际对标，ESG投资作为可持续发展金融的重要主题，着重强调了"公司治理"板块，因此将三级指标"参与机制"扩充为"公司治理"，原四级指标保留，并增加一个四级指标"董监高治理"。另外，在环境贡献方面，可持续发展金融下各个评估项目都越来越关注公司对生态气候的保护，因此增加三级指标"生态气候"，原三级指标"污染防控"下的四级指标"应对气候变化措施和效果"调整为"生态气候"的四级指标，并增加一个四级指标"生态保护措施和效果"。

二是调整指标的名称，使指标的含义更直观。具体来说，三级指标"披露机制"改为"信息披露"。三级指标"风控机制"改为"风险内控"，其中的四级指标"内控管理体系"不变，"应急管理体系"改为"风险管理体系"。三级指标"员工权益"下的四级指标"公平雇佣政策"改为"公平雇佣政策和效果"，"员工权益保护与职业发展"拆分为"员工权益保护"

和"员工职业发展"两个四级指标。三级指标"合作伙伴"下的四级指标"公平运营"改为"合规运营","供应链管理"改为"供应链管理措施和效果"。三级指标"安全运营"下的四级指标"安全事故"改为"安全运营绩效"。环境贡献下三级指标"绿色发展"表述改为"资源利用",其中的四级指标"综合能耗管理""水资源管理""物料消耗管理""绿色办公"的表述分别改为"综合能耗管理措施和效果""水资源管理措施和效果""物料消耗管理措施和效果""绿色办公措施和效果"。在原有评估中便将措施和效果作为效益丨转化力评估的重要方面,此次调整将这种考量体现在了指标名称中。

三是根据指标逻辑顺序,调整指标的顺序。"管理创新"下的四级指标"风险内控"与"激励机制"调换顺序。社会贡献下的三级指标"安全运营"与"合作伙伴"调换顺序。

四是根据信息获取实际情况,将"环境管理"下的四级指标"环保投支出占营业收入比率"改为"环保投入"。

表2 上市公司3A可持续发展价值评估模型——评分子模型(2019年通用版)

一级指标(3个)	二级指标(9个)	三级指标(28个)	四级指标(57个)
1. 目标 AIM (驱动力)	1.1 价值驱动	1.1.1 核心理念	1.1.1.1 使命 愿景 宗旨
		1.1.2 商业伦理	1.1.2.1 价值观 经营理念
	1.2 战略驱动	1.2.1 战略目标	1.2.1.1 可持续发展战略目标
		1.2.2 战略规划	1.2.2.1 中长期战略发展规划
	1.3 业务驱动	1.3.1 业务定位	1.3.1.1 主营业务定位
		1.3.2 服务受众	1.3.2.1 受众结构
2. 方式 APPROACH (创新力)	2.1 技术创新	2.1.1 研发能力	2.1.1.1 研发投入
			2.1.1.2 每亿元营业总收入有效专利数
		2.1.2 产品服务	2.1.2.1 产品/服务突破性创新
			2.1.2.2 产品/服务契合社会价值的创新
	2.2 模式创新	2.2.1 商业模式	2.2.1.1 盈利模式
			2.2.1.2 运营模式
		2.2.2 业态影响	2.2.2.1 行业标准制定
			2.2.2.2 产业转型升级

一级指标 （3个）	二级指标 （9个）	三级指标 （28个）	四级指标 （57个）
2. 方式 APPROACH （创新力）	2.3 管理创新	2.3.1 公司治理	2.3.1.1 董监高治理
			2.3.1.2 投资者关系管理
			2.3.1.3 利益相关方识别与参与
		2.3.2 信息披露	2.3.2.1 财务信息披露
			2.3.2.2 非财务信息披露
		2.3.3 风险内控	2.3.3.1 内控管理体系
			2.3.3.2 风险管理体系
		2.3.4 激励机制	2.3.4.1 企业创新奖励激励
			2.3.4.2 员工股票期权激励计划
3. 效益 ACTION （转化力）	3.1 经济贡献	3.1.1 盈利能力	3.1.1.1 净资产收益率
			3.1.1.2 营业利润率
		3.1.2 运营效率	3.1.2.1 总资产周转率
			3.1.2.2 应收账款周转率
		3.1.3 偿债能力	3.1.3.1 流动比率
			3.1.3.2 资产负债率
			3.1.3.3 净资产
		3.1.4 成长能力	3.1.4.1 近3年营业收入复合增长率
			3.1.4.2 近3年净资产复合增长率
		3.1.5 财务贡献	3.1.5.1 纳税总额
			3.1.5.2 股息率
			3.1.5.3 总市值
	3.2 社会贡献	3.2.1 客户价值	3.2.1.1 质量管理体系
			3.2.1.2 客户满意度
		3.2.2 员工权益	3.2.2.1 公平雇佣政策和效果
			3.2.2.2 员工权益保护
			3.2.2.3 员工职业发展
		3.2.3 合作伙伴	3.2.3.1 合规运营
			3.2.3.2 供应链管理措施和效果
		3.2.4 安全运营	3.2.4.1 安全管理体系
			3.2.4.2 安全运营绩效
		3.2.5 公益贡献	3.2.5.1 公益投入
			3.2.5.2 社区能力建设

续表

一级指标 （3个）	二级指标 （9个）	三级指标 （28个）	四级指标 （57个）
3. 效益 ACTION （转化力）	3.3 环境贡献	3.3.1 环境管理	3.3.1.1 环境管理体系
			3.3.1.2 环保投入
			3.3.1.3 环保违法违规事件及处罚
			3.3.1.4 绿色采购政策、措施和效果
		3.3.2 资源利用	3.3.2.1 综合能耗管理措施和效果
			3.3.2.2 水资源管理措施和效果
			3.3.2.3 物料消耗管理措施和效果
			3.3.2.4 绿色办公措施和效果
		3.3.3 污染防控	3.3.3.1 三废（废水、废气、固废）减排措施和效果
		3.3.4 生态气候	3.3.4.1 生态保护措施和效果
			3.3.4.2 应对气候变化措施和效果

注：上述评分子模型为简明公示版。操作版含赋权赋值、指标定义、评价标准、实施细则、属性标签、评价主体及备注等知识产权类信息。

基于行业属性和会计制度的差异，经征询企业与行业分析师的建议，我们开发了"评分子模型"的通用版、金融专用版和地产专用版。通用版和专用版的"目标""方式"全部指标以及"效益"部分指标（社会贡献）完全相同，但在"效益"指标下的"经济贡献"和"环境贡献"指标设置有30%的差异度。

（三）指标逻辑

"评分子模型"由四级指标构成。从评估模式看，模型构建采取了"目标本位"和"目标检测"的混合方式。一级、二级指标主要反映理想目标和价值主张，即侧重"目标本位"；而三级、四级指标侧重对接数据基础和现实条件，即侧重"目标检测"。

一级指标提出了模型的基本命题与逻辑。3A 即"AIM、APPROACH 和 ACTION"，是经典的战略管理分析架构，反映企业发展的内在规律。3A 的可持续发展价值特征是三力，即目标丨驱动力、方式丨创新力和效益丨转化力。3A 三力揭示出可持续发展价值创造的方向和动能。

二级指标是一级指标的要素构成。"目标丨驱动力"下的二级指标"价值驱动"、"战略驱动"和"业务驱动"，由抽象到具象反映评价对象是否契合了全球共识、国家方略和可持续发展价值主张；"方式丨创新力"下的"技术创新"、"模式创新"和"管理创新"，反映了上市公司如何借助软实力去创造可持续发展价值。"效益丨转化力"下的"经济贡献"、"社会贡献"和"环境贡献"，是全球可持续发展和 ESG 的三大议题，也是可持续发展价值产出的三大领域。

三级指标对二级指标进行特征分解，主要作用是跨界融通，使模型与经济、政策和社会议题吻合。如在"社会贡献"和"环境贡献"项下的 9 大三级指标，与联合国 17 项可持续发展目标、ISO26000 企业社会责任议题和"十三五"规划指引同频共振。三级指标使 3A 模型能够直接进行跨业界、跨学界和跨国界的对话。

四级指标是整个模型的具项落实，是在明确概念、提出命题和合理推断之后的逻辑呈现。由于四级指标对接量化评分，该级指标须满足数据可获取、指标可通用、评价可执行三项操作条件。

（四）赋权赋值

"评分子模型"采用了以下方法确立指标权重和评分值域。

在指标赋权中，我们采用了"层次分析法"和"德尔菲法"。首先，50 位专家用"层次分析法"生成判断矩阵，计算出每个四级指标的权重；然后，数据组根据指标的公开数据完备度计算出指标权重调整系数；最后，模型构建组对"层次分析法"得出的权重值和数据组提供的系数值进行计算，化零为整生成了最终指标权重。

在指标赋值方面，我们采纳了荷兰专家的建议，确立了"0、1、2、3"值域，便于提升中间层的区分度。部分专家建议，对特定的原创指标（如产品/服务契合可持续发展价值的创新等）设置加减分。为维护"评分子模

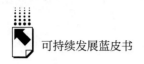

型"的公允性和稳定度，经反复讨论和测试，将加分项植入评分标准，将减分项并入"筛选子模型"。

（五）评价标准

"评分子模型"的功能效力与评价标准息息相关。自模型构建之初，我们就确立了"公示优先""定量优先""存续优先"的评估原则。所谓"公示优先"是指以权威机构发布的信息为主；所谓"定量优先"是指以能够量化反映为主；所谓"存续优先"是指以可以连续三年以上有稳定信息披露为主。按照这三项评估原则，对四级指标逐一明确界定，并确立评价细则。

对于定量指标，我们采用聚类分析、等比例映射、等距分类、等差排序等方法进行测评；对于定性指标，分为简单定性和复杂定性两类。对于简单定性指标，通过直接分析完成评估；对于复杂定性指标，通过专家组背对背评估、公示验证完成评估。

三　3A 可持续发展价值评估治理结构

3A 模型是由公益组织社投盟牵头，来自 86 家机构的 339 位专业志愿者采用跨界协同、智慧众筹的方式开发完成。

为保障 3A 模型建立和应用的公开、公正、公平和公允，我们建立并逐步完善了"议事—决策—执行"三级架构。在议事层，评估标准顾问委员会（社顾委）针对模型各要素以及运行方法（核心依据、议题遴选、指标构建、数据来源、评估结果等）提出意见或建议；评估标准专家委员会（社专委）负责重大事项审议，如模型方向性调整、增减立项等。在决策层，由评估标准工作委员会（社标委）负责日常决策工作，如模型要素调整、运行规则优化等。社标委下设模型、生产监控、应用产品和数据四个工作组，负责专项议题初审。工作组由社标委领导，向符合资质的外部专家开放。决策层由主任担任召集人，采取公开投票、多数议决的方式，并进行有效披露。在执行层，由可持续发展价值评估项目组（项目组）负责项目实施，收集并解答社顾委的建议和意见；整理重大议题的资料提交社专委审议；执行社标委决议；协同数据供应方和技术服务方开展评估生产等工作。

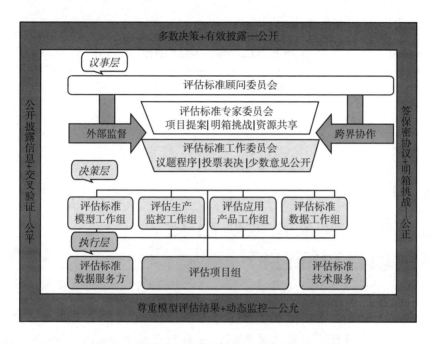

图2　可持续发展价值评估治理结构与工作原则

为不断提升可持续发展价值评估体系的兼容性，我们物色互联网合作伙伴，将社会和环境议题遴选、指标调整、赋权赋值等以"众包＋专家"混合方式替代现有的"专家"模式；寻找学术咨询合作伙伴，对"产品/服务契合社会价值的创新、客户满意度、供应链管理"等定性指标的量化评分建立"专项模型"，更为科学地计量可持续发展价值；寻求政策指导方，将模型打造为辅助市场监控和中观调整的决策信息工具；商洽金融合作方，联合进行基金、债券、信托、资管等产品的开发应用；拓展国际组织类合作方，分步进行海外上市中概股、海外上市海外股的评估及评级，以及推进标准国际化工作；优选大数据和 AI 技术合作方，将算法不断优化并实现自动化语义分析。

评估基础篇

Basic of Assessment

B.9
全球可持续发展金融相关
评估项目对标分析

摘　要：　本文对标了全球市场上现有的 25 个可持续发展金融相关评估项目。对标结果表明，目前的项目主要解决了两个问题：数据的可获取性和数据的可用性，分别通过激励企业有效披露和帮助投资者理解并使用非财务信息来达成。不同的目的和实现路径使市场上的项目形态各异，满足了评估基础、评估工具和评估应用等多种功能。互相之间由于市场细分和目标受众的不同，以及本身数量较小，无法形成有效的竞争关系，指标保密程度较高，不利于使用者进行比较和淘汰。不同项目对可持续发展的促进作用也不具有可比性。

关键词：　可持续发展　评估　投资

2015 年 9 月，联合国可持续发展峰会发布了《变革我们的世界：2030年可持续发展议程》，制定了 17 项可持续发展目标，可持续发展成为全球未来 15 年的发展方向。而为了实践可持续发展并实现可持续发展目标，可持续发展金融的支持是不可或缺的。可持续发展金融，① 即推进全球可持续发展且创造出可计量的经济、社会和环境价值的金融服务。联合国贸易和发展会议公布的《2014 年全球投资报告：投资可持续发展目标的行动计划》显示，全球每年可持续发展建设需要 5 万~7 万亿美元的资金投入，其中发展中国家每年需要 3.3 万~4.5 万亿美元，发展中国家的公共财政仅能覆盖 1.4 万亿美元，尚有 2.5 万亿美元的年度资金缺口亟待可持续发展金融力量的支持。② 而在发展可持续发展金融的过程中，为了筛选优质投资标的，督促可持续发展实践，迫切需要计量可持续发展价值③的评估工具。

早在联合国可持续发展目标提出之前，金融领域就已经出现了众多与可持续发展金融密切联系的投资概念，如可持续投资、责任投资等，市场上也早已建立起了一批服务于可持续发展金融相关评估的项目。但是，这些项目目前的发展如何？对评估工作达成了哪些共识？对于可持续发展金融相关评估工作的开展有什么借鉴意义？这些都是值得进一步探索的问题。

为回答以上问题，本文对标了全球市场上现有的 25 个服务于可持续发展金融领域相关评估的项目④。本文将先介绍可持续发展金融及其相关评估项目的总体发展情况，再对 25 个对标项目的特点进行分类总结，并解析其发展路径。对标结果表明，这些项目不仅服务于投资者，还为企业进行可持续发展的实践提供了指引。不同项目对于可持续发展的理解方式有很大差异，其指标体系和话语体系也截然不同。此次对标有助于寻找项目的共性并

---

① 可持续发展金融的内涵，详见总报告 B.1。

② UNCTAD, U., World Investment Report 2014：Investing in the SDGs：An Action Plan. United Nations Publication, Retrieved May, 5, 2015.

③ 可持续发展价值的内涵，详见总报告 B.1。

④ 部分项目，如 ISO 26000，关注对象不局限于企业和投资者，但本文中主要聚焦其对于企业的作用；还有部分项目，本是为了行业指引和规范建立，但是其理念和指标深刻影响了评估工具的开发，因此纳入相关评估项目范畴。

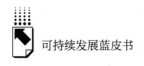

呈现这种差异性，对项目本身的不断改进和可持续发展投资市场的建设有促进作用。

一 评估概览

目前，金融领域与可持续发展金融相关的概念众多，其中较为典型的是可持续投资、ESG 投资（Environmental，Social，and Governance，即环境、社会和治理）、（社会）责任投资和影响力投资四个概念。从对可持续发展的共同贡献来看，这些投资方式都可视作是可持续发展金融的一种类型。

全球可持续投资联盟（Global Sustainable Investment Alliance，GSIA）将可持续投资分为了以下七类。[①]

一是负面筛选（Negative Screening），从 ESG 角度考量，以"黑名单"的形式排除对社会有不良影响的公司，如烟草公司、不环保的公司、不重视劳工关系的公司以及涉及赌博行业的公司等。

二是正面筛选（Positive Screening），从 ESG 的角度考量，以"白名单"的形式选出对社会有正面影响、在行业中 ESG 评分排名靠前的公司。

三是标准筛选策略（Norms-based Screening），遵照国际通行的最低标准企业行为准则来选出投资标的，剔除严重违反准则的公司。常参考的国际标准有联合国全球契约（UN Global Compact）、经合组织（OECD）跨国企业准则、国际劳工组织（ILO）的跨国企业和社会政策的三方原则宣言等。

四是 ESG 整合（ESG Integration），系统地将环境、社会和治理三个要素融入传统财务和估值分析过程。

五是可持续主题投资策略（Sustainability Themed Investing），专门投资与可持续发展相关的资产，比如清洁能源、绿色科技、可持续农业等。

六是社区投资（Community Investing）。这种投资方式结合了传统慈善与

---

① GSIA，Global Sustainable Investment Review 2018，2018.

可持续投资。为了解决某些环境和社会问题，以私人投资形式有针对性地投资传统金融服务难以覆盖的社区或社群，例如提供金融服务给低收入者，提供信贷给中小企业，提供孩童照料、平价住房及医疗照顾等社区服务等。在这种策略下，资金主要投向四类社区发展机构：社区发展银行、社区发展贷款基金、社区发展信用合作社及社区发展风险投资基金，且被投资对象需要报告相应的社会和环境目标达成情况。

七是股东参与策略（Corporate Engagement and Shareholder Action），通过充分行使股东权力的方式来推进企业的 ESG 相关实践。通过参加股东大会、与董事会或管理层交流、提出议案、代理投票甚至召集特别股东大会等方式，影响企业的行为，促使企业更加注重环保、承担社会责任或完善治理。

（社会）责任投资、ESG 投资以及影响力投资这三类投资，因为共同服务于可持续发展，概念常常被混用。它们的历史发展简单梳理如下[①]。

（社会）责任投资：（社会）责任投资兴起于 1960 年代，主要是关注社会责任和环境责任两个方面。在社会方面，随着民权运动的兴起而发展，如马丁·路德金发起的蒙哥马利巴士抵制运动和面包篮子行动，随抵制越南战争而兴起的拒绝持有军火和化学品厂商的股票的运动，以及国际社会对南非种族隔离制度的谴责催生的"沙利文原则"以及随之而来的大批公司撤离南非等，警醒了投资者企业所存在的社会责任风险。在环境方面，随着急速发展带来的环境污染和资源短缺的问题的出现，欧美开始出现公众环保运动，抗议无节制地使用资源和破坏环境的经营生产行为。消费者的"货币选票"对注重环境责任的企业的青睐，加之环境法律法规的完善，投资者也慢慢意识到企业环境责任对企业发展的影响。在这一阶段，金融从业者虽然意识到了社会和环境因素的重要性，但是只把其看作规避风险的手段，将其纳入投资过程的原因也多从公众事件出发，缺乏系统性考察。

---

① 社会价值投资联盟：《可持续发展金融简史——追求义利并举，方能基业长青》，2018。

ESG 投资：1990 年代，社会责任投资进一步发展，开始系统性地考察公司的社会和环境效益，并将保证公司持续运营的治理也纳入考量，形成了 ESG 投资的潮流。2004 年联合国环境规划署金融行动（UNEP FI）联合其他机构正式提出了 ESG 的概念，并认为其是影响股东长期利益的重要因素，这一概念成为系统化考察企业非财务因素的开端。2006 年，联合国发布责任投资原则（Principles for Responsible Investing，PRI）。PRI 致力于推动各大投资机构在投资决策中纳入 ESG 指标，帮助 PRI 的签署方提升可持续投资的能力，并强调 ESG 可以优化投资表现。而大量实证研究也证明了，绝大多数整合了 ESG 的投资项目回报率高于市场平均水平。人们关注社会、环境、治理所代表的公司可持续发展潜力，并作为投资决策的重要考量。

影响力投资：2007 年，以洛克菲勒基金会为首的投资者提出了影响力投资的概念，这些投资者早已不满足于消极避免不利后果的投资，而是通过绿色科技、微型金融、信贷创新等手段积极创造附加值。之前的投资方式，包括（社会）责任投资、ESG 投资等，已经不能准确描述他们的投资行为和目的。他们在可持续发展潜力的基础上对投资提出了更高的要求，希望能在获得财务回报的同时对社会和环境产生正面影响，看重企业对人类可持续发展所做出的贡献。世界经济论坛（2013）对它的定义是：这种投资在实现财务回报率的同时，又能对社会和环境产生正面且可以测量的影响。这次会议之后，洛克菲勒基金会于次年再次召开会议，并拨款 3800 万美元用于影响力投资行业的建设，大家熟悉的 GIIN 及其开发的 IRIS 标准都与洛克菲勒基金会的支持密不可分。这些标准逐渐被越来越多的国家和机构所认可，成为影响力投资生态的重要组成部分。英国、加拿大、澳大利亚等国家纷纷响应，甚至在某些方面走在美国前面，比如英国率先于 2010 年推出社会影响力债券。摩根大通银行和洛克菲勒基金会预计，在 2020 年影响力投资可以达到 4000 亿美元至 1 万亿美元的规模。

以支持这些投资方式的资金为代表，可持续发展金融规模在过去十年中出现了巨大的增长。根据全球可持续投资联盟发布的 2018 年全球可持续投资报告：截至 2018 年初，全球可持续投资达 30.7 万亿美元，两年内增长 34%，在加拿大、澳大利亚和新西兰可持续投资占专业管理资产总额的一半以上，欧洲占近一半，美国占 26%，日本占 18%。而目前，PRI 的签署机构超过 2300 家，遍布 60 多个国家，代表着超过 80 万亿美元的资产。其中，高盛、摩根士丹利、社投盟等机构都是 PRI 的签署方。

但是，可持续发展金融领域中的相关评估项目，其独特性、差异性和共同经验还没有得到足够的关注，导致了评估工作进一步发展的困难。根据 WS 的报道，MSCI 和富时指数对特斯拉的 ESG 评分差异很大。根据其产品发展的碳和清洁技术，MSCI 将其列为汽车行业之首。而由于其忽略了汽车尾气排放，富时指数给予它很差的评级。此外，两家机构对数据未完整披露的公司的宽容程度不同，富时指数将以最差的情况做出假设。这一热点事件反映了不同评估项目之间巨大的差异性。而目前国内并没有对评估项目进行广泛对标的相关研究。已经完成的对标工作大多是选取了几家公司，从某一或某些维度进行了对标。如王丹励、管竹笋在对社会范畴指标与相关社会责任指南进行分析时，[①] 仅选取了 ISO 26000 和 GRI 两个项目作为研究对象。放眼国际，目前也已经有机构和学者对这些项目的差异进行了分析。例如，经合组织审查了 35 个衡量商业对人民福祉和可持续性影响的商业框架和倡议，[②] 并将已有的机构归为三类：发布外部评级、评估或标准的外部评估者，提供评估、审计或度量服务的利益相关者，自我评估的公司。然而，OECD 对于一些虽不以评估为主要形式，但推动了评估发展的项目没有纳入考量。此外，OECD 并没有构建一个全面的产品地图，仅是进行了简单的分类，而这份工作正是市场所需要的，也是我们希望在这份报告中达成的。

总体而言，通过此次对标，本文希望可以构建一张可持续发展金融相关

---

① 王丹励、管竹笋：《ESG 指引之社会范畴指标对标分析与信息披露》，《WTO 经济导刊》2017 年第 3 期。

② Shinwell, M., &Shamir, E., Measuring the Impact of Businesses on People's Well-being, 2018.

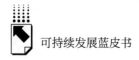

评估项目的"产品地图",市面上的任何一种产品都可以根据其特征纳入地图中。使用产品地图可以清晰地展现每一种产品在整个市场中所处的地位和发挥的作用。

二 研究方法

（一）对标项目选择

我们选取了 25 个可持续发展金融相关评估项目作为对标标的。对标项目中既有由权威的国际性组织发起的、历史悠久、在国内外已广受认可的项目，如联合国全球契约（UNGC）、全球报告倡议组织（GRI 标准），也有近年来兴起、理论较为前沿的项目，如影响力管理计划（IMP），比较完整地覆盖了业内具有代表性的项目。这些项目不一定直接从事评估工作，但它们所倡导的理念及所提供的产品对可持续发展金融领域的评估工作产生了深远的影响。此外，对标工作将会持续进行，以纳入其他被遗漏或者新发展起来的项目。①

（二）对标框架构建

选定了对标项目之后，我们对项目官网、项目文件、权威媒体报道、学术文献等能公开获取的信息进行检索和整理。我们试图回答，在可持续发展金融相关评估这个拥有众多机构的市场中，是哪些特征使得一个项目能区别于其竞争项目。为此，我们创建了对标分析框架和项目数据库。对标分析框架和项目数据库通过新项目的对标及专家反馈不断迭代，目前已完成分析框架 V4。在分析框架 V4 中，我们从如下维度概括不同项目的重要特征（见表 1）。

---

① 如有相关项目推荐，请联系社投盟。

表 1　概括评估框架特征的重要维度

维度名称	基础层	工具层	应用层
发起者及地位、性质	发起者名称、发起者成立时间、发起者性质、发起者地位、其他		
发起时间	项目成立时间/可追溯数据时间		
地域	原则、指南理念针对/覆盖的地区/国家	评估对象覆盖的国家	
更新	更新版数	更新频率	更新频率
评估对象	N/A		评估对象的性质,如上市公司、企业、社会组织
评定量表	N/A		评估模型的得分范围,如 AAA ~ C、0 ~ 100、(风险)高中低
核心理念	基础层的核心理念	可能没有	
具体原则	具体原则的内容、维度、数量等	可能没有	
信息来源	N/A	评估数据的来源,如企业公开披露、调查问卷、第三方调查数据等	
行业版本	N/A	评估指南/工具/标准是否区分行业专版	
指标数量	N/A	评估指南/工具/标准中的指标数量	
指标类型及示例	N/A	评估指南/工具/标准中指标的类型(如定性或定量)及示例	
空数据处理方式	N/A		评估模型处理源数据缺失的方式,如零分、默认分、行业平均、估计值等
评价公司政策的信息披露/具体措施及效果	N/A	评估指南/标准/工具是否仅评估信息披露完备度	
评价生产过程/终端产品的可持续性	N/A	评估指南/标准/工具是否仅评价生产过程的可持续性	

(三)对标项目分类

根据对标框架完成了数据收集之后,通过综合分析 25 个对标项目在评估工作中所发挥的功能，我们将评估项目服务于评估的不同功能分为评估基础、评估工具和评估应用三类。

（1）评估基础：提供了能够指导可持续发展金融评估的理念和原则。

（2）评估工具：提供了能够进行可持续发展金融相关评估的指标或模型，或其所涵盖的议题和原则已足够细化到指导指标构建，但不提供评估结果。

（3）评估应用：提供了根据可持续发展金融评估的模型产生的评估结果。有该功能的项目默认有基础的理念和服务于评估的工具，但相关信息不一定会公开披露。

根据这三种功能及其相互关系，我们将服务评估应用的项目归为应用层，共 12 个（48%）。将不服务评估应用但提供评估工具的项目归为工具层，共 5 个（20%）。将只具有评估基础的项目归为基础层，共 8 个（32%）。

表 2　可持续发展金融相关评估项目分类

序号	对标标的	始发年份	评估基础	评估工具	评估应用	评估层次
1	UNGC 联合国全球契约	1999	有	—	—	基础层
2	道琼斯可持续发展指数	1999	有	未公开	有	应用层
3	GRI 标准	2000	有	有	—	工具层
4	ECPI ESG 指数	2001	有	未公开	有	应用层
5	PRI 负责任投资原则	2005	有	—	—	基础层
6	ICMA 可持续发展债券系列指引	2005	有	—	—	基础层
7	SROI 社会投资回报	2007	有	—	—	基础层
8	B Impact Assessment	2007	有	有	有	应用层
9	IRIS + 指标体系(原 IRIS)	2008	有	有	—	工具层
10	路透 ESG 数据库	2008	有	未公开	有	应用层
11	彭博 ESG 数据库	2009	有	未公开	有	应用层
12	Sustainalytics ESG 风险评级	2009	有	未公开	有	应用层
13	ISO 26000	2010	有	有	—	工具层
14	MSCI ESG 指数	2010	有	未公开	有	应用层

序号	对标标的	始发年份	评估基础	评估工具	评估应用	评估层次
15	OWL Analytics	2010	有	未公开	有	应用层
16	SASB 可持续发展会计准则	2011	有	有	—	工具层
17	OECD 社会影响力投资倡议	2013	有	—	—	基础层
18	FTSE ESG Index Series	2015	有	未公开	有	应用层
19	IMP 影响力管理体系	2016	有	—	—	基础层
20	商道融绿 ESG 评估	2016	有	未公开	有	应用层
21	可持续发展价值评估	2016	有	有	有	应用层
22	UNEP FI IMPACT RADAR	2018	有	—	—	基础层
23	IFC 影响力管理操作原则	2018	有	—	—	基础层
24	CCAB 企业气候行动基准	2019	有	有	—	工具层
25	标普 500 ESG 指数	2019	有	未公开	有	应用层

三 对标结果

在数据收集和项目分类的基础上，我们首先整理了 25 个项目的核心特征（见表3），并从发起机构属性、评估功能和始发年份三个维度对 25 个项目进行了分析；其次，基础层、工具层和应用层三个分类使同类项目具有可比性，我们在此基础上归纳了同类项目的特征；最后，我们从这 25 个项目所解决的数据可获取性和数据可用性入手，分析了可持续发展金融相关评估项目的发展情况。

（一）对标项目核心特征

关于25个项目的独立简介参见附录三，在此，我们将对其核心特征进行对比分析（见表3）。

表 3　可持续发展金融相关评估项目核心特征（按时间排序）

序号	对标标的	评估功能	发起机构	机构属性	始发年份	评估维度	评估对象	用户类型/影响受众	应用范围
1	UNGC 联合国全球契约	基础层	联合国	联合国	1999	人权、劳工标准、环境和反腐败四个维度下的 10 项原则	企业	分布在 160 多个国家的超过 13000 家签署方	全球
2	道琼斯可持续发展指数	应用层	道琼斯	商业组织	1999	60 套行业专用指标	上市公司	有超过百亿美元的资产配置以道琼斯可持续指数为基础	全球
3	GRI 标准	工具层	GRI 全球报告倡议组织	非营利组织	2000	3 个通用标准及 33 个特定主题标准	企业	用户遍布全球逾 100 个国家。世界最大的 250 家企业中逾 74% 采用该报告标准	全球
4	ECPI ESG 指数	应用层	ECPI Group	商业组织	2001	7 个行业版本，覆盖环境、社会及治理三个类别下约 100 个 KPI	企业	ECPI 的产品包括众多权益类及固定收益类指数，还提供投资组合筛选风险监控等服务	全球
5	PRI 负责任投资原则	基础层	UNPRI	联合国	2005	6 项指导投资者纳入 ESG 因素进行投资的原则	投资者	签署机构达 2000 多家，遍布 60 多个国家，代表着逾 80 万亿美元资产	全球
6	ICMA 可持续发展债券系列指引	基础层	ICMA	非营利组织	2005	系列债券指引，如社会债券、可持续债券等有不同指导原则	债券项目	债券相关企业和投资者	全球
7	SROI 社会投资回报	基础层	SROI Network	非营利组织	2007	7 条原则	非营利项目、企业	企业，指引免费目公开	全球

续表

序号	对标标的	评估功能	发起机构	机构属性	始发年份	评估维度	评估对象	用户类型/影响受众	应用范围
8	B Impact Assessment	应用层	B Lab	非营利组织	2007	五个主题,超过1000个细节问题	企业	B Impact Assessment 的主要用户是规模在50人以下的中小企业	全球
9	IRIS＋指标体系（原IRIS）	工具层	GIIN	非营利组织	2008	约600个指标	不适用	数百家影响力投资机构共同参与	全球
10	路透 ESG 数据库	应用层	汤森路透	商业组织	2008	约400项	上市公司	路透的ESG数据涵盖了全球市值的70%,提供超过7000家上市公司的数据	全球
11	彭博 ESG 数据库	应用层	彭博	商业组织	2009	超过800	上市公司	2018年,彭博有18000名用户使用其ESG数据服务	全球
12	Sustainalytics ESG 风险评级	应用层	Micheal Jantzi	商业组织	2009	3个板块,5个风险级别	公司	国际上,PRI,ICGN,PPI,以及来自欧洲,北美,澳大利亚的组织与机构	全球
13	ISO 26000	工具层	ISO	非营利组织	2010	组织治理,人权,劳工实践,环境,公平运行实践,消费者问题以及社区参与和发展7个核心主题下分共37个议题	所有组织	中国中铝公司,英国玛莎百货,日本富士通公司等大型企业以及香港交易所已经开始推动 ISO 26000 的应用	全球

续表

序号	对标标的	评估功能	发起机构	机构属性	始发年份	评估维度	评估对象	用户类型/影响受众	应用范围
14	MSCI ESG 指数	应用层	MSCI	商业组织	2010	10 个主题下的 37 个关键 ESG 问题	全球超过 6500 家公司	大型机构投资者：评级服务于全球 1200 余家客户，包括 46 家全球规模前 50 的资产管理者	全球
15	OWL Analytics	应用层	OWL	商业组织	2010	30 个核心指标中对公司与同行进行评分和排名，其中包括 12 个关键量化绩效指标	全球超过 25000 家上市公司	投资者	全球
16	SASB 可持续发展会计准则	工具层	Jean Rogers	非营利组织	2011	77 套行业标准	美国上市公司	SASB 的投资者顾问小组在管资产共计约 21 万亿美元	美国
17	OECD 社会影响力投资倡议	基础层	OECD	非营利组织	2013	推动以实证为基础的影响力管理政策和融资、创新、政策和数据四个领域的发展	无	公众和私营部门	全球
18	FTSE ESG Index Series	应用层	FTSE Russell	商业组织	2015	14 项主题评价及 300 多项考察指标，筛除军工、烟草等行业	47 个发达和新兴市场的 4000 多种证券	投资者	全球
19	IMP 影响力管理体系	基础层	IMP Team	非营利组织	2016	影响力五维度与影响力投资三种分类组成的影响力投资矩阵	企业	形成了由 2000 多家各领域企业或组织组成的参与者社区	全球

续表

序号	对标标的	评估功能	发起机构	机构属性	始发年份	评估维度	评估对象	用户类型/影响受众	应用范围
20	商道融绿 ESG 评估	应用层	商道融绿	商业组织	2016	13 项议题,127 项三级指标	沪深300 上市公司	未知数量的投资者和企业	中国
21	可持续发展价值评估	应用层	社投盟	非营利组织	2016	上市公司的版本有 57 个四级指标	沪深300 上市公司	未知数量的投资者和企业	中国
22	UNEP FI IMPACT RADAR	基础层	联合国环境署金融机构	联合国	2018	围绕不可分割的社会、经济和环境设立的,13 个可获得性,7 个质量,2 个经济价值的影响力分类	支持可持续发展的投资项目	金融机构	全球
23	IFC影响力管理操作原则	基础层	国际金融公司	商业组织	2018	14 条原则	投资者	现有 60 家具有影响力的机构投资者为该项原则的签署方	全球
24	CCAB 企业气候行动基准	工具层	WBA丨CDP	非营利组织	2019	研发中	油气、电气、汽车三个高碳排放行业中 90 家最大的上市公司和国有企业	自行披露的环境数据影响着全球100 万亿美元投资者和采购者	全球
25	标普 500 ESG 指数	应用层	标准普尔	商业组织	2019	不适用	企业	企业、投资者	美国

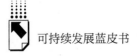

首先，我们从发起组织类型和评估层次两个维度进行分析。可持续发展金融相关评估项目主要是由各国商业组织（44%）和非营利组织（44%）发起，有3个项目（12%）是由联合国发起。从评估层次的角度，第一类基础层共8个，侧重于搭建评估的基础，仅提供标准、指南，也包括与可持续发展相关的倡议和指引，没有可用于评估的指标。如经合组织于2013年发起的全球影响力投资倡议，用于推动以实证为基础的政策、发展社会影响力投资政策框架。还有UNGC联合国全球契约是一项由全球契约基金会支持的不具有强制性的全球企业倡议。第二类工具层共5个，侧重于提供评估的工具，该类项目开发了针对评估的指标库，但没有搭建生产评估结果的模型，如IRIS+体系有近600个公开指标，并整合了40多套现有体系，提供与SDGs及其他50种框架、标准和平台的对标工具，以及按不同主题筛选指标构建个性化指标模型的工具。最后一类应用层共12个，则是侧重于推广评估的应用，该类项目一般拥有自己的评估模型，如路透选取了178项最相关的指标，并运用评级系统对企业的ESG表现进行评分并披露相应评级。

其次，综合发起组织类型和评估层次两个角度（见图1），基础层项目主要是联合国和非营利组织发起（国际金融公司虽属商业组织，但是世界银行下属的以商业形式运作的组织），而工具层项目全部由非营利组织发起，到应用层项目则以商业组织发起为主，仅有B Impact Assessment和社投盟两家非营利组织。并且与其他商业组织发起的项目不同，这两家非营利组织发起的应用层项目完整披露了其评估工具。

此外，从项目始发年份的角度，我们按每五年为一时间节点，划分为1996～2000年、2001～2005年、2006～2010年、2011～2015年及2016年至今5个时期（见图2）。可以看出，在2005年之前评估相关项目较少，仅有6个。而在2006～2010年间评估项目出现了井喷式发展，共发起了9个项目。而在2011～2015年仅发起了2个项目的平缓期之后，2016年至今发起了8个新的相关评估项目。虽然这25个项目并不能包含所有的可持续发展金融评估项目，但我们仍可以看出可持续发展金融相关评估方兴未艾的趋势。

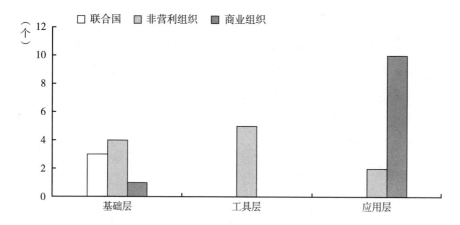

图1　项目发起组织类型与评估层次

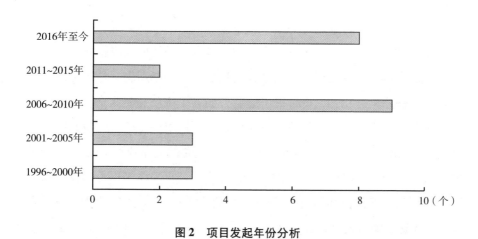

图2　项目发起年份分析

（二）基础层项目特征

基础层项目以提出某个理念及其操作原则或指导为主要内容，具有如下特征。

联合国牵头从投资者、企业和二者沟通三个角度发起了倡导。在8个基础层项目中，有3个直接由联合国发起的项目，这三者分别从企业、投资者和二者沟通三个角度发起了倡导。并且我们看到，联合国在可持续发展金融相

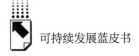

关评估方面也仅发起了基础层的项目，未涉及工具层和应用层。UNGC 为企业提供了基本的践行可持续发展的框架，PRI 为投资者提供了纳入可持续发展考量的原则，而 UNEP FI 影响力雷达在影响力测量和管理层面做出了指引。

核心理念方面，基础层项目主要以影响力为核心议题。在 8 个基础层项目中，有 5 个项目的核心理念都是围绕影响力展开的，从不同侧重点对影响力的衡量和管理及影响力投资进行了讨论。IMP 提出一套关于影响力的共识，IFC 提出影响力管理操作原则，OECD 发起社会影响力投资倡议，UNEP FI 提出影响力雷达以识别可持续发展的核心要素产生的影响类别，而 ICMA 强调了债券项目的影响力报告。除以影响力为主题的项目外，可持续发展价值国际以社会投资回报（SROI）概念为核心，发布社会投资回报指南，UNGC 和 PRI 则分别企业责任及 ESG 议题。

具体原则方面，基础层项目一部分聚焦于核心理念本身，另一部分聚焦于市场各利益相关方如何把核心理念纳入投资过程的倡议或指导。对于关注核心理念本身的基础层项目，其往往会提出关于核心理念是什么及怎样做对应的定义和原则。比如，IMP 提出影响力的五个维度和三大分类，IFC 影响力管理操作原则对影响力操作的五个阶段及不同阶段对应的九条原则进行了阐述，而 SROI 指南提出了社会投资回报应包含的七条原则。对于旨在促进核心理念在投资市场应用的基础层项目而言，其更关注于提出对投资和金融过程中各利益相关方应该如何行动，如何衡量核心理念的指导、原则或倡议。OECD 影响力投资倡议在融资、创新、政策和数据四个方面发出行动呼吁，利益相关方涉及投资者、政府、公共部门和企业；UNEP FI 影响力雷达识别了对可持续发展产生影响的核心要素类别，便于各金融机构考虑并查明；ICMA 为会员关于绿色信贷、可持续债券的发行和投资等方面的问题做出了指导；PRI 鼓励各签约机构采用 ESG 议题并将其融入投资决策中；UNGC 通过信息披露和公众问责进行管理，推动企业内部的政策改革。

（三）工具层项目特征

工具层项目以指南、标准或评估体系为主要形式，具有如下特征。

核心理念方面，工具层项目多以可持续发展为主要议题，还涉及社会责任、影响力议题。以可持续发展为主要议题的项目主要涉及可持续报告标准、可持续会计准则、针对某一可持续发展目标的评估基准。以社会责任为议题的项目，提出了社会责任指南。以影响力为核心议题的项目，搭建了影响力测量和管理指标库。

与基础层项目相比，工具层的评估指标、评估角度更加细致和微观。

首先，对于指标数量而言，工具层项目均超过 50 个指标，多的总数可达 600 个；而基础层原则均不超过 10 条。将 IFC 影响力管理操作原则与 ISO 26000 对比，虽然核心理念不同，但两者同样是旨在为企业或组织将某一核心理念纳入其运作过程提供指导，IFC 仅提出九项原则，ISO 26000 则提出了关于社会责任运作方式的 400 多条建议。可以说，当项目的指标细致到一定程度时，项目就具有了工具性。

指标评估对象为企业的有：GRI 标准从企业信息披露的角度出发，针对经济、环境、社会三大主题提出共 33 个方面 85 条具体指标；SASB 则是从财务会计准则的角度出发，为不同行业提供专属的披露主题及该主题下的会计科目；IRIS + 指标目录，包括定性和定量指标，投资者可以从中筛选形成个性化定制评估模型来评估企业。指标评估对象不限于企业的有：ISO 26000 对企业和组织以社会责任的方式运作提供指导，提出共计 27 个定义、37 个核心议题和共计 400 多条建议。此外，CCAB 项目仍在开发中，具体指标设置未知。

行业版本方面，工具层项目大多兼具了通用性与行业特征，提出了不同的行业版本。第一类，寻求提出具有通用性指南的项目，如 ISO 26000 标准定位为适用于包括政府、非营利组织在内的各类组织及企业的社会责任指南。第二类，兼具行业特异性和部分指标通用性的项目，即纳入了不同行业特征，并对不同行业提出不同评估标准或披露要求的项目：GRI 标准对于 10 个特定行业（如建筑和房地产、金融服务、食品加工、媒体等）有额外信息披露要求；IRIS + 作为指标目录，在 40 多个特定行业标准和报告框架之上建立指标目录；SASB 公开发布了 77 套行业标准。第三类，完全行业特

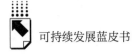
征化的项目，即偏向评估某一类具有共同特征的行业的项目：CCAB 聚焦于评估和比较石油和天然气、电力公用事业和汽车三个高碳排放行业对于气候变化以及全球变暖的影响。

评估内容方面，近半数项目的指标体系中有"评价生产过程/终端产品的可持续性"的指标，近半数的项目旨在对公司的信息披露提出要求，但并没有具体评价公司信息披露质量的指标。对于"是否评价公司政策的信息披露/具体措施及效果"这个问题，GRI 标准本身就是对企业应该披露哪些方面的信息提出了要求，类似地，SASB 是从会计科目角度对企业可持续会计信息的披露项做出了要求，但工具层项目中都没有评价公司信息披露质量的具体指标，ISO 26000 也只提及了社会责任运行应遵守透明度原则。对于"是否评价生产过程/终端产品的可持续性"这个问题，除 CCAB 未知外，有 2 家项目评估体系中有评价生产过程/终端产品的可持续性的指标，其中，SASB 的指标名称为"Product Packaging & Distribution, Lifecycle Management"，IRIS＋体系的指标名称为"Product Service Impact"。

（四）应用层突出特征

应用层项目以提供评估结果为主要业务，具有如下特征。

核心理念方面，应用层项目表现出对 ESG 议题的偏好。12 个应用层项目中有 10 个都以评估 ESG 表现为核心，从不少项目直接使用"ESG"作为产品名称的现象中即可看出。所有 ESG 项目都评估了 ESG 因素带来的风险以及组织对风险的管理能力，部分项目在此基础上做了更多的尝试。一个典型案例是 MSCI ESG 评级和指数。其议题设置中不仅包含了同类项目共有的 ESG 风险指标，还包含了环境（E）和社会（S）两个议题下的机遇指标。在这样的理念下，环境污染、气候变化等问题不再是所有企业的麻烦，而可能是部分行业的机遇。在 ESG 项目以外，可持续发展价值评估模型（下称"3A 模型"）和 B Impact Assessment 是应用层中仅有的两个没有以 ESG 为核心的项目。3A 模型定义的可持续发展价值（即经济、社会、环境的综合贡献值）以及 B Impact Assessment 采用的影响力定义，都超越了 ESG 理念限于非财务信息的范围，将经济贡献也纳入评估中，并且可持续发展价值还对企业的目标、方式和效益三个方面进行了贯穿式的评估。

指标设置方面，应用层项目各自为政，没有形成统一的标准。尽管所有项目都覆盖了 ESG 议题，但在环境、社会和治理三大议题下应当考察一个组织的哪些方面、如何设置指标等问题上却没有公论，部分评估模型之间甚至在指标设置上有不容忽视的差别。环境是各个项目中指标重合度最高的议题，所有项目都有资源使用和污染排放相关指标。社会议题的指标重合度则最低。以供应链问题为例，大部分项目都将供应链相关指标（包括对供应链的管理和支持）放在社会议题下考察，部分项目则不然。道琼斯可持续发展指数的评估模型没有集中设置供应链指标，而是将供应链管理与治理议题融合，供应链支持整合为社区、人权等话题。FTSE 的评估模型则在环境和社会两个议题下都设置了供应链评价指标。指标设置上的差异，将可能导致出现同一公司不同项目的评分评级（包括总分和 ESG 分别得分）之间不具有可比性的问题。

行业版本方面，应用层项目不同程度上对不同行业使用不同评估版本。根据企业所在行业、商业模式的不同，其对可持续发展的贡献方式也不同。例如，评估绿色金融政策对金融行业是必不可少的，而对于制造业则显然不适用。为了解决行业的多样性问题，应用层项目在评估模型中采取了设置行业版本的解决方法，但行业版本的数量相差较大。在公开行业版本具体数量的项目中，FTSE、Sustainalytics 及 MSCI 都覆盖了超过 100 个子行业，行业粒度最精细；3A 模型的普适性则最强，除通用版外，仅设有金融及地产两个行业版本，且这两个行业专版仅增加、调整了少量指标。此外，部分项目还采取了参考同行进行评分的解决方法。行业版本的使用是评估准确性和跨行业可比较性的取舍，一方面，使用更多的行业版本可以提高行业内评估的准确性；另一方面，较少的行业版本更便于评级的跨行业比较。

评估内容方面，应用层项目的评估深度各异。在公开信息不完整、可比性较差的情况下，对相当一部分指标的评估只能停留在信息披露的详尽程度层面上，难以对组织的具体措施及效果进行定量评估。在这一问题上，汤森路透开发了碳数据估算模型，以便在公司没有披露碳排放数据时使用估算值。而道琼斯可持续发展指数的数据来源以向公司发放问卷和主动询问为主，公开数据交叉验证为辅，规避了数据质量的问题。此外，评估深度还体现在评估范围是否涵盖终端产品的可持续性议题上，体现了不同项目对议题重要性的取舍。例如，Sustainalytics、道琼斯可持续发展指数等评价了产品生命周期的环境影响，MSCI、汤森路透等项目评价了产品的安全性，3A模型评价了客户的满意度，而部分项目则局限于评价生产过程的可持续性。评估内容上的差异，可能导致同一个组织在不同模型下的得分出现较大差异。

四 动态分析

在对25大项目进行分类的过程中，我们发现，为了提升组织（主要包括各行业的企业，也可以包括非营利组织甚至政府部门等）可持续发展的能力，这25个项目从组织内、外两个方面着手，以解决两类问题。第一类问题是数据的可获取性问题：组织的可持续发展管理机制不同，透明运营的程度也各异，自行披露的非财务信息难以满足各利益相关方的需要，因此需要从组织内部入手提升透明运营程度。第二类问题是数据的可用性问题：组织披露的非财务信息来源不同、格式各异，可能存在"报喜不报忧"的问题，利益相关方难以基于这些信息进行比较和做出决策，因此需要外部第三方充分调查、整理信息。还有一些项目无法按照上述标准归类，就是标准的制定，这类项目试图解决什么是可持续发展的问题，可以理解为兼而解决两类问题。

不难看出，一个项目试图解决的问题不同，会导致制定的标准和指标的目标受众不同。对于解决数据可获取性问题的项目，非财务信息的披露主要依赖于监管的要求以及组织的透明运营，因此这类项目主要试图影响企业及监管部门，激励企业披露可持续信息，促使监管部门提升信息披露的要求。而解决数据可用性问题的项目则主要与企业外部的用户，如投资者、社会组织及消费者等互动，其需求是比较不同的企业，为投资、采购、消费决策作出支撑。

目标受众的不同也导致了营收模式的不同。企业会把非财务信息的披露看成一个负担，或者是将其视作品牌宣传的渠道，因此，企业完全按照一套标准披露信息（特别是负面信息）的动机是有限的，更难以说服企业为标准直接付费。所以解决信息可获取性的项目需要通过其他衍生产品及服务，而非通过标准本身实现盈利。典型的例子是 B Impact Assessment 的共益企业认证机制，合资格的企业通过交纳一笔费用，获得认证，可以用于企业的宣传。还有一种被广泛采用的模式是会员制，典型的例子是联合国全球契约的会员制。值得注意的是，联合国全球契约的会员分为签署方和参与者两个等级，参与等级越高，需要的年度捐款也更高，这种模式有助于该项目扩大会员范围、提升影响力。更加传统的模式包括面向企业的咨询业务，如全球报告倡议组织的报告检查服务。还有一种模式则是依靠捐赠，各个项目或多或少会获得政府、公益基金会等一定的捐赠。此外，部分项目还通过销售软件、发放从业资格认证的方式获得收入。在盈利之外，面向企业的项目还会把扩大影响力作为重要的目标。例如企业声明按照 GRI 标准披露信息无须任何费用，中小型企业以签署方身份参与联合国全球契约可获豁免会员费，可持续发展价值国际对初创企业在其官网的数据库中展示报告也不收取费用。通过吸引更广泛的企业参与，这些项目可以扩大影响力，从而吸引未来更多企业的参与。

而面向非企业用户，解决信息可用性的产品，则有着非常清晰的营收模式，即通过不公开的评估模型和评分方法产生评分结果盈利，具体形式包括：评分、评级数据，无论是原始数据还是最终评分；在评级数据基础上衍生而成榜单、指数、基金产品；以及数据终端、API 等软件产品。但是其中的特例是世界基准联盟的碳排放基准，这份研发中的产品声称既公开全部指标及评分标准，又不收取费用，这个项目的盈利模式值得进一步关注。

可以说，一个项目从何角度切入企业可持续发展的问题，就决定了其目标受众及盈利模式，也决定了其评估模型本身是开放还是封闭。3A 模型既

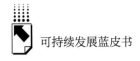
通过二级市场的义利评估项目切入了数据的可用性问题，也通过社创加速营、投资实践室等一级市场项目更深入地切入了数据的可获取性问题——不局限于鼓励企业透明运营，并且鼓励企业通过创新的商业模式解决社会问题。

五 总结

本报告中针对 25 个项目的对标旨在展示可持续发展领域的评估项目的不同特征。对投资者而言，对标可以帮助其加深对评估机构所处地位和所用工具的了解，以便选取更符合自己价值判断和风险偏好的投资工具。对企业而言，对标可以帮助它们寻找适合企业的可持续发展方案。对监管者而言，对标可以帮助他们了解不同国家和地区可持续发展促进机构的发展形态和存在的挑战，以便制定更好的政策方案以推进所在地区的可持续发展。

通过将 25 个项目划分为基础层、工具层和应用层三类，我们构建了一个以可持续发展评估为核心的产业地图。我们发现基础层项目主要是由联合国和非营利组织发起而工具层项目全部由非营利组织发起，到应用层项目则以商业组织发起为主，仅包含 B Impact Assessment 和社投盟两家非营利组织。并且这两家非营利组织发起的应用层项目，与其他商业组织发起的项目不同，完整披露了其评估工具。并且，可持续发展金融相关评估项目在 2005 年到 2010 年的井喷式发展和 2015 年后的再次涌现，体现了可持续发展金融相关评估方兴未艾的趋势。

在每一类项目内部具有可比性的基础上，我们分析每类项目的特征如下。

（一）基础层

联合国牵头从投资者、企业和二者沟通三个角度发起了倡导。

核心理念方面，基础层项目主要以影响力为核心议题。

具体原则方面，基础层项目一部分聚焦于核心理念本身，另一部分聚焦于对市场各利益相关方如何把核心理念纳入投资过程的倡议或指导。

（二）工具层

核心理念方面，工具层项目以可持续发展为主要议题，还涉及社会责任、影响力议题。

与基础层项目相比，工具层有评估指标，评估角度更加细致和微观。

行业版本方面，工具层项目大多兼具通用性与行业特征，提出了不同的行业版本。

评估内容方面，近半数项目的指标体系中有"评价生产过程/终端产品的可持续性"的指标，近半数的项目旨在对公司的信息披露提出要求，但并没有具体评价公司信息披露质量的指标。

（三）应用层

核心理念方面，应用层项目表现出对 ESG 议题的偏好。

指标设置方面，应用层项目各自为政，没有形成统一的标准。

行业版本方面，应用层项目不同程度上对不同行业使用不同评估版本。

评估内容方面，应用层项目的评估深度各异。

通过对项目所针对的问题分析，本报告中的项目主要解决了两个问题：数据的可获取性和数据的可用性，分别通过激励和要求企业有效披露和帮助投资者理解并使用非财务信息达成。而这不同的目标受众也使得不同项目获取资源以持续运营的方式出现了差异。针对企业的项目主要依靠衍生产品（如认证）或捐款维持，而针对投资者的项目主要依靠出售其评估结果来获得营收。

总而言之，目前市场上存在的可持续发展相关管理及评估项目形态各异，满足了评估基础、评估工具和评估应用等多种功能。互相之间由于市场细分和目标受众的不同，以及本身数量较小，无法形成有效的竞争关系，指标保密程度较高，不利于使用者进行比较和淘汰。不同项目对可持续发展的促进作用也不具有可比性。

B.10
3A可持续发展价值评估模型与
2030年可持续发展议程关联分析

摘　要： 为实现经济、社会和环境三个维度的可持续发展，联合国于2015
年提出了17项可持续发展目标（SDGs）。可持续发展成为全球
发展方向的共同指引。为了合理评估不同组织对可持续发展所创
造的价值，社投盟牵头研发了上市公司3A可持续发展价值评估
模型，并对沪深300公司进行了评估。本报告对该模型及沪深
300公司与可持续发展及SDGs的对应关系进行了分析。结果表
明，该模型评估指标与SDGs高度吻合，可持续发展价值评估契
合了SDGs的发展方向，可有效评估企业实践可持续发展的情况；
尽管大部分沪深300公司对可持续发展的实践有待提高，但实现
程度较高的标杆公司依然存在。可持续发展价值评估将是带动中
国企业参与可持续发展的有效途径。

关键词： 可持续发展　沪深300　SDGs

　　21世纪以来，人的生存和发展权利得到更多关注。如何在经济、社会和环
境三个维度取得平衡以实现可持续发展，成为新时代人们所面临的挑战。基于
此，联合国在2015年正式发布了《2030年可持续发展议程》，提出了17项可持
续发展目标（Sustainable Development Goals，SDGs）。① 除了联合国以宏观目标

---

① 胡祖铨：《关于联合国SDG（SDG）的研究》，http：//www.sic.gov.cn/News/456/6279.
htm，2019年7月31日。

规划的方式在为可持续发展做出贡献外，政府也逐渐将发展的眼光从经济表现拓宽至社会福祉及环境保护层面，公司也愈加重视自身对可持续发展所做出的贡献。在实践可持续发展的浪潮中，如何合理评估不同组织对于可持续发展所创造的价值成为一项重要议题。可持续发展价值即义利并举，又称社会价值或综合价值，指组织为建设更高质量、更有效率、更加公平和更可持续的美好未来，通过创新的生产技术、运营模式和管理机制等方式所实现的经济、社会和环境综合贡献。[①] 由社会价值投资联盟（深圳）牵头，中外公益智库、数据及技术服务方和项目组跨界协同完成的"上市公司 3A 可持续发展价值评估模型"（分为"通用版"、"地产版"和"金融版"，本文主要讨论"通用版"，后文简称"3A 模型"）及根据其评估结果产生的"义利99"排行榜，便是可持续发展价值评估在中国针对上市公司的先行试验。

在推进可持续发展价值评估的过程中，有以下两个问题值得探索：第一，作为可持续发展价值评估尝试的 3A 模型与体现人类对可持续发展共识的 SDGs，有着对于"美好未来"的共同想象。但 3A 模型在指标层面与 SDGs 的关联程度如何？第二，3A 模型的评估对象，即沪深300 成分股公司对于可持续发展及 SDGs 的认识及实践程度如何？

基于此，本文以对标分析的方式对以上两个问题做出回答。对标结果表明，3A 模型的指标与 SDG 高度吻合，可持续发展价值评估契合了 SDGs 的发展方向，可有效评估企业实践可持续发展的情况。尽管大部分沪深300 公司在实践可持续发展的过程中有一定局限性，但实现程度较高的标杆公司依然存在。

一 研究背景

可持续发展是指，既能满足当代人的需要，又不对后代人满足其需要的

---

① 社会价值投资联盟：《发现中国"义利99"（2018）》，社会科学文献出版社，2019。

能力构成危害的发展。① 这一概念在联合国 1987 年的《我们共同的未来》中正式提出。② 2015 年 9 月 25 日，《改变我们的世界：2030 年可持续发展议程》于联合国可持续发展峰会上正式通过，这标志着全球可持续发展目标（SDGs）的正式建立。SDGs 包括 17 个大目标和 169 个子目标。17 个可持续发展目标是实现所有人更美好和更可持续未来的蓝图，169 个子目标为实践层面的路径。SDGs 回应了我们面临的全球挑战，包括与贫困、不平等、气候、环境退化、繁荣以及和平与正义有关的挑战。而这些目标相互关联，其核心是不让任何一个人掉队，并期望能在 2030 年之前实现每个目标。③

联合国前秘书长潘基文表示："企业是实现联合国 SDGs 的重要合作伙伴。企业可通过其核心业务为联合国 SDGs 的实现做出自己的贡献；我们呼吁各国企业评估其业务活动影响、制定远大目标并对其成果进行透明的沟通。"④

除了企业是实现 SDGs 不可或缺的重要伙伴之外，SDGs 还可以从以下四个方面助力企业实现自身的可持续发展。第一，指导企业发现未来商机。SDGs 旨在引导全球资金流向，应对各个领域的可持续发展挑战。⑤ 对于那些有能力开发和推出创新技术和解决方案的企业，可以利用 SDGs 带来的商机，大力发展与投资可再生能源、能源储备等创新技术，减少排放与浪费。⑥ 第二，帮助企业提高运营效率。SDGs 可通过加强经济激励措施、改用更可持续的替代解决方案等方式引导企业更高效地利用资源，⑦ 帮助企业降低经营成本，从而提高企业利润，增强核心竞争力，延长寿命，实现企业的可持续发展。第三，深化企业与利益相关方关系。SDGs 反映了利益相关

---

① 世界环境与发展委员会：《我们共同的未来》，联合国，1987，第 10 页。

② 可持续发展的概念演变，详见总报告。

③ https://www.un.org/sustainabledevelopment/zh/sustainable - development - goals/，2019 年 9 月 4 日。

④ GRI, United Nations Global Compact, WBCSD, *SDG Compass*, 联合国，2015，第 4 页。

⑤ GRI, United Nations Global Compact, WBCSD, *SDG Compass*, 联合国，2015，第 4 页。

⑥ MSC：《当聊到 SDG 的时候，我们到底该聊些什么》，https://mp.weixin.qq.com/s/-taCqVb1JJayotJlpwBxgeQ，2019 年 9 月 15 日。

⑦ GRI, United Nations Global Compact, WBCSD, *SDG Compass*, 联合国，2015，第 4 页。

方的期望，积极落实 SDGs 的企业可深化与客户、员工和其他利益相关方的关系。反之，企业将面临不断增加的法律和声誉风险。① 所有企业都应该遵守法律，时刻关注新出台的政策法规。例如联合国全球契约十项原则就从人权、劳工、环境和反腐败方面，对企业的可持续发展提出了最低期望，尊重利益相关方的普遍利益。② 第四，帮助不同利益相关方使用共同语言和目标。SDGs 树立了共同的行动和语言框架，有助于企业更统一、高效地与利益相关方沟通其业务影响和绩效。其目的在于汇聚合作伙伴的力量，发挥协同效应，共同应对全球最紧迫的社会挑战。③

二 研究方法

（一）3A 模型与 SDGs 对应关系

我们将 3A 模型与 SDGs 的对应分为与 17 个目标对应和与 169 个子目标对应两部分。

在对应分析开始之前，我们阅读了 2015～2018 年与可持续发展及 SDGs 相关的文献，以深入了解 SDGs 的内涵、发展及应用。文献的主要来源有：联合国（共 6 篇，主要为 SDGs 报告）、联合国主要/附属/专门/隶属机构（共 10 篇，包括介绍成员国政府或联合国机构如何确立 SDGs，如何参与到 SDGs 实现过程中）、非营利组织（共 10 篇，主要介绍企业如何参与到 SDGs 实现过程中，以及企业行为如何与 SDGs 产生对应），以及商业机构或网络资源（共 7 篇，包括对企业可持续发展报告的评估，一些标杆企业是如何实现 SDGs 的，以及 SDGs 目前实施的局限性）。这一研究过程帮助我们深入了解了 SDGs，建立了扎实的分析基础，并具体呈现在后续指标与 SDGs 对

---

① GRI, United Nations Global Compact, WBCSD, *SDG Compass*，联合国，2015，第 4 页。
② MSC：《当聊到 SDG 的时候，我们到底该聊些什么》，https：//mp. weixin. qq. com/s/ - taCqVb1JayotJlpwBxgeQ，2019 年 9 月 15 日。
③ GRI, United Nations Global Compact, WBCSD, *SDG Compass*，联合国，2015，第 4 页。

应的结果中。

第一步，我们将3A模型的四级指标与SDGs的17个目标进行对应分析。为了区分17个目标的核心追求，除"合作伙伴"这一目标外，其他16个目标都被归类到经济、社会和生物圈三个层次。

第二步，我们将3A模型的四级指标与SDGs的169个子目标也进行了对应分析。通过分析3A模型四级指标进行评估的内涵和169个子目标的关联程度，我们找到了3A模型每个四级指标所对应的SDGs子目标，并在本报告中呈现总体对应情况及部分典型对应结果。

（二）沪深300公司可持续发展认知及实践分析

在完成3A模型与SDGs的对应分析之后，首先，通过关键词和语义分析探索了沪深300公司对可持续发展的认知及实践程度；其次，通过分析可持续发展实践程度较高的公司，具体了解沪深300公司如何贡献于可持续发展。

第一步，通过对沪深300上市公司公开信息的阅读、检索，我们把企业关注可持续发展的程度从低到高分为如下四个等级：

（1）不关注"可持续发展"；

（2）关注"可持续发展"，但不关注SDGs；

（3）关注SDGs；

（4）披露了企业践行SDGs的措施。

上述层级为判断企业实现可持续发展程度的标准，其判断方法如下。

a. 在社会责任报告（如有）及年报中检索"可持续发展"。根据检索结果判断企业是否有对"可持续发展"的关注，如否则归为第一类，如是则进入下一步判断。

b. 以"联合国""SDGs""可持续发展目标"为关键词在社会责任报告（如有）及年报中检索。根据检索结果判断企业是否有对"SDGs"的关注，如否则归为第二类，如是则进入下一步判断。

c. 根据a同b两步检索的结果，判断企业是否有践行SDGs的措施，如否则归为第三类，如是则归为第四类。

在进行分类的同时，我们判断了企业是否发布社会责任报告，以了解企业披露可持续发展相关信息意识。此外，我们还比较了2019年"义利99"上榜公司和同期沪深300公司的可持续发展实践程度。

第二步，我们挑选4个SDGs目标并分别选出一家表现较好的企业，根据其目标 | 驱动力、方式 | 创新力和效益 | 转化力三方面的表现，结合国家层面的战略规划进行了具体分析，以了解沪深300中优秀企业如何实践SDGs目标。

其中，标杆公司挑选的基本方法为：

（1）参考前一步3A模型与SDGs对标的结果，寻找与所分析SDGs对应的四级评估指标；

（2）在第四类披露的企业践行SDGs措施的公司中，挑选出与所分析SDGs对应的四级指标评分较高的公司，并分析其如何实践SDGs。

三　研究结论

（一）3A模型的四级指标与SDGs17项目标关联关系

2016年，福尔克（Folke）等人[①]将SDGs17个目标分成四类：生物圈、社会、经济及进一步目标（见图1）。福尔克等人认为，生物圈被认为是最基础的目标，社会建立在生物圈之上，而经济建立在社会之上。只有三者都被满足了，才能达成进一步目标。为寻找3A模型四级指标与各层面分类的SDGs的关系，我们将指标以3A（即目标 | 驱动力、方式 | 创新力和效益 | 转化力）进行分类，并通过对标方式呈现二者之间的对应关系。[②] 对标结果表明，3A模型与SDGs17项目标均能建立对应关系。

---

① Folke, C., Biggs, R., Norstrom, A. V., Reyers, B., Rockstrom, J., Social-Ecological Resilience and Biosphere-based Sustainability Science, 2016.

② 本报告只列出了对应的典型指标，如欲了解完整对应关系，请联系社投盟。

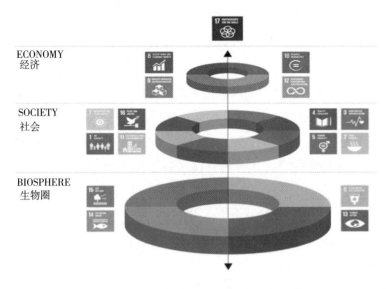

图 1　SDGs 按照经济、社会和生物圈分类

在该 SDGs 分类中，"生物圈"这一类包括对水资源、森林资源的保护和气候问题的防控等。与之相符的 3A 模型四级指标主要有（见表 1）：目标｜驱动力的"可持续发展战略目标"，包括制定有利于经济、社会、环境可持续发展的目标；方式｜创新力的"产业转型升级"，如从高污染高排放产业向节能环保型产业转型；"产品/服务符合社会价值的创新"，如生产可循环回收的产品；效益｜转化力的"'三废'减排、水资源管理、环境管理体系"等评估企业在环境污染防控和减少资源浪费方面的措施及效果的指标。

表 1　生物圈典型四级指标对应

对应 SDGs 指标	目标｜驱动力	方式｜创新力	效益｜转化力
SDG6：为所有人提供水和环境卫生并对其进行可持续管理	1.2.1.1 可持续发展战略目标	2.1.2.2 产品/服务契合社会价值的创新 2.2.2.2 产业转型升级	3.3.2.2 水资源管理措施和效果 3.3.3.1 "三废"（废水、废气、固废）减排措施和效果 3.3.1.1 环境管理体系

续表

对应 SDGs 指标	目标丨驱动力	方式丨创新力	效益丨转化力
SDG13:采取紧急行动应对气候变化及其影响		2.3.3.2 风险管理体系	3.3.4.2 应对气候变化措施和效果
SDG14:保护和可持续利用海洋和海洋资源以促进可持续发展	1.2.1.1 可持续发展战略目标	2.1.2.2 产品/服务契合社会价值的创新	3.3.3.1"三废"(废水、废气、固废)减排措施和效果 3.3.1.1 环境管理体系
SDG15:保护、恢复和促进可持续利用陆地生态系统,可持续管理森林,防治荒漠化,制止和扭转土地退化,遏制生物多样性的丧失	1.2.1.1 可持续发展战略目标	2.1.2.2 产品/服务契合社会价值的创新	3.3.1.1 环境管理体系

"社会"这一类的SDGs则主要衡量企业及国家机构对解决社会问题的努力,包括消除饥饿、贫困,促进人类健康、公平等。与之相对应的四级指标主要有(见表2):目标丨驱动力的"受众结构",该指标主要衡量公司主营业务的受众结构是否涵盖弱势群体,与消除贫困饥饿、实现人的健康生活方式、社会性别平等一系列SDGs目标所针对的人群相符;方式丨创新力如"投资者关系管理""内控管理体系"的指标是实现"建设包容、高效机构"这一目标的保障;效益丨转化力的"员工权益保护"和"员工职业发展"的指标所考察的企业表现有助于缓解贫困等问题,及进一步实现平等。

表2 社会典型四级指标对应

对应 SDGs 指标	目标丨驱动力	方式丨创新力	效益丨转化力
SDG1:在全世界消除一切形式的贫困	1.3.2.1 受众结构		3.2.2.2 员工权益保护 3.2.2.3 员工职业发展
SDG2:消除饥饿,实现粮食安全,改善营养状况和促进可持续农业	1.2.1.1 可持续发展战略目标 1.3.2.1 受众结构	2.1.2.2 产品/服务契合社会价值的创新	
SDG3:确保健康的生活方式,增进各年龄段人群的福祉	1.3.2.1 受众结构	2.1.2.2 产品/服务契合社会价值的创新	3.2.2.2 员工权益保护 3.2.2.3 员工职业发展

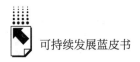
续表

对应SDGs指标	目标丨驱动力	方式丨创新力	效益丨转化力
SDG4：确保包容和公平的优质教育，让全民终身享有学习机会	1.3.2.1 受众结构		3.2.2.2 员工权益保护 3.2.2.3 员工职业发展
SDG5：实现性别平等，增强所有妇女和女童的权能	1.1.2.1 价值观经营理念		
SDG7：确保人人获得负担得起的、可靠和可持续的现代能源	1.3.2.1 受众结构	2.2.2.2 产业转型升级	
SDG11：建设包容、安全、有抵御灾害能力和可持续的城市和人类住区	1.3.2.1 受众结构		3.2.5.2 社区能力建设
SDG16：创建和平、包容的社会以促进可持续发展，让所有人都能诉诸司法，在各级建立有效、负责包容的机构		2.3.1.2 投资者关系管理 2.3.3.1 内控管理体系	3.2.3.1 合规运营 3.2.3.2 供应链管理措施和效果

  "经济"这一类的SDGs涉及小至企业，大至国家间经济的可持续发展及减少经济不平等的议题。其对应的四级指标主要有（见表3）：目标丨驱动力的"主营业务定位"可衡量企业所从事的业务是否可以推进包容性的工业化或者具有可持续的生产和消费模式。方式丨创新力的"产业转型升级"及"产品/服务突破性/契合社会价值的创新"，这是实现可持续生产的保障；"企业创新激励"，有助于推动公司的创新。该指标主要针对企业。创新的产品更可能在激烈的商业竞争中脱颖而出，获得更高的经济利润，同时可持续发展的创新也有助于持久的经济增长。效益丨转化力的四级指标主要衡量了单个企业的经济表现，但是企业的发展本身与经济发展的方向是一致的，包括体面工作与经济增长等。四级指标的经济类指标均可以与经济层面分类的SDGs相对应。其中比较典型的如"资产负债率"考察了企业经营模式的可持续性。

表3　经济典型四级指标对应

对应 SDGs 指标	目标丨驱动力	方式丨创新力	效益丨转化力
SDG8:促进持久、包容和可持续经济增长,促进充分的生产性就业和人人获得体面工作	1.2.1.1 可持续发展战略目标 1.2.2.1 中长期战略发展规划	2.1.2.1 产品/服务突破性创新 2.1.2.2 产品/服务契合社会价值的创新 2.2.2.2 产业转型升级 2.3.4.1 企业创新奖励激励	3.1.4.1 近三年营业收入复合增长率
SDG9:建造具备抵御灾害能力的基础设施,促进具有包容性的可持续工业化,推动创新	1.2.1.1 可持续发展战略目标 1.3.1.1 主营业务定位	2.1.2.1 产品/服务突破性创新 2.1.2.2 产品/服务契合社会价值的创新 2.3.4.1 企业创新奖励激励 2.3.3.2 风险管理体系	3.1.1.2 营业利润率
SDG10:减少国家内部和国家之间的不平等	1.3.2.1 受众结构		3.1.5.1 纳税总额
SDG12:采用可持续的消费和生产模式	1.2.1.1 可持续发展战略目标 1.3.1.1 主营业务定位 1.3.2.1 受众结构	2.1.2.2 产品/服务契合社会价值的创新 2.2.2.2 产业转型升级	3.1.3.2 资产负债率

在该 SDGs 分类模型中,"生物圈"的保护为人类社会发展的基础,在此基础上才有"社会"的考量,而"经济"则是建立在保护好生物圈、协调好社会问题之上的进一步追求。而在"经济"之上,SDGs 进一步提出"重振可持续发展全球伙伴关系"的目标。该目标可对应方式丨 APPROACH 的"利益相关方识别与参与"(见表4),旨在通过建立跨国伙伴关系,以实现更大范围、更广维度的可持续发展。

表4　进一步目标的四级指标对应

对应 SDGs 指标	目标丨驱动力	方式丨创新力	效益丨转化力
SDG17:加强执行手段,重振可持续发展全球伙伴关系		2.3.1.3 利益相关方识别与参与	

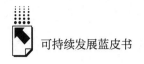

（二）3A模型的四级指标与SDGs169项子目标关联关系

在探索SDGs17个目标与3A模型四级指标之间的关联后，我们进一步对SDGs169个子目标与3A模型四级指标的对应关系展开了分析。几乎所有的四级指标都可以找到与之相符的SDGs子目标（对应至少一个SDGs子目标的四级指标约占总量的95%，见图2），大部分的SDGs子目标也有相对应的四级指标（被3A模型所覆盖到的SDGs子目标约占总量的74%，见图3）。

我们通过三个方面说明我们的分析结果。第一，3A模型与SDGs的高度一致性主要体现在强调经济、社会、环境的统一，关注弱势群体及强调创新这三个方面。第二，我们通过四个四级指标说明了3A模型与SDGs的对应方式。第三，SDGs是针对宏观规划的目标体系，而3A模型是针对公司的评估体系，因此二者具有一定的差异性。

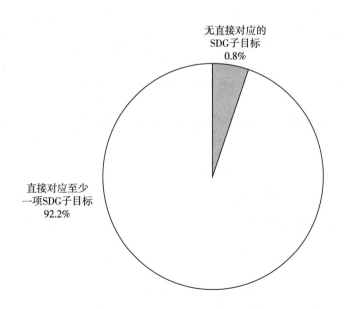

图2　3A模型四级指标与SDGs子目标对应情况

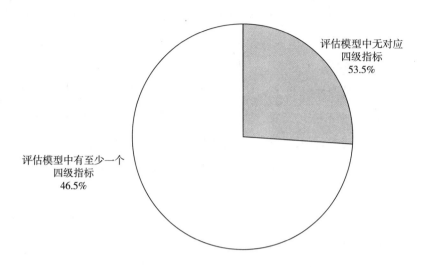

图3　3A 模型所覆盖的 SDGs 子目标情况

1. 3A 模型与 SDGs 的一致性

第一，SDGs 与 3A 模型均强调经济、社会、环境在可持续发展中是不可分割的。首先，SDGs 对环境议题的关注包括对水资源（淡水及海洋资源）、森林资源的保护与气候问题的应对。而 3A 模型也体现了相同的内容，如"水资源管理措施及效果"指标，包括减少污染物排放至水体、节约用水等。其他和环境密切相关的指标还有"综合能耗管理措施和效果"、"物料消耗管理措施和效果"以及"'三废'（废水、废气、固废）减排措施和效果"等；社会议题的关注则包括消除贫困、饥饿，促进人群的健康，促进教育、性别、司法平等，建设包容安全的社区。而"公平雇佣政策和效果""员工权益保护""公益投入"和"社区能力建设"等指标有助于社会方面目标的达成；经济议题的关注则涵盖追求企业可持续创新发展与减少国家间发展的不平等，最终重振全球合作伙伴关系，不管是方式 | APPROACH 对企业创新的"运营模式"的关注还是效益 | ACTION 中对企业经济表现各种指标的衡量，都有助于促进经济目标的达成。

第二，具体到目标人群，则 SDGs 与 3A 模型都在为保护更多人的权益、实现人类更高的福祉而努力。二者相比，SDGs 有关"人群"的目标更为宏观，3A 模型则较为具体，但它们的根本追求都是一致的。在 3A 模型的四级指标中，与"人群"有关的指标有：目标 I 驱动力的"受众结构"（衡量企业是否在服务受众中涵盖了弱势群体），效益 I 转化力中与员工权益有关的指标（如"公平雇佣政策和效果""员工权益保护""员工职业发展"等）、与客户权益有关的指标（如"质量管理体系"）和社区贡献有关的指标（如"社区能力建设"）等。这些指标均体现了 SDGs 提升人群福祉的目标，如"SDG8.5 - 到 2030 年，所有男女，包括青年和残疾人实现充分和生产性就业，有体面工作，并做到同工同酬"（可由"公平雇佣政策和效果"推进）、"SDG11.7 - 到 2030 年，向所有人，特别是妇女、儿童、老年人和残疾人，普遍提供安全、包容、无障碍、绿色的公共空间"（可由"社区能力建设"推进）等。可见二者在"人群"层面有较高相关度。

第三，3A 模型与 SDGs 都体现了对创新的关注。在 3A 模型的指标中，与"创新"最密切相关的为一级指标方式 I APPROACH 下的指标，包括"技术创新"、"模式创新"和"管理创新"三个二级指标。"技术创新"从研发能力（四级指标"研发收入""每亿元营业收入有效专利数"）和产品服务创新程度（四级指标"产品/服务突破性创新"、"产品/服务契合社会价值的创新"）衡量企业创新能力。而 SDGs 也针对创新设立了子目标，如"SDG9.b - 支持发展中国家的国内技术开发、研究与创新，包括提供有利的政策环境，以实现工业多样化，增加商品附加值"和"SDG17.6 - 技术 - 加强在科学、技术和创新领域的南北、南南、三方区域合作和国际合作，加强获取渠道，加强按相互商定的条件共享知识，包括加强现有机制间的协调，特别是在联合国层面加强协调，以及通过一个全球技术促进机制加强协调"。

2. 四级指标对应关系分析

我们选取了产品/服务突破性创新、行业标准制定、员工职业发展以及水资源管理措施和效果四个四级指标为例来说明 3A 模型与 SDGs 的对应关系。①

---

① 如需了解完整对应关系，请联系社投盟。

（1）产品/服务突破性创新。

①指标概念

突破性创新是使产品、工艺或服务具有前所未有的性能特征，或者具有相似的特征但是性能和成本都有巨大的提高，或者创造出一种新的产品。它在工艺、产品和服务领域创造出戏剧性的变革。这种变革能改变现有的市场和产业，或创造出新的产业和市场。这种突破性创新可以带来的结果有：提升性能、削减成本、建立新产业、开拓新客户群体等。

②对应 SDGs

SDG12：采用可持续的消费和生产模式。

12.2　到2030年，实现自然资源的可持续管理和高效利用。

简要说明：突破性创新所带来的产品性能提升可表现在产品能耗更低、使用效果更突出等方面。而这有助于提升产品生产、使用过程中所消耗的自然资源的利用效率，从而达到自然资源的可持续管理与高效运用。

12.4　到2020年，根据商定的国际框架，实现化学品和所有废物在整个存在周期的无害环境管理，并大幅降低它们排入大气以及渗漏到水和土壤的概率，尽可能降低它们对人类健康和环境造成的负面影响。

12.5　到2030年，通过预防、减排、回收和再利用，大幅减少废物的产生。

12.a　支持发展中国家加强科学和技术能力，采用更可持续的生产和消费模式。

简要说明：技术的提高以及对产品能耗处理方面的突破性创新有利于从产品生产的减排等入手，从而大幅度减小生产过程中对环境造成的破坏，降低对于人类健康的负面影响，从而帮助形成可持续的生产模式。

SDG8：促进持久、包容和可持续经济增长，促进充分的生产性就业和人人获得体面工作。

8.2　通过多样化经营、技术升级和创新，包括重点发展高附加值和劳动密集型行业，实现更高水平的经济生产力。

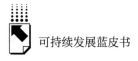

简要说明：企业产品的突破性创新实际上也是企业生产过程中技术升级的体现。技术升级可以带来企业生产的高附加值，从而实现更高水平的经济生产力。

（2）行业标准制定。

①指标概念

该指标考察公司是否参与或引领了行业标准的制定。行业标准的引领是一个企业对行业做出的巨大贡献，也体现了企业的行业地位。

②对应SDGs

SDG12：采用可持续的消费和生产模式。

12.6　鼓励各个公司，特别是大公司和跨国公司，采用可持续的做法，并将可持续性信息纳入各自报告周期。

简要说明：一个可制定行业标准的公司必然代表着这个行业最先进、最可持续的生产模式。对于一个成为行业标准的公司而言，其生产方式可以作为其他公司的规范，鼓励其他公司向更可持续的方向发展。

12.a　支持发展中国家加强科学和技术能力，采用更可持续的生产和消费模式。

简要说明：对于大部分成为行业标准的公司而言，它们都拥有能代表这个行业先进生产水平的技术和产品，如获得发明专利的授权等。因此，行业标准的制定有利于鼓励行业内各企业加强技术创新与研发，实现更可持续的生产方式。

（3）员工职业发展。

①指标概念

职业发展是组织用来帮助员工获取目前及将来工作所需的技能、知识的一种规划。在平等和非歧视的基础上，在员工工作经历的各个阶段，向其提供技能开发、培训的机会。企业文化培训也属于员工培训。但员工职业发展不包括文体培训等职业发展方面以外的培训，同时董事培训亦不包含在内。

②对应SDGs

SDG4：确保包容和公平的优质教育，让全民终身享有学习机会。

4.3 到 2030 年，确保所有男女平等获得负担得起的优质技术、职业和高等教育，包括大学教育。

4.4 到 2030 年，大幅增加掌握就业、体面工作和创业所需相关技能，包括技术性和职业性技能的青年和成年人数。

4.5 到 2030 年，消除教育中的性别差距，确保残疾人、土著居民和处境脆弱儿童等弱势群体平等获得各级教育和职业培训。

SDG8：促进持久、包容和可持续经济增长，促进充分的生产性就业和人人获得体面工作。

8.6 到 2020 年，大幅降低未就业和未受教育或培训的青年人比例。

简要说明：员工培训可以增强员工职业相关的技能，降低未受教育、职业培训者的比例。

（4）水资源管理措施和效果。

①指标概念

水资源管理措施指企业运用经济、技术、制度等手段对水资源的分配、开发、利用、调度和保护进行管理，而效果则指措施实际达成的对水资源的保护和节约效果。

②对应 SDGs

SDG6 为所有人提供水和环境卫生并对其进行可持续管理。

6.4 到 2030 年，所有行业大幅提高用水效率，确保可持续取用和供应淡水，以解决缺水问题，大幅减少缺水人数。

简要说明：水资源管理措施，包括循环利用、节水设备，有助于提高用水效率、资源高效利用。

6.5 到 2030 年，在各级进行水资源综合管理，包括酌情开展跨境合作。

SDG8 促进持久、包容和可持续经济增长，促进充分的生产性就业和人人获得体面工作。

8.4 到 2030 年，逐步改善全球消费和生产的资源使用效率，按照《可持续消费和生产模式方案十年框架》，努力使经济增长和环境退化脱钩，发达国家应在上述工作中做出表率。

尽管SDGs与3A模型有较高的相关度，但不可否认的是二者之间还存在一定差异。主要是因为在SDGs是一个指导国家和区域经济发展的国际目标体系，而3A模型主要针对的是中国上市公司。此外，3A模型还体现了对发展中国家如中国的国情的关注，使其更具有可操作性。

3. 3A模型与SDGs的差异分析

总的来看，对标的差异情况共有三种类型。

（1）3A模型考察到但SDGs未覆盖的内容。

无对应SDGs目标的四级指标在3A模型中共有三个，分别是员工股票期权激励计划、质量管理体系和客户满意度。这三个指标与企业的经营紧密相关，但与SDGs在地区层面的宏观规划层级不同，因此没有直接对应的SDGs目标或者子目标。例如，"员工股票期权激励计划"将员工利益与公司利益更紧密地联系起来，从而激发员工的工作热情。但SDGs中并未提及有关内容。SDGs中较接近的是SDG17（加强执行手段，重振可持续发展全球伙伴关系），但其中提及的利益相关关系主要是政府和企业的伙伴关系及与社会组织之间的关系。而员工与公司之间的关系并不属于其中的任意一种。但是，这三个指标都有利于企业的可持续经营，因此可以认为与SDG8"经济增长"、SDG12"减少不平等"等经济相关的目标下的子目标都有间接的对应关系。

（2）3A模型未考察到的SDGs目标。

169个SDGs子目标中未被3A模型考察到的44个子目标主要有以下几类。

涉及国家层面的SDGs子目标。

涉及法律、政策制定的SDGs子目标，如各国制定适应本国国情的财政、社会保障制度，加强立法等。

与沪深300企业经营范围关联较小的SDGs子目标。

（3）3A模型不对应特定SDGs目标（即评估指标可对应众多SDGs目标的情况）。

可持续发展战略：评判"可持续发展战略"主要抓住的是判断其是否

包含 SDGs、五大发展理念、可持续发展价值核心主张等理念。因此公司的可持续发展战略与 SDGs 的追求是一致的，可以与 SDGs 中的所有目标相契合。

公益投入：该指标考察企业对外捐赠等慈善行为，企业慈善行为的作用取决于企业进行慈善行为的目标以及企业自身的业务、长处，因此在不同慈善项目、不同企业的特定语境下可对应不同的 SDGs 目标。

（三）A 股上市公司2030年可持续发展议程认同分析

研究发现，沪深 300 上市公司对可持续发展议题拥有较高的关注度，但是在践行可持续发展方面，如关注 SDGs 并披露相关措施，沪深 300 公司仍有待加强。沪深 300 上市公司对可持续发展的实际参与不够，或者对自身可持续发展措施及效果的披露意识不足。相较于沪深 300 公司，"义利99"上榜公司在对 SDGs 的关注及披露相关措施上表现更好。

在社会责任报告披露方面，沪深 300 各行业（除电信业务行业外）发布独立社会责任报告的公司比例都在 60% 以上，A 股头部上市公司在信息披露方面的透明度较高（见图4）。

本报告尝试从企业所有制性质角度出发，进一步分析电信业务行业信息披露透明度偏低的原因。在沪深 300 企业中，90.7% 的国有企业发布独立社会责任报告，75.6% 的非国有企业发布独立社会责任报告。非国有企业在信息披露透明度上与国有企业有一定距离。在电信业务公司中，100% 的国有企业发布独立社会责任报告，40% 的非国有企业发布独立社会责任报告，显著低于沪深 300 的平均水平。同时，非国有企业在电信业务行业中占比 70% 以上。非国有企业在电信业务行业中占比高，但它们社会责任报告发布比例低，因此，整体而言，沪深 300 中电信业务行业社会责任报告发布比例偏低。

在关注可持续发展方面，除信息技术行业外（与上述电信业务行业原因相同，87.5% 的国有企业提及可持续发展，48% 的非国有企业提及可持续发展，非国有企业在信息技术行业中占比 70% 以上），各行业提及可持续发展的公司比例都在60%以上。同时，我们还发现在样本公司中，尽管有11家企业（如国投资本、贵州茅台以及恒逸石化等）没有发布独立的社会责任报告，但它们在年报中提到了公司可持续发展的成效或规划。若将上述11家公司与发布独立社会责任报告的公司归为对可持续发展关注的公司，那么有86%的A股头部上市公司都表现出对可持续发展议题的关注。

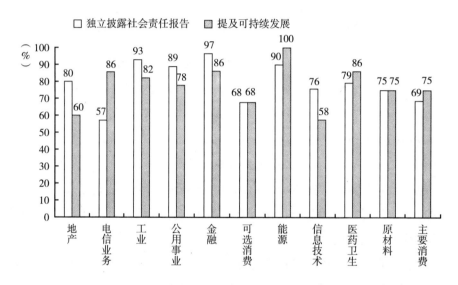

图4 沪深300公司披露社会责任报告及关注可持续发展情况（按行业）

资料来源：社投盟。

沪深300公司对联合国SDGs的关注、参与程度较低。各行业中只有小比例的企业在社会责任报告或者年报中提及SDGs，比例在30%或以下（见图5）。同时，所有提及了SDGs的公司均披露它们实行SDGs的相关措施。因此，我们可以看到SDGs对于指引企业进行可持续发展信息披露，建立可持续发展具体方案的重要作用。其中部分公司，如中国核电和中国人寿等，在披露措施时将措施与其对应的SDGs目标结合起来，并制作了SDGs对应表，使得措施与SDGs的关系更加直观可视，这种披露方法值得鼓励。

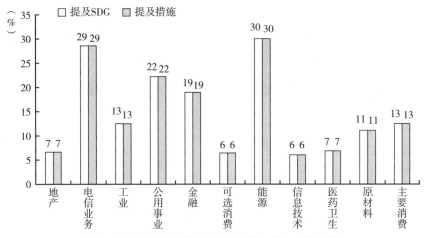

图 5　沪深 300 公司践行 SDGs 情况对比（按行业）

资料来源：社投盟。

在评价上市公司可持续发展价值及 SDGs 参与、贡献方面，我们对"义利99"上榜公司进行了独立分析。如表 5 所示，相比于非上榜公司，上榜公司做到了100%发布独立社会责任报告、93%提及可持续发展。而在提及SDGs 及措施和效果的公司中，上榜公司也显著多于非上榜公司。同时，在提及 SDGs 与披露 SDGs 相关措施方面，上榜公司明显高于非上榜公司。这也从侧面印证了 3A 模型与 SDGs 的高相关性。

表 5　"义利99"上榜公司与非上榜公司可持续发展关注程度对比

单位：家，%

项目	公司数	发布社会责任报告	提及可持续发展	提及 SDGs	提及措施
非上榜公司	201	149	144	10	10
占比	100	74	72	5	5
上榜公司	99	99	92	28	28
占比	100	100	93	28	28

（四）A 股上市公司践行2031年可持续发展议程案例

我们选取了 SDG3 - 良好健康与福祉、SDG4 - 优质教育、SDG7 - 经济

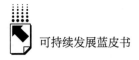
适用的清洁能源和SDG8 – 体面工作与经济增长四项可持续发展目标，说明了沪深300的4家公司如何从目标 | 驱动力、方式 | 创新力和效益 | 转化力三个方面践行可持续发展。

1. SDG3：确保健康的生活方式，促进各年龄段人群的福祉

案例：康弘药业（002773. SH）①

成都康弘药业集团股份有限公司（以下简称"康弘药业"或"集团"）成立于1996年，是一家致力于生物制品、中成药及化学药研发、生产、销售及售后服务的大型医药集团，总部位于四川省成都市，现有员工4000余人，拥有生物制品、中成药和化学药等多个生产基地，营销网络遍布全国。2015年6月26日，康弘药业正式在深圳证券交易所挂牌上市。②

● 目标 | 驱动力

康弘药业的企业宗旨是"研发、制造、销售及传播专业创新的医药产品和知识，从根本上改善患者个人体能和社会医疗效能，促进人类健康事业的进步——康健世人 弘济众生"。质量宗旨是"质量运行应该成为公司一个积极的合作伙伴，推动一种基于风险和科学的质量文化，以保证质量运行能够最大限度地支持和实现公司的经营目标及长远规划"。文化内涵是"共建美好家园、共创辉煌人生、共铸健康人间"。

● 方式 | 创新力

康弘药业康柏西普的成功上市，打破了国外高端生物药领域的技术壁垒，打破了外资药品对中国眼科市场的独家垄断格局，促使某进口药在专利期内由每支9800元降至7200元，创造了中国医药史上进口高价药第一次在专利期内主动、大幅降价的生动案例。自上市以来，已有50多万人次通过使用康柏西普治疗获益，同时，在党和政府的支持下，康柏西普进入了新版国家医保目录，治疗费用仅为进口药物的48%。随后，作为唯一的眼科抗

---

① 康弘药业：《2018社会责任报告》，2019。
② 康弘药业官网 https：//www.cnkh.com/about/ji – tuan – jian – jie.htm.

VEGF 药物入选基药目录，具有优先配备、优先使用权，意味着大量的百姓可以获得更多权益，极大地减轻了患者的医疗负担。

- 效益 | 转化力

2016 年 9 月，康柏西普凭借着严格的质量标准、药物疗效和安全性，成为我国第一个获美国 FDA 批准、直接开展Ⅲ期临床研究的创新药。目前，康弘在全球 30 多个国家和地区 300 多家中心启动了康柏西普全球多中心临床注册研究，有望为全球患者提供目前疗效更好、经济性更优的"中国方案"。

这些目标和举措体现了康弘药业为实现"促进基本医疗卫生服务的公平性和可及性①"所做努力，有助于实现 SDG3 - 3.8 "实现全民健康保障，包括提供金融风险保护，人人享有优质的基本保健服务，人人获得安全、有效、优质和负担得起的基本药品和疫苗"。

2. SDG4：确保包容和公平的优质教育，让全民终身享有学习机会

案例：中兴通讯（000063. SZ）②

中兴通讯是全球领先的综合通信解决方案提供商。公司成立于 1985 年，是在香港和深圳两地上市的大型通信设备公司。公司通过为全球 160 多个国家和地区的电信运营商和企业网客户提供创新技术与产品解决方案，让全世界用户享有语音、数据、多媒体、无线宽带等全方位沟通。③

- 目标 | 驱动力

中兴通讯坚持"人才是第一生产力"的理念，不断提升员工体验，实现员工个体与公司整体的共同成长。

- 效益 | 转化力

体现在员工培训制度上，为实现员工价值和企业价值的共赢，中兴通讯

---

① 《中国落实 2030 年可持续发展议程国别方案》，2016，第 18 页。
② 中兴通讯：《让沟通与信任无处不在 中兴通讯 2018 年可持续发展报告》，2019。
③ 中兴通讯官网 https://www.zte.com.cn/china/about/corporate_information/Introduction。

成立了自己的企业大学——中兴通讯学院，不断健全培训体系，丰富学习平台，制定了涵盖员工培训、师资培养和知识管理的内部管理办法，为员工能力和素质的提升提供持续的支持。2018年，中兴从八大模块（学习地图与课程体系、学习技术研究与实践、讲师队伍建设、培训管理队伍建设、学习政策机制、学习运营、质量评估、能力中心成熟度测评）全面落实人才培养。2018年，中兴通讯学院全年受训总人次达到2110478人次，其中新员工培训参培4358人，合计96期，授课课时6940小时，满意度达96.7分。女性员工培训502508人次，占比24%，男性员工培训1607970人次，占比76%，与公司男女员工比例一致。

此类员工培训计划与"建立职业教育与经济社会同步发展机制、职业教育专业设置标准与产业发展同步更新机制"[1]"推进教育信息化，发展远程教育，扩大优质教育资源覆盖面"[2]的国家方案相符，有助于实现SDG4-4.3"到2030年，确保所有男女平等获得负担得起的优质技术、职业和高等教育，包括大学教育"以及SDG4-4.4"到2030年，大幅增加掌握就业、体面工作和创业所需相关技能，包括技术性和职业性技能的青年和成年人数"。

3. SDG7：确保人人获得负担得起的、可靠和可持续的现代能源

案例：中国石化（600028.SH）[3]

中国石油化工股份有限公司（以下简称"中国石化"）是一家上中下游一体化、石油石化主业突出、拥有比较完备销售网络、境内外上市的股份制企业。中国石化是由中国石化集团有限公司依据《中华人民共和国公司法》，以独家发起方式于2000年2月25日设立的股份制企业。中国石化167.8亿股H股股票于2000年10月18日、19日分别在香港、纽约、伦敦三地交易所成功上市；2001年8月8日28亿股A股在上海证券交易所成功上市。中国石化是中国最大的一

---

① 《中国落实2030年可持续发展议程国别方案》，2016，第20页。
② 《中国落实2030年可持续发展议程国别方案》，2016，第18页。
③ 中国石化：《2018可持续发展进展报告》，2019。

体化能源化工公司之一,主要业务:石油与天然气勘探开发、管道运输、销售,石油炼制、石油化工、煤化工、化纤及其他化工生产与产品销售、储运,石油、天然气、石油产品、石油化工及其他化工产品和其他商品、技术的进出口、代理进出口业务,技术、信息的研究、开发、应用。[①]

● 目标 | 驱动力

中国石化始终致力于提供清洁、可靠的现代能源,同时不断扩大能源的受众群体。在公司的SDGs规划中,公司坚持践行绿色低碳发展战略,积极应对气候变化,统筹节能、减排、降碳一体化管理,大力推进清洁生产,保护环境,构建资源节约型、环境友好型绿色企业。而在受众结构规划中,公司结合自身业务特点和专业队伍优势,积极为作业地社区的安全稳定发展贡献力量。比如,油品销售企业在每年夏秋时节都会在靠近乡镇、临近农村及沿线加油站地带开展农民用油专供站活动,送油到田间地头,帮助农民实现丰收。这些目标与举措均有助于实现SDG7"确保人人获得负担得起的、可靠和可持续的现代能源"的计划。

● 方式 | 创新力

中国石化一直致力于将提升油品质量作为减少污染物排放、建设美丽中国的措施之一。近年来,公司汽柴油质量升级速度不断加快,保证成品油的清洁优质化始终走在行业前列。2018年,公司完成自主知识产权烷基化油生产技术的开发与工业转化,为国Ⅵ汽柴油生产提供技术保障。相较于国Ⅴ标准汽柴油,国Ⅵ标准下的汽柴油在污染物减排(如氮氧化物、一氧化碳、颗粒物排放)方面有更突出的表现。同时,国Ⅵ标准的汽柴油可以实现更充分燃烧,从而提高能源转化效率,更好地实现节能减排。作为符合可持续发展价值的创新,中国石化的自主知识产权生产技术开发有利于促进SDG7-7.3"到2030年,全球能效改善率提高一倍"这一目标的实现。

● 效益 | 转化力

与此同时,中国石化还在自身的综合能耗管理措施中持续推进"能效

---

① 中国石化官网 http://www.sinopec.com/listco/about_sinopec/our_company/company.shtml。

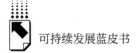

提升"计划，如采取天然气回收利用、分布式能源利用（即建立在用户端的能源供应方式，可以整合优化用户的多种能源需求，较传统的集中供能方式更能实现资源、环境的效益最大化）等措施，在2018年实施的481个项目中共实现年节能70.6万吨标准煤。

中国石化还推广应用成熟适用的节能技术。2018年，中石化实施技术改造共计280项，节能28万吨标煤。其中，胜利油田孤东采油厂采用注采输一体化能效提升技术，被评为"国家节能标准化示范创建项目"；茂名石化优化节能技术，装置能耗比设计值低37%，同时增加了高附加值产品收益率；石家庄炼化实施节能技改30项，万元产值综合能耗下降6.6个百分点，年节能2.5万吨标煤；齐鲁石化采用节能技术实施改造后，装置能耗下降35%以上，年节能1.19万吨标煤。

这一系列能效提升计划的实施及节能技术的推广符合国家"优化能源结构，提高化石能源利用效率；建设清洁低碳，安全高效的现代能源体系[①]"的要求，有力地支持了SDG7 - 7.3"到2030年，全球能效改善率提高一倍"目标的实现。

4. SDG8：促进持久、包容和可持续经济增长，促进充分的生产性就业和人人获得体面工作

案例：中国联通（600050.SH）[②]

中国联合网络通信集团有限公司（简称"中国联通"）于2009年1月6日在原中国网通和原中国联通的基础上合并组建而成，在国内31个省（自治区、直辖市）和境外多个国家和地区设有分支机构，是中国唯一在纽约、香港、上海三地同时上市的电信运营企业。中国联通主要经营固定通信业务，移动通信业务，国内、国际通信设施服务业务，数据通信业

---

① 《中国落实2030年可持续发展议程国别方案》，2016，第22页。

② 中国联通：《建设"五新"联通 创享美好智慧生活 2018社会责任报告》，2019。

务，网络接入业务，各类电信增值业务，与通信信息业务相关的系统集成业务等。[1]

- 目标丨驱动力

中国联通在公司经营理念中一直将可持续发展与人才培养作为重要内容。公司树立"人才强、基因优、企业兴"的理念，持续抓好企业文化建设，不断做强人才关键因子。人才培养与创新和业务变革战略有利于公司促进持久、可持续的经济增长，同时促进人才就业的充分与体面。

- 方式丨创新力

作为中国通信网络的主要运营商之一，中国联通致力于实现技术升级和提高创新的研发水平。为此，中国联通紧跟科技发展的潮流，努力将人工智能、区块链、5G技术等最新的科技成果与自身业务相融合，从而实现经营的多样化和技术的不断升级。

在人工智能领域，中国联通积极探索和实践人工智能在网络、业务、管理领域的应用。比如，将人工智能用于提升网络的智能化，积极探索自主驾驶网络等前沿领域；利用人工智能赋能行业应用，在智慧城市、智慧医疗等领域提供解决方案；将人工智能用于智能化客户服务，从而提升客服质量、降本增效；或是利用人工智能提升人力、财务、法务等领域的智能化水平，实现管理智能化等。

在区块链领域，中国联通专注于研究区块链的核心技术和创新应用，积极推动区块链与产业互联网结合以提升网络能力，同时把区块链去中心化的协作模式作为支撑企业生产、经营和管理的传统协作模式的重要补充，推动区块链技术发展与场景落地，助力产业转型升级。

多方面的技术应用使得中国联通无论是在公众、政企客户还是国际业务上的经营效率都得到提升，从而进一步满足了客户需求。而这样的技术升级和创新也为企业带来了更高的经济附加值，还符合国家"在新一代信息技

---

[1] 中国联通官网 http://chinaunicom.com.cn/about/about.html。

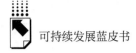
术、高端装备、新材料、生物医药等重点领域提高创新发展能力和核心竞争力①"的目标，有利于 SDG8 – 8.2"通过多样化经营、技术升级和创新，包括重点发展高附加值和劳动密集型行业，实现更高水平的经济生产力"的实现。

● 效益丨转化力

中国联通在雇佣机制中注重保障人权，尊重个人隐私。在招聘、晋升过程中，严格禁止对员工有任何关于年龄、民族、性别等方面的歧视行为。2018 年度，公司男女比例为 1.50:1，少数民族员工则占员工总数的6.77%。同时，公司严禁使用童工和强制劳动，并建立员工权益保障机制、畅通员工申诉渠道，2018 年未发生歧视事件。此举有利于不同性别、民族的员工实现平等、充分就业。同时有助于推进废除童工、消除强制劳动的进程。可促进 SDG8 – 8.7"立即采取有效措施，根除强制劳动、现代奴隶制和贩卖人口，禁止和消除最恶劣形式的童工，包括招募和利用童兵，到2025 年终止一切形式的童工"目标的实现。

与此同时，公司实行了一系列针对不同层级员工的培养计划。如对全集团的产品经理实施"O2O 学习示范班"，打造网上学院、"沃学堂"和"微学堂"三位一体网络学习平台，聚焦公司热点工作和业务，开展 10 期在线学习活动，共计 2.8 万人参加学习；对公司职工则开展系列"成才在一线"职工技能竞赛活动，2018 年共计举办大数据创新、电子商务、网络安全、B 域敏捷创新开发（天宫天梯）等 4 项集团级技能竞赛、22 项省级技能竞赛，全集团累计参与各类技能、劳动竞赛员工达 21 万人次。而面对新技术新业务，中国联通还在网上学院开设大数据、人工智能、区块链等相关内容课程 80 门。

这一系列的培训计划有助于实现国家"提升劳动力受教育水平②"的目标，推进 SDG8 – 8.6"到 2020 年，大幅减少未就业和未受教育或培训的青年人比例"这一计划的进程。

---

① 《中国落实 2030 年可持续发展议程国别方案》，2016，第 26 页。
② 《中国落实 2030 年可持续发展议程国别方案》，2016，第 26 页。

四 总结

本文分析了 3A 模型和沪深 300 公司对可持续发展的体现程度和与 SDGs 的关系，将促进可持续发展价值评估在中国落地以及国际推广，为沪深 300 公司践行可持续发展提供切实建议，可持续发展价值评估将是带动中国企业参与可持续发展的有效途径。

通过研究我们发现，SDGs 与 3A 模型的一致性主要体现在以下三个方面。

（1）SDGs 与 3A 模型均强调经济、社会、环境在可持续发展中是不可分割的。

（2）具体到目标人群，则 SDGs 与 3A 模型都在为保护更多人的权益、实现人类更高的福祉而努力。

（3）3A 模型与 SDGs 都体现了对创新的关注。

此外，对于沪深 300 公司，独立披露社会责任报告和提及可持续发展的公司都约占六成，对于可持续发展信息披露有一定意识，但仍待加强。其中，沪深 300 公司对联合国 SDGs 的关注、参与程度较低，提及比例不足三成。但是，所有提及 SDGs 的企业均披露了其实现 SDGs 的相关措施。因此，我们可以看到 SDGs 对于指引企业进行可持续发展信息披露、建立可持续发展具体方案的重要作用。而"义利 99"上榜公司 100% 独立披露社会责任报告、93% 提及可持续发展，相比于非上榜公司，提及 SDGs 措施及效果的比例也显著较高。

评估应用篇

Assessment Application

B.11
基于3Ａ可持续发展价值评估的
基金产品可投资性分析

摘　要：　本文介绍了可持续发展主题指数与基金产品开发的背景及意义，可持续发展100指数是由社投盟提供数据、博时基金定制、中证指数公司编制的可持续发展主题指数。通过3年历史回测加2年数据实证，发现了"三大金矿"：持续稳定的超额收益、较低的最大回撤率和高互补性的非财务驱动因子。

关键词：　中证可持续发展100指数　超额收益　最大回撤率

一　中证可持续发展100指数的研发背景

近几十年以来，伴随着科技的进步，人类社会在劳动生产率快速提高、持续创造财富的同时又涌现了许多新的问题。2000年9月，联合国制定为期15年的千年发展目标，主要目标是解决贫困问题。在这15年中，全球超过6亿人摆脱了贫困，其中中国在实现减贫等多项千年发展目标上做出了重大贡献。2015年联合国可持续发展峰会又制定了17个可持续发展目标，探索全球范围内的可持续发展道路，重点解决社会、经济和环境三个维度的发展问题。时任联合国秘书长潘基文指出："这17项可持续发展目标是人类的共同愿景，也是世界各国领导人与各国人民之间达成的社会契约。它们既是一份造福人类和地球的行动清单，也是谋求取得成功的一幅蓝图。"

2015年10月29日，在中共十八届五中全会第二次全体会议上，习近平总书记提出了创新、协调、绿色、开放、共享五大发展理念。五大发展理念结合了中国的实践，在可持续发展道路上重点解决发展的动力问题、平衡问题以及环境问题等。

据全球可持续发展投资联盟（GSIA）2018年的趋势报告，截至2018年，全球共有307000亿美元资产按照可持续投资策略管理，相较于2016年增长了34%，约占全球资产管理总量的33%。而由联合国发起并由投资者制定的负责任投资原则（Principle for Responsible Investment，PRI），致力于建立全球性的可持续金融体系。截至2019年6月，全球已有2400多家签署机构，管理资产总规模超过80万亿美元。其中来自中国的约有30家机构加入，主要包括例如博时、华夏等大型公募基金以及中国人寿等大型保险资管机构，还有社会价值投资联盟等国际化新公益组织。资产管理机构和资产所有者正在加速研究和构建可持续发展投资框架。目前全球也有一些成熟的ESG评价体系，如MSCI、Bloomberg和Thomson Reuters等，许多研究也正在不断地论证ESG特征与公司经营业绩和股价表现之间的关系。

作为全球最大的新兴市场，中国也积极发展了具有中国资本市场特色的可持续发展评价体系，例如社会价值投资联盟构建的上市公司3A可持续发展价值评估模型（下称"3A模型"）。社投盟自2016年起，联合86家机构339位专业志愿者共同研发了3A模型（详见评估工具篇B.8），寻找经济、社会和环境综合价值高的上市公司。为了满足投资的需要，又对2014～2015年的数据进行了追溯整理和指标的完善与论证。2019年社投盟与博时

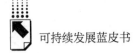

基金开展了合作研究，完善了 3A 模型，并完成了相关指数与基金产品的论证。2019 年 10 月，依托社投盟构建的模型框架和数据成果，由博时基金定制，中证指数公司编制发布了中证可持续发展 100 指数。

可持续发展 100 指数是 3A 模型在 A 股市场的一次投资实践应用。其样本空间为沪深 300，选取经 3A 模型评估可持续发展价值得分最高的 100 只股票，按照自由流通市值加权编制成一个可投资性指数。指数中单只个股权重不超过 10％，每年 6 月和 12 月与沪深 300 同时进行成分股调整。

指数基金是投资具有某类共同特征的上市公司的最好方式之一。指数基金可以清晰地定义并稳定地保持基金产品的风险收益特征。同时，指数基金的费用通常较低。可持续发展 100 指数基金选取了 100 只能够实现可持续发展、有潜力持续为社会创造价值的企业，引导资本市场向这类企业配置，提高资本市场效率。

下面从历史表现、行业分布、估值、风格特征等方面对可持续发展 100 指数特征进行分析，测试区间为 2014 年 6 月 30 日至 2019 年 7 月 1 日。同时对 3A 模型中部分指标进行了测试分析，采取分组测试法，即按照各指标评分从高到低将沪深 300 成分股分成 5 组（评分最高的为第一组、评分最低的为第五组），组内股票按照等权重方式构建组合，比较每组间的收益，以此验证各指标的区分度和有效性。

二 中证可持续发展100指数的主要特征

可持续发展 100 指数超额收益明显、最大回撤率低。从 2014 年 6 月 30 日到 2019 年 7 月 1 日，可持续发展 100 指数总收益为 140.83％，超沪深 300 全收益指数（总收益为 102.02％）38.81 个百分点；年化收益率为 19.22％，比沪深 300 全收益指数（年化收益为 15.10％）高 4.12 个百分点；除去尚未结束的 2019 年，其余每年收益率均超过了沪深 300 全收益指数；最大回撤率为 39.76％，显著低于沪深 300 全收益指数的 46.06％。

从历史回测来看，可持续发展 100 指数成功地实现了义利并举，兼顾了企业的长期可持续发展和中短期投资价值的实现。该指数成分股公司不仅在技术创新、经济价值、社会贡献、环境贡献和公司治理等方面的综合打分优于沪深300其他成分股，同时在股票二级市场上也相对沪深300具有稳定的超额收益和较低的最大回撤率。

表1　可持续发展100指数与沪深300全收益指数表现对比

项目	沪深300全收益指数（％）	可持续发展100指数（％）	超额收益（％）	相对最大回撤率（％）	信息比
2014	65.57	67.16	1.58	−9.57	0.34
2015	7.22	8.48	1.27	−13.21	0.08
2016	−9.26	−2.76	6.50	−3.83	1.07
2017	24.25	36.50	12.25	−2.97	2.37
2018	−23.64	−22.94	0.70	−5.35	0.23
2019.7.1	32.18	29.84	−2.34	−5.13	−1.03
总收益	102.02	140.83	38.81	—	—
年化收益	15.10	19.22	4.12	—	—
最大回撤率	−46.06	−39.76	—	—	—

图1　可持续发展100指数与沪深300全收益指数净值走势对比

现有相关指数中表现最佳。目前市场上已发行与可持续发展投资相关的两个指数产品分别是中证财通 ESG 100（ECPI ESG）指数（简称"财通 ESG 100 指数"）和上证社会责任指数（简称"责任指数"）。从表2和图2中可以看出，三个指数均战胜了沪深300全收益指数，显示出了可持续发展投资的优势。与这两个可持续发展相关主题指数对比，可持续发展100指数收益率表现更佳，同时最大回撤率最小。

财通 ESG 100 指数是根据 ECPI ESG 评级方法，从沪深300指数样本股中挑选 ESG（环境、社会、公司治理）评级较高的100只公司股票组成样本股，以反映沪深300指数中 ECPI ESG 评级较高公司股票的走势。

责任指数是根据上海证券交易所2008年5月发布的《关于加强上市公司社会责任承担工作的通知》中关于每股社会贡献值的定义，剔除流动性较差的20%股票后，剩下的股票按照每股社会贡献值由高到低进行排名，选取排名在前100名的股票作为指数样本。

从2014年6月30日到2019年7月1日回测期中，中证可持续发展100指数的年化收益率超过财通 ESG 100 指数1.57个百分点，超过责任指数0.76个百分点。同时，中证可持续发展100指数最大回撤率在三个指数中最小，为39.76%，财通 ESG 100 指数最大回撤率为46.02%，责任指数最大回撤率为42.71%。

表2　可持续发展相关主题指数和沪深300全收益指数表现对比

项目	可持续发展100指数（%）	财通 ESG 100 指数（%）	责任指数（%）	沪深300全收益指数（%）
2014	67.16	71.81	73.02	65.57
2015	8.48	10.82	3.80	7.22
2016	−2.76	−6.08	−3.31	−9.26
2017	36.50	28.43	26.93	24.25
2018	−22.94	−22.27	−18.47	−23.64
2019	29.84	26.24	29.82	32.18
总收益	140.83	125.36	133.29	102.02
年化收益	19.22	17.65	18.46	15.10
最大回撤率	−39.76	−46.02	−42.71	−46.06

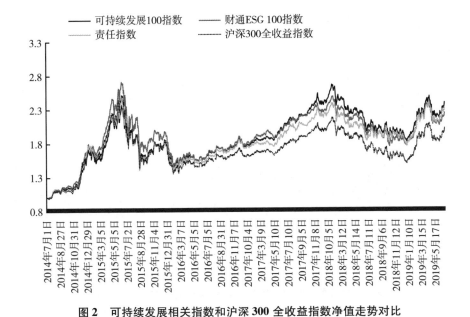

图2　可持续发展相关指数和沪深300全收益指数净值走势对比

从最近几年的行业平均分布上看，可持续发展100指数相比沪深300指数主要超配了银行，低配了非银行金融和食品饮料。银行股的超配，主要是由于银行股整体在可持续发展方面重视程度较高，相关信息披露较多且在涉及可持续发展各分项领域整体表现较好。非银行金融的低配，一方面是部分证券公司在前面几年受到过监管层处罚，另一方面是证券行业整体在可持续发展方面的信息披露缺失较多。食品饮料行业的低配，主要是由于以贵州茅台为代表的部分白酒上市公司之前没有披露独立的企业社会责任报告，在进行可持续发展价值评估时相关信息缺失较大，使得企业的可持续发展价值得分偏低。信息披露对于评估效果的影响是不可避免的，同时信息披露本身对于公众公司的确也是不可忽视的治理因素之一。

而从行业收益贡献看，可持续发展100指数在房地产、非银行金融和家电行业有非常显著的正向超额收益，而医药、基础化工和食品饮料的贡献相对较差。在地产、非银行金融和家电的正向超额收益主要是这些行业内以万科、中国平安、格力和美的为代表的龙头公司，不仅业绩持续领先同行，同时这些企业也非常重视长期发展，投入了许多精力关注并落实企业的可持续

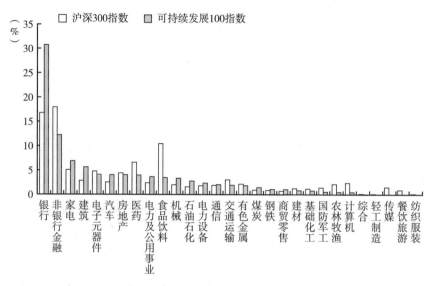

图3　可持续发展100指数和沪深300指数中信行业分布

发展。在医药和食品饮料的负贡献主要是恒瑞医药和贵州茅台两大行业龙头带来的，这两家公司长期表现优异，且在行业内权重很大。但两家公司在过去较少披露公司在可持续发展领域所做的贡献，因此这两家公司可持续发展价值评分一直不高，没有被纳入可持续发展100指数。不过随着未来上市公司对信息披露的重视，特别是对社会责任和可持续发展相关信息披露的重视，可以有效解决当前因信息披露而带来的问题。

　　从表3来看，可持续发展100指数相比沪深300指数估值更低。从2014年6月30日到2019年7月1日，可持续发展100指数的平均市盈率为11.08倍，而同期沪深300指数的市盈率为14.77倍。从平均股息率看，可持续发展100指数的平均股息率为2.69%，高于沪深300指数的2.06%。在估值低于沪深300指数的同时，可持续发展100指数的盈利能力却高于沪深300指数。在此期间，可持续发展100指数的平均净资产收益率达到16.13%，而沪深300指数的净资产收益率只有14.80%。这主要是由于在进行企业可持续发展价值评估时，3A模型不仅仅考虑企业在社会、环境和公司治理方面所做的努力，同时也加入了对企业经济效益的评估，例如考察

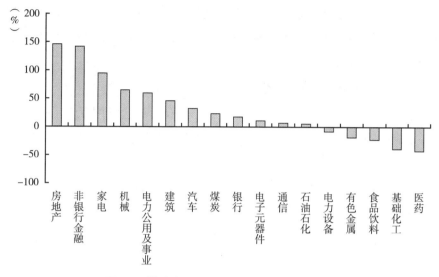

图4 可持续发展100指数行业累计超额收益

了企业的净资产收益率、股息率以及纳税等方面的表现。企业在经营业绩上的稳定发展是企业可持续发展的前提保障。

表3 可持续发展100指数和沪深300指数市场表现对比

项目	平均市盈率（倍）	平均股息率（%）	平均净资产收益率（%）
可持续发展100指数	11.08	2.69	16.13
沪深300指数	14.77	2.06	14.80

三 3A可持续发展价值评估模型的选股风格

社投盟用3A模型对沪深300公司可持续发展价值评分的同时，根据评分结果对300家公司划分不同评级，称为可持续发展价值评级。可持续发展价值评级共设10个大等级，分别为AAA、AA、A、BBB、BB、B、CCC、CC、C和D（详见总报告B.2）。

首先考察不同评级上市公司的风格特征。我们重点关注价值、质量、波动率、分红等风格特征。具体而言，我们将对不同评级所含标的的估值、盈

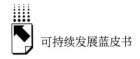

利能力、盈利能力的稳定性和分红高低进行考察，观察高评级标的在这些方面是否足够优质。以下是待考察代理变量（全市场极值标准化处理后的因子值）的构造说明。

估值：用1/PE来衡量，数值越大，估值越低；

盈利能力：用ROE（TTM）来衡量，数值越大，盈利能力越强；

盈利的稳定性：用过去5年ROE（TTM）的均值/标准差衡量，数值越大越稳定。

分红：用股息率（TTM）衡量，数值越大，分红越高。

从图5中看出，可持续发展价值评级越高的股票，估值越低、盈利能力越强、分红更高，同时股价稳定性也越强。

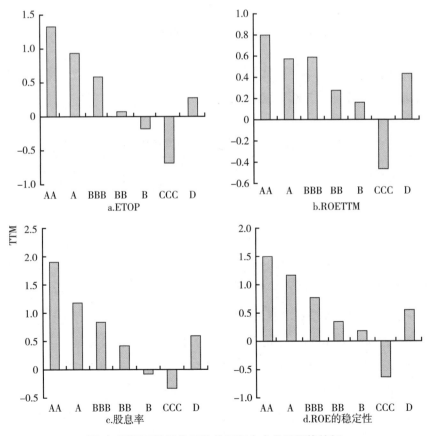

图5 不同可持续发展价值评级上市公司风格特征

四 3A可持续发展价值评估模型的指标测试

为了更进一步深入分析3A模型在二级市场超额收益的来源，我们对模型的一、二级指标进行了分组测试。3A模型的一级指标提出了模型的基本命题与逻辑，即企业在驱动力、创新力和执行力三方面的表现，与经典的战略管理框架分析相符，体现企业发展的内在规律。测试方法是将各指标评分从高到低分成5组，第一组为评分最高组，第五组为评分最低组，组内股票等权配置。通过比较各组收益，体现指标选股的区分度和有效性。下面是各指标分组测试结果。

（一）一级指标测评结果

3A模型的三个一级指标分别是目标 | 驱动力、方式 | 创新力、效益 | 转化力。

目标 | 驱动力考察企业在价值定位、战略规划和主营业务方针三方面是否融入了可持续发展理念，主要回答"组织为什么存续"的问题。

从表4中看出，目标 | 驱动力得分越高组，年化收益率越高。其中第一组年化收益率高达18.37%，第五组年化收益率为9.25%，两组之间相差9.12个百分点；第一组和第二组年化收益率均高于沪深300等权，分别高出5.23个和1.6个百分点。第一组的最大回撤率、波动率、向下波动率均小于沪深300等权。因此，第一组表现最佳，且在评测各指标上均优于沪深300等权。因此，目标 | 驱动力是筛选年化收益率高、最大回撤率低的有效指标。

表4 目标 | 驱动力分组测评结果

目标（AIM）	年化收益率 （%）	最大回撤率 （%）	波动率 （%）	向下波动率 （%）	信息比
第一组	18.37	−43.10	25.06	21.37	0.48
第二组	14.74	−53.69	26.23	22.37	0.15
第三组	11.90	−52.23	26.71	22.59	−0.24
第四组	11.96	−57.52	27.91	23.88	−0.12
第五组	9.25	−60.02	27.65	23.76	−0.38
沪深300等权	13.14	−53.59	26.32	22.70	N/A

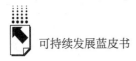
方式丨创新力考察评估企业在生产技术、运营模式和管理机制等方面的创新是否与可持续发展模式相融合，主要回答组织"如何谋求发展"的问题。

从表5中看出，方式丨创新力得分越高组，年化收益率越高。其中第一组年化收益率高达19.82%，第五组年化收益率为4.84%，两组之间相差14.98个百分点；第一组、第二组和第三组年化收益率均高于沪深300等权，分别高出6.68个百分点、2.22个百分点和3.43个百分点。前三组的最大回撤率均低于沪深300等权，前两组的波动率和向下波动率均小于沪深300等权。第一组表现最佳，前两组在评测各指标上均优于沪深300等权。因此，方式丨创新力是筛选年化收益率高、最大回撤率低的有效指标。

表5 方式丨创新力分组测评结果

方式（APPROACH）	年化收益率（%）	最大回撤率（%）	波动率（%）	向下波动率（%）	信息比
第一组	19.82	−49.10	25.91	21.75	0.59
第二组	15.36	−48.19	24.85	21.03	0.12
第三组	16.57	−48.54	28.15	24.49	0.44
第四组	10.79	−59.45	27.50	23.26	−0.27
第五组	4.84	−65.94	27.78	23.84	−0.87
沪深300等权	13.14	−53.59	26.32	22.70	N/A

效益丨转化力评估企业所创造的经济、社会和环境效益，主要考察企业在可持续发展领域所取得的结果。效益丨转化力回答了"组织取得了怎样的内部和外部效应"。

从表6中看出，效益丨转化力得分越高组，年化收益率越高。其中第一组年化收益率高达24.70%，是三个一级指标中年化收益最高的一组，第五组年化收益率为6.83%，两组之间相差17.87个百分点；第一组年化收益率比沪深300等权高出11.56个百分点。第一组的最大回撤率、波动率、向下波动率均小于沪深300等权。第一组表现最佳，且在评测各指标上均优于沪深300等权。因此，效益│转化力是筛选年化收益率高、最大回撤率低的有效指标。

表6　效益│转化力分组测评结果

效益（ACTION）	年化收益率 （％）	最大回撤率 （％）	波动率 （％）	向下波动率 （％）	信息比
第一组	24.70	-41.69	24.09	20.33	0.52
第二组	13.01	-51.67	26.51	22.29	-0.05
第三组	12.68	-55.09	27.88	23.93	-0.02
第四组	10.01	-61.92	28.49	24.42	-0.25
第五组	6.83	-66.55	28.76	24.79	-0.50
沪深300等权	13.14	-53.59	26.32	22.70	N/A

（二）二级指标测评结果

二级指标是一级指标的要素构成。"目标│驱动力"下的二级指标"价值驱动"、"战略驱动"和"业务驱动"，由抽象到具象反映评价对象是否契合了全球共识、国家方略和可持续发展价值主张。"方式│创新力"下的"技术创新"、"模式创新"和"管理创新"，反映了上市公司如何借助软实力去创造可持续发展价值。"效益│转化力"下的"经济贡献"、"社会贡献"和"环境贡献"，是全球可持续发展的三大议题，也是可持续发展价值产出的三大领域。

1. 价值驱动

价值驱动考察评估对象的企业文化，评估企业的使命、愿景、价值观是否符合可持续发展价值主张。从表7看出，年化收益率、最大回撤率、波动率表现最佳的是第二组，年化收益率为19.39％，最大回撤为46.92％，波动率为26.43％。第三组的向下波动率最小，为21.92％。整体来看，价值驱动作为指标形成5组进行评测显示无明显单调趋势，但第一组和第二组在年化收益率、最大回撤率上都优于沪深300等权。

表7 价值驱动指标分组测评结果

价值驱动	年化收益率（%）	最大回撤率（%）	波动率（%）	向下波动率（%）	信息比
第一组	15.07	-52.64	26.58	22.64	0.25
第二组	19.39	-46.92	26.43	22.51	0.69
第三组	11.86	-52.11	25.53	21.92	-0.29
第四组	13.78	-53.03	27.68	23.68	0.11
第五组	7.07	-61.91	27.12	23.39	-0.75
沪深300等权	13.14	-53.59	26.32	22.70	N/A

2. 战略驱动

"战略驱动"考察评估对象是否有契合可持续发展价值的战略目标及是否有促进使命愿景达成的中长期战略规划。从表8看出，第一组在年化收益率、最大回撤率、波动率和向下波动率上均为表现最佳的一组，年化收益率为16.82%，最大回撤率为47.23%，波动率为25.04%，向下波动率为21.19%。整体来看，战略驱动作为指标形成5组进行评测显示无明显单调趋势，但第一组在测评因子上都优于沪深300等权。

表8 战略驱动指标测评结果

战略驱动	年化收益率（%）	最大回撤率（%）	波动率（%）	向下波动率（%）	信息比
第一组	16.82	-47.23	25.04	21.19	0.29
第二组	13.12	-54.33	27.35	23.59	0.01
第三组	9.17	-54.80	26.89	23.12	-0.72
第四组	15.33	-55.49	26.97	22.89	0.24
第五组	11.56	-55.66	27.45	23.62	-0.16
沪深300等权	13.14	-53.59	26.32	22.70	N/A

3. 业务驱动

"业务驱动"考察评估对象的主营业务定位，是否通过主营业务破解社会与环境问题。从表9看出，年化收益率和最大回撤率表现最佳的是第二组，年化收益率为25.20%，最大回撤率为47.71%。整体来看，业务驱动作为指标形成5组进行评测显示无明显单调趋势。

表9　业务驱动指标测评结果

业务驱动	年化收益率（%）	最大回撤率（%）	波动率（%）	向下波动率（%）	信息比
第一组	6.84	−54.06	25.87	22.13	−0.82
第二组	25.20	−47.71	27.37	23.05	0.82
第三组	11.12	−55.98	26.62	22.41	−0.30
第四组	12.21	−61.25	27.40	22.85	−0.09
第五组	11.66	−55.40	27.51	24.08	−0.14
沪深300等权	13.14	−53.59	26.32	22.70	N/A

4. 技术创新

"技术创新"考察评估对象的研发投入、研发能力及产品、技术创新程度。从表10看出，第二组在年化收益率上表现最佳，为17.20%；第三组最大回撤率、波动率和向下波动率为5组中最小，分别为50.28%、25.29%和21.87%。整体来看，业务驱动作为指标形成5组进行评测显示无明显单调趋势。

表10　技术创新指标测评结果

技术创新	年化收益率（%）	最大回撤率（%）	波动率（%）	向下波动率（%）	信息比
第一组	9.94	−50.99	27.10	23.09	−0.39
第二组	17.20	−50.89	26.95	22.91	0.45
第三组	15.09	−50.28	25.29	21.87	0.14
第四组	14.50	−54.64	26.28	22.33	0.09
第五组	9.62	−60.80	28.46	24.11	−0.32
沪深300等权	13.14	−53.59	26.32	22.70	N/A

5. 模式创新

"模式创新"考察评估对象自身的商业模式以及对所在行业的引领作用。从表11看出，根据模式创新划分的5组在年化收益率上并未体现明显的单调性，但有从评分高组到评分低组最大回撤率逐渐增大的趋势。第一组在年化收益率和最大回撤率上表现均为最佳，分别为19.61%和45.15%。第一组和第二组在年化收益率和最大回撤率上表现均优于沪深300等权。

表 11 模式创新指标测评结果

模式创新	年化收益率 （％）	最大回撤率 （％）	波动率 （％）	向下波动率 （％）	信息比
第一组	19.61	−45.15	26.34	22.40	0.73
第二组	16.09	−50.78	26.09	22.63	0.33
第三组	11.61	−54.22	26.78	22.70	−0.24
第四组	12.06	−55.22	27.27	22.70	−0.13
第五组	7.23	−61.09	27.13	23.78	−0.67
沪深300等权	13.14	−53.59	26.32	22.70	N/A

6. 管理创新

"管理创新"考察评估对象的公司治理情况。从表12中看出，管理创新得分越高组，年化收益率越高，最大回撤率越低，单调性明显。其中第一组年化收益率高达24.83％，第五组年化收益率为4.87％，两组之间相差19.96个百分点；第一组年化收益率比沪深300等权高出11.69个百分点。第一组的最大回撤率、波动率、向下波动率也均小于沪深300等权。管理创新是筛选年化收益率高、最大回撤率低的有效指标。

表 12 管理创新指标测评结果

管理创新	年化收益率 （％）	最大回撤率 （％）	波动率 （％）	向下波动率 （％）	信息比
第一组	24.83	−44.39	24.73	20.85	0.70
第二组	14.24	−49.86	26.72	22.73	0.12
第三组	14.12	−52.98	27.82	23.86	0.17
第四组	9.87	−60.71	27.79	23.82	−0.34
第五组	4.87	−64.22	27.49	23.73	−0.90
沪深300等权	13.14	−53.59	26.32	22.70	N/A

7. 经济贡献

"经济贡献"从盈利能力、运营效率、偿债能力、成长能力、财务贡献五个方面考察评估对象的财务状况。从表13中看出，以经济贡献得分为标准划分的5组在年化收益率上并无明显单调性。第一组和第二组的年化收益率在 5 组中排名前二，均高出沪深 300 等权，分别为 16% 和 18.24%。在其他测评因子上表现出得分越高，最大回撤率、波动率和向下波动率越低的单调性。

表 13　经济贡献指标测评结果

经济贡献	年化收益率（%）	最大回撤率（%）	波动率（%）	向下波动率（%）	信息比
第一组	16.00	-43.74	23.81	19.43	0.07
第二组	18.24	-45.46	26.02	22.01	0.49
第三组	9.90	-52.49	27.12	23.59	-0.45
第四组	11.74	-60.04	28.79	24.55	-0.07
第五组	9.80	-63.17	30.28	26.55	-0.14
沪深 300 等权	13.14	-53.59	26.32	22.70	N/A

8. 社会贡献

"社会贡献"从评估对象的利益相关者出发，结合中国上市公司的实际情况，选取客户价值、员工权益、合作伙伴、安全运营、公益贡献五个方面进行评估。从表 14 中看出，以社会贡献得分为标准划分的 5 组在年化收益率上表现出单调性。第一组和第二组的年化收益率均高于沪深 300 等权，分别为 20.77% 和 16.76%。在其他测评因子上并无显著单调性，但第一组和第二组表现均是最佳的两组，且都优于沪深 300 等权。

表 14　社会贡献指标测评结果

社会贡献	年化收益率（%）	最大回撤率（%）	波动率（%）	向下波动率（%）	信息比
第一组	20.77	-47.74	26.03	22.10	0.61
第二组	16.76	-47.50	25.89	21.86	0.40
第三组	12.41	-54.55	26.85	22.79	-0.13
第四组	11.80	-58.83	27.87	24.03	-0.12
第五组	5.38	-65.17	27.52	23.68	-0.78
沪深 300 等权	13.14	-53.59	26.32	22.70	N/A

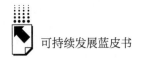

9. 环境贡献

"环境贡献"参照全球通用的环境议题，从公司对环境保护方面的管理及投入，公司能耗、水资源、物料等资源的利用及绿色办公情况，公司废弃物排放情况，公司生态保护及应对气候变化措施四个方面进行评估。从表 15 中看出，环境贡献 5 组在年化收益率上整体呈现出单调性，且环境贡献评分高的前两组年化收益率均高于沪深 300 等权的收益率。

表 15　环境贡献测评结果

环境贡献	年化收益率（%）	最大回撤率（%）	波动率（%）	向下波动率（%）	信息比
第一组	18.18	-47.67	25.07	21.40	0.32
第二组	18.49	-43.78	25.88	21.97	0.55
第三组	12.40	-54.44	26.70	22.79	-0.14
第四组	12.27	-58.95	28.57	24.58	-0.02
第五组	5.36	-69.02	28.37	24.00	-0.77
沪深 300 等权	13.14	-53.59	26.32	22.70	N/A

（三）指标相关性分析结果

1. 一级指标相关性

在目标、方式和效益三个一级指标上，目标和方式的相关性较高，但是二者与效益指标的相关性较低。从表 16 中看出，目标 | 驱动力与方式 | 创新力之间的相关性偏高，是 65.25%；相反地，效益 | 转化力与目标 | 驱动力和方式 | 创新力的相关性都很低，分别为 20.12% 和 28.76%。这与指标设计的逻辑也是相符合的。一家公司的价值文化、战略目标往往会在组织方式中得到体现，但在很多指标都属于非财务类指标，而效益 | 转化力属于财务类指标，财务类指标与非财务类指标的相关性从逻辑上来说关联度相对较低。

表16　3A模型"评分子模型"一级指标相关性

项目	目标|驱动力	方式|创新力	效益|转化力
目标|驱动力	100.00	65.25	20.12
方式|创新力	65.25	100.00	28.76
效益|转化力	20.12	28.76	100.00

2. 二级指标相关性

从表17中看出，经济贡献与其他二级指标或呈负相关或相关性较低。投资者在对上市公司分析时常常只注重财报信息而忽略财务报表之外的信息，但通过之前的一、二级指标测试分析可以看出，许多的非财务信息对分析上市公司也是十分有效的。而通过这里的相关性分析可以看出，这类信息是财务报表信息中所不包含的，是对传统财务报表分析的重要补充。且非财务指标与财务指标的相关性低，说明这里面有一个金矿，选股逻辑与传统的收益相比，具有较大差异，并且有超额收益。未来我们借助大数据的完善，不断挖掘其中的金矿。

表17　3A模型"评分子模型"二级指标相关性

单位：%

项目	价值驱动	战略驱动	业务驱动	技术创新	模式创新	管理创新	经济贡献	社会贡献	环境贡献
价值驱动	100.00	63.34	64.11	74.49	73.71	38.67	-8.77	56.00	42.65
战略驱动	63.34	100.00	48.77	59.63	59.24	41.36	1.27	49.84	49.10
业务驱动	64.11	48.77	100.00	67.24	59.13	26.82	-15.64	38.74	28.59
技术创新	74.49	59.63	67.24	100.00	75.30	37.23	-10.99	60.09	47.44
模式创新	73.71	59.24	59.13	75.30	100.00	43.82	-2.27	57.27	52.04
管理创新	38.67	41.36	26.82	37.23	43.82	100.00	25.82	63.14	67.50
经济贡献	-8.77	1.27	-15.64	-10.99	-2.27	25.82	100.00	8.55	16.57
社会贡献	56.00	49.84	38.74	60.09	57.27	63.14	8.55	100.00	66.81
环境贡献	42.65	49.10	28.59	47.44	52.04	67.50	16.57	66.81	100.00

3. 特色三级指标测试：绿色发展

由于三级指标较多，此处使用"绿色发展"（2019年3A模型版本改为

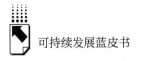
"资源利用")指标为例做具体分析。

指标介绍：绿色发展属于环境贡献，综合考察公司能耗管理、水资源管理、物料消耗管理和绿色办公四方面情况。

测试方法：将绿色发展评分在前20%的公司归为绿色发展高评分组，将评分在后20%的公司归为绿色发展低评分组，还有部分公司没有披露绿色发展相关信息，无法对其进行评分，归为无评分组。组内个股等权。

测试结果：从2014年6月30日到2019年7月1日，沪深300内绿色发展高评分组的表现显著好于绿色发展低评分组、绿色发展无评分组。同时，绿色发展高评分组在回测区间也战胜了沪深300全收益指数。而绿色发展低评分组又好于那些没有披露绿色发展相关信息的公司。这体现出在沪深300内，在绿色发展领域做得好的上市公司在股票市场同样有更高的回报。而对绿色发展最不重视的公司（未披露信息组），其股票表现同样也是最差的。这进一步反映了上市公司的经营管理效率可以从许多细分具体事物体现出来。绿色发展评分高说明上市公司在能耗、水资源和物料消耗方面管理较好，而这些领域是非常能体现公司管理水平的。

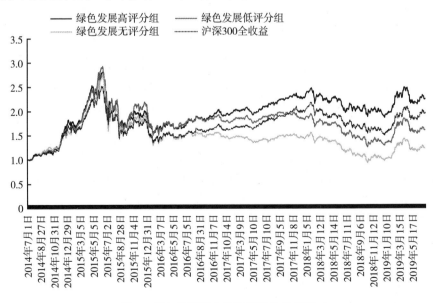

图6　绿色发展评分分组指数净值表现

表18 绿色发展评分分组指数净值表现

单位：%

项目	绿色发展高评分组	绿色发展低评分组	绿色发展无评分组	沪深300全收益
2014	75.75	63.29	53.60	65.57
2015	11.09	30.61	20.10	7.22
2016	−1.89	−16.05	−20.85	−9.26
2017	20.07	3.31	−1.06	24.25
2018	−17.03	−29.15	−30.74	−23.64
2019.7.1	22.44	27.39	28.64	32.18
总收益	133.67	66.94	28.71	102.02
年化收益	18.50	10.79	5.18	15.10
波动率	26.03	27.81	28.40	24.73
最大回撤率	−45.35	−57.05	−66.53	−46.06

　　总结来看，上市公司3A可持续发展价值评估模型，无论是非财务类指标还是财务类指标，均显示出较好的评估效果。此外，这两类指标的相关性较低，也为未来探索两类指标之间的因果关系和相关关系提供了重要的数据参考和思考线索。

附 录

Appendices

B.12
附录一 2019年发现中国"义利99"排行榜

排名	证券代码	证券简称	所属行业	总分	数据完备度	目标l驱动力(10)	方式l创新力(30)	效益l转化力(60) 经济贡献(30)	社会贡献(15)	环境贡献(15)	合一度(%)	义利属性
1	002415.SZ	海康威视	信息技术	83.63	94.85	9.33	25.66	23.46	13.67	11.50	92.83	义利双优
2	601668.SH	中国建筑	工业	78.72	96.42	7.00	26.42	22.17	12.75	10.38	88.09	义利双优
3	601899.SH	紫金矿业	原材料	75.42	83.87	8.67	20.94	19.81	12.88	13.13	89.03	义较突出
4	601288.SH	农业银行	金融	74.52	88.86	10.00	19.54	22.48	11.83	10.67	77.53	义利双优
5	600900.SH	长江电力	公用事业	73.63	82.90	8.33	21.79	24.40	11.10	8.00	91.84	利较突出
6	600050.SH	中国联通	电信业务	73.19	94.70	6.33	24.17	17.59	12.58	12.50	87.95	义较突出
7	000725.SZ	京东方A	信息技术	72.86	89.15	9.00	23.24	18.10	12.32	10.21	85.74	义较突出
8	601088.SH	中国神华	能源	72.31	85.68	8.00	23.52	22.82	8.48	9.50	91.37	利较突出
9	000002.SZ	万科A	地产	72.14	81.09	6.33	21.74	22.65	12.33	9.08	92.00	义利双优
10	600028.SH	中国石化	能源	71.83	90.86	7.67	22.96	22.08	10.42	8.71	93.81	利较突出
11	001979.SZ	招商蛇口	地产	71.48	85.54	6.33	21.66	24.15	12.50	6.83	92.50	利较突出
12	002773.SZ	康弘药业	医药卫生	71.21	82.49	8.00	22.18	17.61	11.91	11.50	92.15	义较突出

续表

排名	证券代码	证券简称	所属行业	总分	数据完备度	目标I驱动力(10)	方式I创新力(30)	效益I转化力(60) 经济贡献(30)	社会贡献(15)	环境贡献(15)	合一度(%)	义利属性
13	600585.SH	海螺水泥	原材料	71.18	70.79	4.67	16.50	25.97	11.58	12.46	68.81	义利双优
14	601318.SH	中国平安	金融	70.82	88.72	8.17	19.39	22.85	10.40	10.00	88.28	义利双优
15	000338.SZ	潍柴动力	工业	70.74	81.98	7.00	21.01	22.75	11.36	8.63	99.02	利较突出
16	600188.SH	兖州煤业	能源	70.57	92.08	6.67	19.52	21.32	12.19	10.88	93.08	义利双优
17	000100.SZ	TCL集团	可选消费	70.30	92.60	7.83	26.96	16.59	10.58	8.33	79.54	义利兼具
18	601238.SH	广汽集团	可选消费	70.25	88.15	7.67	22.83	22.95	10.27	6.54	91.99	利较突出
19	601857.SH	中国石油	能源	70.12	90.23	6.00	25.70	20.16	11.67	6.58	80.24	利较突出
20	000858.SZ	五粮液	主要消费	69.87	82.73	7.67	21.75	23.45	10.38	6.63	93.59	利较突出
21	600019.SH	宝钢股份	原材料	69.64	80.74	6.67	20.48	22.55	10.57	9.38	96.95	利较突出
22	002601.SZ	龙蟒佰利	原材料	69.36	85.88	8.00	21.99	19.90	10.71	8.75	90.13	义利兼具
23	601166.SH	兴业银行	金融	69.35	88.44	7.00	20.74	20.11	11.00	10.50	99.35	义利双优
24	601800.SH	中国交建	工业	69.27	85.64	6.83	22.01	18.89	12.92	8.63	95.39	义较突出
25	601727.SH	上海电气	工业	68.85	79.34	6.67	20.36	17.94	12.80	11.25	96.30	义较突出
26	601877.SH	正泰电器	工业	68.69	86.45	8.17	17.48	21.52	12.77	8.75	83.36	义利双优
27	600036.SH	招商银行	金融	68.59	85.42	7.67	17.26	23.08	10.95	9.63	85.36	义利双优
28	000963.SZ	华东医药	医药卫生	68.52	76.00	9.00	21.23	20.11	9.85	8.33	81.88	利较突出
29	002352.SZ	顺丰控股	工业	68.52	84.01	6.67	23.11	23.02	10.48	5.25	90.40	利较突出
30	600688.SH	上海石化	能源	68.50	79.11	7.33	21.14	21.77	9.00	9.25	95.26	利较突出
31	601225.SH	陕西煤业	能源	68.44	88.97	7.67	22.06	22.36	9.15	7.21	91.19	利较突出
32	002202.SZ	金风科技	工业	68.41	90.50	7.67	23.37	15.05	12.32	10.00	87.99	义较突出
33	601985.SH	中国核电	公用事业	68.15	79.27	7.67	21.96	20.65	10.29	7.58	90.98	利较突出
34	000423.SZ	东阿阿胶	医药卫生	67.50	86.35	5.83	20.18	19.18	12.05	10.25	91.10	义较突出
35	002460.SZ	赣锋锂业	原材料	67.31	85.92	6.83	19.92	18.04	11.77	10.75	98.54	义较突出
36	601186.SH	中国铁建	工业	67.26	87.72	6.67	19.90	19.83	12.36	8.50	99.84	义较突出
37	000651.SZ	格力电器	可选消费	67.12	79.24	8.50	21.30	21.91	7.92	7.50	84.20	利较突出
38	600068.SH	葛洲坝	工业	66.80	83.62	5.83	20.25	18.57	11.02	11.13	91.64	义较突出
39	601618.SH	中国中冶	工业	66.68	87.98	4.50	21.81	18.62	11.00	10.75	76.20	义较突出
40	600196.SH	复星医药	医药卫生	66.54	85.64	5.00	20.87	18.06	11.79	10.83	82.68	义较突出
41	002236.SZ	大华股份	信息技术	66.47	80.34	8.67	20.13	19.92	11.00	6.75	82.38	义利兼具
42	601669.SH	中国电建	工业	66.37	84.93	8.00	19.94	19.23	10.70	8.50	87.75	义利兼具
43	600031.SH	三一重工	工业	66.28	86.43	5.50	21.79	21.78	9.96	7.25	86.24	利较突出
44	000063.SZ	中兴通讯	电信业务	66.18	80.69	5.33	26.94	10.45	13.58	9.88	69.65	义较突出

续表

排名	证券代码	证券简称	所属行业	总分	数据完备度	目标|驱动力(10)	方式|创新力(30)	效益|转化力(60)			合一度(%)	义利属性
								经济贡献(30)	社会贡献(15)	环境贡献(15)		
45	000333.SZ	美的集团	可选消费	66.05	80.32	6.00	22.55	22.84	9.08	5.58	87.67	利较突出
46	601012.SH	隆基股份	工业	65.96	76.22	6.00	22.15	20.10	10.08	7.63	88.90	利较突出
47	600406.SH	国电南瑞	工业	65.64	71.88	7.17	20.43	22.21	9.58	6.25	93.88	利较突出
48	000538.SZ	云南白药	医药卫生	65.52	80.33	6.50	18.93	20.10	10.91	9.08	97.15	利较突出
49	601607.SH	上海医药	医药卫生	65.28	85.89	7.00	21.55	18.52	9.13	9.08	91.63	义利兼具
50	600029.SH	南方航空	工业	65.23	90.71	7.00	19.71	17.95	13.50	7.08	95.49	义较突出
51	601766.SH	中国中车	工业	65.05	86.45	5.83	22.58	18.39	10.50	7.75	86.00	义利兼具
52	600887.SH	伊利股份	主要消费	64.91	86.77	7.67	20.47	20.27	9.51	7.00	88.80	利较突出
53	002594.SZ	比亚迪	可选消费	64.82	83.73	7.67	21.12	15.74	12.18	8.13	87.86	义利兼具
54	601111.SH	中国国航	工业	64.80	86.81	7.67	19.53	19.48	11.25	6.88	89.03	义利兼具
55	600498.SH	烽火通信	电信业务	64.69	82.90	6.83	21.13	14.44	11.54	10.75	92.75	义较突出
56	601600.SH	中国铝业	原材料	64.65	85.22	6.83	21.65	16.12	12.30	7.75	90.92	义较突出
57	601992.SH	金隅集团	原材料	64.63	93.59	6.50	18.80	17.75	11.37	10.21	97.61	义较突出
58	000157.SZ	中联重科	工业	64.51	78.05	6.33	23.44	16.06	10.67	8.00	84.23	义利兼具
59	600690.SH	海尔智家	可选消费	64.47	85.38	8.00	21.90	21.65	6.67	6.25	83.69	利较突出
60	601229.SH	上海银行	金融	64.42	87.96	6.83	18.86	20.93	10.00	7.79	95.72	利较突出
61	600332.SH	白云山	医药卫生	64.21	80.40	6.67	16.75	20.65	11.44	8.71	89.48	义利双优
62	000898.SZ	鞍钢股份	原材料	64.08	72.78	5.00	20.73	20.99	10.87	6.50	83.81	利较突出
63	601398.SH	工商银行	金融	63.84	73.32	6.33	16.58	22.05	8.92	9.96	89.51	利较突出
64	601319.SH	中国人保	金融	63.22	75.28	6.00	18.34	22.04	11.33	5.50	95.97	利较突出
65	603799.SH	华友钴业	原材料	62.98	78.58	6.83	21.41	17.81	10.68	6.25	89.27	义利兼具
66	000938.SZ	紫光股份	信息技术	62.97	82.75	7.33	18.86	21.13	9.31	6.33	90.05	利较突出
67	601601.SH	中国太保	金融	62.93	88.47	6.33	20.40	23.26	9.73	3.21	93.97	利较突出
68	600233.SH	圆通速递	工业	62.87	79.34	7.17	19.87	21.59	8.40	5.83	90.92	利较突出
69	600089.SH	特变电工	工业	62.54	75.69	6.00	19.59	16.61	11.21	9.13	95.62	义利兼具
70	601117.SH	中国化学	工业	62.52	82.07	6.17	23.22	16.87	8.76	7.50	82.38	义利兼具
71	600309.SH	万华化学	原材料	62.45	73.07	6.17	16.34	23.72	7.98	8.25	90.00	利较突出
72	601390.SH	中国中铁	工业	62.40	83.12	7.17	15.72	19.48	11.32	8.71	84.40	义较突出
73	002024.SZ	苏宁易购	可选消费	62.29	70.52	6.00	16.87	22.26	9.90	5.83	92.16	利较突出
74	601898.SH	中煤能源	能源	62.29	83.60	7.33	19.48	16.55	9.71	9.21	89.14	义利兼具
75	002271.SZ	东方雨虹	原材料	62.26	79.17	7.50	23.67	16.88	9.96	4.25	78.66	义利兼具
76	600588.SH	用友网络	信息技术	62.13	79.61	9.00	23.11	15.62	8.56	5.83	71.82	义利兼具

续表

排名	证券代码	证券简称	所属行业	总分	数据完备度	目标I驱动力（10）	方式I创新力（30）	效益I转化力(60)			合一度（%）	义利属性
								经济贡献（30）	社会贡献（15）	环境贡献（15）		
77	600104.SH	上汽集团	可选消费	61.86	77.00	7.33	16.26	21.26	9.83	7.17	85.01	利较突出
78	300498.SZ	温氏股份	主要消费	61.81	60.03	5.00	19.87	17.79	10.07	9.08	85.90	义利兼具
79	600115.SH	东方航空	工业	61.73	86.64	6.00	18.99	16.94	14.00	5.79	97.29	义利兼具
80	000786.SZ	北新建材	原材料	61.71	72.40	8.33	18.40	19.96	9.78	5.25	79.80	义利兼具
81	002001.SZ	新和成	医药卫生	61.67	68.29	7.50	17.36	20.34	9.72	6.75	86.01	利较突出
82	600362.SH	江西铜业	原材料	61.66	77.20	6.83	17.53	17.89	9.66	9.75	92.06	义利兼具
83	601633.SH	长城汽车	可选消费	61.62	78.38	6.83	17.25	19.38	9.92	8.25	91.36	义利兼具
84	600660.SH	福耀玻璃	可选消费	61.52	80.48	6.67	18.24	18.68	10.84	7.08	94.71	义利兼具
85	600000.SH	浦发银行	金融	61.50	82.08	7.00	16.22	20.89	8.90	8.50	87.17	利较突出
86	601009.SH	南京银行	金融	61.35	85.85	6.33	17.22	19.26	9.38	9.17	94.54	义利兼具
87	002422.SZ	科伦药业	医药卫生	61.20	81.76	5.67	19.24	14.89	9.40	12.00	93.81	义较突出
88	600547.SH	山东黄金	原材料	61.19	81.53	7.50	16.27	17.13	11.09	9.21	83.62	义较突出
89	000425.SZ	徐工机械	工业	61.08	82.05	4.50	22.89	18.11	9.58	6.00	73.17	义利兼具
90	603993.SH	洛阳钼业	原材料	60.83	75.82	6.17	17.31	21.47	8.50	7.38	95.91	义利兼具
91	300296.SZ	利亚德	信息技术	60.67	75.09	8.33	17.27	17.87	10.20	7.00	77.98	义利兼具
92	600025.SH	华能水电	公用事业	60.50	83.85	8.33	22.76	15.57	7.92	5.92	73.99	义利兼具
93	600011.SH	华能国际	公用事业	60.49	74.93	8.33	20.31	18.45	8.15	5.25	77.76	义利兼具
94	000629.SZ	攀钢钒钛	原材料	60.45	69.70	6.83	15.92	16.64	12.56	8.50	87.41	义较突出
95	002468.SZ	申通快递	工业	60.28	81.20	6.50	18.20	22.44	8.14	5.00	95.18	利较突出
96	603259.SH	药明康德	医药卫生	59.96	81.41	8.67	16.09	18.85	9.02	7.33	73.18	义利兼具
97	601006.SH	大秦铁路	工业	59.93	78.33	6.33	14.32	23.60	7.92	7.75	83.56	利较突出
98	600018.SH	上港集团	工业	59.72	74.70	8.00	16.01	20.95	8.93	5.83	78.32	利较突出
99	300072.SZ	三聚环保	原材料	59.71	84.14	8.00	23.00	14.55	7.40	6.75	74.06	义利兼具

B.13

附录二 2019年发现中国"义利99"
可持续发展价值评级

排名	证券代码	证券简称	行业	2019年6月 可持续发展 价值评级	2018年6月 可持续发展 价值评级	变化
1	002415. SZ	海康威视	信息技术	AA +	A	↑
2	601668. SH	中国建筑	工业	AA	AA +	↓
3	601899. SH	紫金矿业	原材料	AA	AA –	↑
4	601288. SH	农业银行	金融	AA –	AA	↓
5	600900. SH	长江电力	公用事业	AA –	AA –	→
6	600050. SH	中国联通	电信业务	AA –	AA –	→
7	000725. SZ	京东方 A	信息技术	AA –	AA	↓
8	601088. SH	中国神华	能源	AA –	AA –	→
9	000002. SZ	万科 A	地产	AA –	AA –	→
10	600028. SH	中国石化	能源	AA –	AA –	→
11	001979. SZ	招商蛇口	地产	AA –	AA –	→
12	002773. SZ	康弘药业	医药卫生	AA –	—	
13	600585. SH	海螺水泥	原材料	AA –	A	↑
14	601318. SH	中国平安	金融	AA –	A	↑
15	000338. SZ	潍柴动力	工业	AA –	AA	↓
16	600188. SH	兖州煤业	能源	AA –	A +	↑
17	000100. SZ	TCL 集团	可选消费	AA –	A +	↑
18	601238. SH	广汽集团	可选消费	AA –	AA –	→
19	601857. SH	中国石油	能源	AA –	A	↑
20	000858. SZ	五粮液	主要消费	A +	A –	↑
21	600019. SH	宝钢股份	原材料	A +	A +	→
22	002601. SZ	龙蟒佰利	原材料	A +	AA	↓
23	601166. SH	兴业银行	金融	A +	D	↑
24	601800. SH	中国交建	工业	A +	AA	↓
25	601727. SH	上海电气	工业	A +	A	↑

续表

排名	证券代码	证券简称	行业	2019年6月可持续发展价值评级	2018年6月可持续发展价值评级	变化
26	601877. SH	正泰电器	工业	A +	A	↑
27	600036. SH	招商银行	金融	A +	D	↑
28	000963. SZ	华东医药	医药卫生	A +	A	↑
29	002352. SZ	顺丰控股	工业	A +	A	↑
30	600688. SH	上海石化	能源	A +	AA −	↓
31	601225. SH	陕西煤业	能源	A +	A −	↑
32	002202. SZ	金风科技	工业	A +	A	↑
33	601985. SH	中国核电	公用事业	A +	A −	↑
34	000423. SZ	东阿阿胶	医药卫生	A +	A −	↑
35	002460. SZ	赣锋锂业	原材料	A +	BBB +	↑
36	601186. SH	中国铁建	工业	A +	AA −	↓
37	000651. SZ	格力电器	可选消费	A +	BBB +	↑
38	600068. SH	葛洲坝	工业	A +	AA −	↓
39	601618. SH	中国中冶	工业	A +	A +	→
40	600196. SH	复星医药	医药卫生	A	AA −	↓
41	002236. SZ	大华股份	信息技术	A	A −	↑
42	601669. SH	中国电建	工业	A	A	→
43	600031. SH	三一重工	工业	A	A −	↑
44	000063. SZ	中兴通讯	电信业务	A	D	↑
45	000333. SZ	美的集团	可选消费	A	A −	↑
46	601012. SH	隆基股份	工业	A	A	→
47	600406. SH	国电南瑞	工业	A	A −	↑
48	000538. SZ	云南白药	医药卫生	A	A	→
49	601607. SH	上海医药	医药卫生	A	A +	↓
50	600029. SH	南方航空	工业	A	A	→
51	601766. SH	中国中车	工业	A	AA −	↓
52	600887. SH	伊利股份	主要消费	A	A +	↓
53	002594. SZ	比亚迪	可选消费	A	A	→
54	601111. SH	中国国航	工业	A	A +	↓
55	600498. SH	烽火通信	电信业务	A	A +	↓
56	601600. SH	中国铝业	原材料	A	D	↑
57	601992. SH	金隅集团	原材料	A	BBB	↑
58	000157. SZ	中联重科	工业	A	BBB +	↑

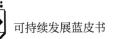

续表

排名	证券代码	证券简称	行业	2019年6月可持续发展价值评级	2018年6月可持续发展价值评级	变化
59	600690.SH	青岛海尔	可选消费	A	AA－	↓
60	601229.SH	上海银行	金融	A	A－	↑
61	600332.SH	白云山	医药卫生	A	A	→
62	000898.SZ	鞍钢股份	原材料	A	BBB＋	↑
63	601398.SH	工商银行	金融	A	A	→
64	601319.SH	中国人保	金融	A－	—	—
65	603799.SH	华友钴业	原材料	A－	A－	→
66	000938.SZ	紫光股份	信息技术	A－	BBB	↑
67	601601.SH	中国太保	金融	A－	BBB＋	↑
68	600233.SH	圆通速递	工业	A－	BBB＋	↑
69	600089.SH	特变电工	工业	A－	A	↓
70	601117.SH	中国化学	工业	A－	BBB＋	↑
71	600309.SH	万华化学	原材料	A－	D	↑
72	601390.SH	中国中铁	工业	A－	D	↑
73	002024.SZ	苏宁易购	可选消费	A－	A	↓
74	601898.SH	中煤能源	能源	A－	A－	→
75	002271.SZ	东方雨虹	原材料	A－	—	—
76	600588.SH	用友网络	信息技术	A－	BBB＋	↑
77	600104.SH	上汽集团	可选消费	A－	AA－	↓
78	300498.SZ	温氏股份	主要消费	A－	—	—
79	600115.SH	东方航空	工业	A－	A	↓
80	000786.SZ	北新建材	原材料	A－	BBB－	↑
81	002001.SZ	新和成	医药卫生	A－	—	—
82	600362.SH	江西铜业	原材料	A－	BBB－	↑
83	601633.SH	长城汽车	可选消费	A－	BBB＋	↑
84	600660.SH	福耀玻璃	可选消费	A－	BBB＋	↑
85	600000.SH	浦发银行	金融	A－	D	↑
86	601009.SH	南京银行	金融	A－	BBB－	↑
87	002422.SZ	科伦药业	医药卫生	A－	—	—
88	600547.SH	山东黄金	原材料	A－	BBB	↑
89	000425.SZ	徐工机械	工业	A－	BBB＋	↑
90	603993.SH	洛阳钼业	原材料	A－	BBB＋	↑
91	300296.SZ	利亚德	信息技术	A－	—	—

续表

排名	证券代码	证券简称	行业	2019 年 6 月可持续发展价值评级	2018 年 6 月可持续发展价值评级	变化
92	600025. SH	华能水电	公用事业	A –	BBB +	↑
93	600011. SH	华能国际	公用事业	A –	A	↓
94	000629. SZ	攀钢钒钛	原材料	A –	—	—
95	002468. SZ	申通快递	工业	A –	BBB	↑
96	603259. SH	药明康德	医药卫生	BBB +	—	—
97	601006. SH	大秦铁路	工业	BBB +	BBB	↑
98	600018. SH	上港集团	工业	BBB +	AA –	↓
99	300072. SZ	三聚环保	原材料	BBB +	A –	↓

注:"—"代表该公司在 2018 年 6 月沪深 300 指数成分股更新后未进入沪深 300,因此无可持续发展价值评级。与 2018 年 6 月评级相比,"↑"代表该公司在 2019 年 6 月评级升高,"↓"代表该公司在 2019 年 6 月评级降低,"→"代表该公司在 2019 年 6 月评级不变。

B.14
附录三 对标项目简介

对标项目简介主要从以下三点展开：

- 发起背景及发起机构。
- 工具或项目或标准的主要内容。
- 其他特点，如地位、受众范围、工具特点、应用产品等。

（1）UNGC 联合国全球契约

- 联合国全球契约是一项不具有强制性的全球企业倡议，由全球契约基金会支持，于 1999 年由时任联合国秘书长安南发布。
- 它包括人权、劳工标准、环境和反腐败四大方面，以及十项原则。
- 它是全球规模最大的企业可持续发展倡议，在 160 多个国家有超过 13000 家签署机构，其中包括 3000 名非企业签署人。

（2）OECD 社会影响力投资倡议

- 经合组织成立于 1961 年，有 36 个成员国，并遍布美洲、欧洲和亚太地区。
- 经合组织一直与相关影响力投资组织或网络密切合作，并于 2013 年发起全球影响力投资倡议，推动以实证为基础的政策、发展社会影响力投资政策框架。
- 其中，社会影响力投资政策框架确定了全球 45 个国家开展的 590 项公共举措，促进全球社会影响力投资的发展与合作。

（3）ISO 26000

- 起源于 1947 年的国际标准化组织 ISO，以国家为会员单位，现有 164 个成员国，旨在推广全球专有的工业和商业标准，已发布 22689 项国际标准和相关文件。
- ISO 26000 于 2010 年在日内瓦正式发布，它是适用于包括政府、企业、非营利组织在内的各种组织的社会责任指南。

- ISO 26000 对企业和组织的社会责任运作方式提出了 7 条主要原则、7 个核心主题，共计 400 多条建议。

（4）GIIN IRIS + 体系

- IRIS 于 2009 年成为全球最大的影响力投资网络 GIIN 的一项倡议，并于 2019 年在数百家影响力投资机构和利益相关方参与下完成升级，成为 IRIS + 体系。

- 已注册使用 IRIS + 体系的用户超过 15000 名，自称已经成为影响力投资领域的 GAAP（公认会计准则）。

- IRIS + 体系有近 600 个公开指标，并整合了 40 多套现有体系，提供与 SDG 及其他 50 种框架、标准和平台的对标工具，以及按不同主题筛选指标构建个性化指标模型的工具。

（5）B Impact Assessment

- B Lab 成立于 2006 年，由 B Lab 开发的 B Impact Assessment 作为一个认证标准，主要通过给公司发放问卷的方式收集信息，问题的组合将会根据公司的特征来确定，问卷是完全公开的，可以作为投资者的参考信息。

- 通过对问卷收集的信息进行评估后，得分超过 80 分的公司，才可以被认证为共益企业。

- 截至 2019 年 6 月，在 64 个国家的 150 个行业中，有 2750 家经过认证的共益企业，共有超过 50000 家公司使用 B Impact Assessment 进行公司的建设。

（6）IMP 影响力管理体系

- 影响力管理体系（IMP）是致力于就如何定义、衡量、管理和报告影响力达成全球共识的论坛，建立了由 UNDP、GIIN、OECD 等 12 个国际性机构组成的全球指导小组。

- IMP 于 2017 年发布首份共识，并于 2018 年公布"投资影响力分类指南"，内容涵盖由影响力五维度与影响力三种分类组成的影响力投

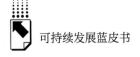

资矩阵。

- 形成了由 2000 多家各领域企业或组织组成的参与者社区，并且赞助方包括多个全球性基金会、金融机构、消费品公司，如福特基金会、瑞银集团、玛氏食品。

（7）全球报告倡议组织 GRI 标准

- GRI 成立于 1997 年，并在 2006 年首次发布了 GRI 标准，与 PRI、WFE 建立合作，与 OECD、UNGC 建立战略伙伴关系。

- GRI 标准是广受监管信任、最受企业认可的完全免费和公开的可持续发展报告标准，其中世界最大的 250 家企业中有超过 74% 的企业采用 GRI 报告标准。

- 最新的 GRI 标准（2016 年版）包括通用标准（GRI 101、GRI 102、GRI 103）和特定主题标准（GRI 200、GRI 300、GRI 400）两部分，涵盖经济、社会及环境议题的披露标准，并且对于 10 个特定行业有着额外的披露要求。

（8）PRI 负责任投资原则

- PRI 作为全球影响力最大的投资者倡议，受到联合国支持，于 2005 年起草完成、2006 年在纽交所正式发布。

- PRI 包括六项原则，并且 PRI 提供全球签署方报告框架，针对投资机构和服务提供商两类签署方有两种报告框架。

- 目前，PRI 的签署机构超过 2300 家，遍布 60 多个国家，代表着超过 80 万亿美元的资产，其中，高盛、摩根士丹利、社投盟等机构都是 PRI 的签署方。

（9）WBA 气候和能源基准

- 世界基准联盟（WBA）于 2018 年 9 月由联合国基金会宣布发起，前身是位于阿姆斯特丹的指数倡议组织，WBA 将致力于制定气候和能源、海鲜、食品和农业、性别平等和赋权、数字包容性五个方面的基准。

- 气候和能源基准将针对油气行业、电力公用行业、汽车行业三个高碳排放行业中 90 家最大的上市公司及国有企业，评估和比较它们对于气候变化及全球变暖的影响，发布基准报告。

- 其中，WBA 宣布气候和能源基准由 WBA 和碳披露项目（CDP）合作研发，而 CDP 作为建立了世界上最详尽环境数据收集与自我报告模式的有着 15 年历史的非营利组织，自行披露的环境数据影响着全球资产持有总量达 100 万亿美元的投资者和采购者。

（10）SROI 社会投资回报

- 自 2000 年美国的罗伯特企业发展基金首次将 SROI 的概念应用于企业可持续发展和社会环境影响的可持续发展价值核算以来，SROI 网络已成为一个专注于社会影响和可持续发展价值的全球网络，包含来自 45 个国家的成员，并于 2011 年发布《社会投资回报指南》。

- SROI 主要包括 7 条原则，并且具有鲜明的"义利并举"的特性，通过将社会、环境和经济以财务代理、价值货币化的方式进行整合，让成果达到可视化、可测量，以提升整体社会福利。

- SROI 针对全球非营利项目及企业社会责任项目的评估，可提供可持续发展价值证书，目前 SROI 已广泛应用于欧洲、美国、加拿大、澳大利亚等国家和地区。

（11）IFC 影响力管理操作原则

- 影响力管理操作原则于 2018 年由 IFC 形成草案，并于 2019 年在世界银行集团—国际货币基金组织春季会议上定稿并正式启动。

- 影响力管理操作原则提出了影响力管理的五个阶段和九项原则，现有包括石溪、瑞银在内的 58 家影响力机构投资者成为该原则的签署方，针对签署方 IFC 提供了影响力管理操作原则的披露指导。

- IFC 作为世界银行集团的企业，是一家提供投资、咨询和资产管理服务的国际金融机构，2011 年公司总资产达 684.9 亿美元，致力于投资营利性的商业减贫项目来促进经济发展。

（12）SASB 可持续发展会计准则

- 可持续会计准则委员会（SASB）于 2011 年创立，该委员会的结构和名称参照财务会计准则委员会（FASB）设计，旨在推进政策改变以求在美国上市公司必须填报的 10 - K 表格中纳入可持续会计准则，彭博创始人 Michael Bloomberg 曾担任 SASB 主席。

- SASB 公开发布了 77 套行业标准，拥有大量会计科目，每套标准都提供了详细的披露准则，并且为投资者和公司分布提供了《参与指引》和《实施指引》，摩托罗拉、耐克等知名公司已参考其标准进行汇报。
- 此外，SASB 还提供咨询和认证服务，截至 2018 年，SASB 的投资顾问小组在管资产约 21 万亿美元。

（13）社投盟　可持续发展价值评估

- 社会价值投资联盟成立于 2016 年，是由友成企业家扶贫基金会、中国社会治理研究会、中国投资协会、吉富投资、清华大学明德公益研究院领衔发起的中国首家专注于促进可持续发展金融的国际化新公益平台，是中国首家加入 PRI 的国际化新公益组织，社投盟主席马蔚华作为唯一的中国代表加入联合国开发计划署 SDG 影响力指导委员会。
- 社投盟的可持续发展价值评估模型采用 3A 三力贯穿式评估、有 57 个四级指标、三个版本（通用版、地产版、金融版），从目标｜驱动力（AIM）、方式｜创新力（APPROACH）、效益｜转化力（ACTION）三个方面考量组织所创造的经济、社会和环境综合价值，该评估体系除可适用于上市公司外，还可应用于对非上市公司的可持续发展价值评估。
- 根据可持续发展价值评估结果，发布了"义利 99"排行榜，编制了"义利 99"指数并于万得金融终端发布了上市公司可持续发展价值评级。

（14）Sustainalytics

- 起源于 1992 年，Sustainalytics 是一家独立 ESG 和公司治理研究、评级和分析公司，由来自荷兰、德国和西班牙的 ESG 评级和研究机构合并而成，现在全球设有 13 个办公室，有超过 390 名雇员，其中有 180 多名分析师。

- Sustainalytics 的 ESG 风险评估包含 139 个行业的 ESG 风险模型、三大板块的内容（公司治理、可能对公司产生实质性财务影响的 ESG 风险、黑天鹅事件）以及五个风险级别。

- 许多机构与 Sustainalytics 合作推出相应评分、评级和 ESG 指数，合作伙伴有富时罗素、晨星、STOXX 等，此外 Sustainalytics 还提供咨询与报告鉴证服务。

（15）标普 500ESG 指数

- 2019 年 1 月，标普 500ESG 指数发布，同年 4 月标普全球推出公司的环境、社会和治理评估基准。

- 标普 500ESG 指数是在标普 500 指数成分股的基础上，标准普尔道琼斯指数公司与 RobecoSAM 合作，对公司的 ESG 现况及未来准备进行评估，从而帮助投资者将 ESG 信息纳入考量，同时保证不会偏离标普 500 指数的整体走势的指数。

- 对于标普 500ESG 指数成分股的选择会排除涉及烟草或有争议武器的公司或 UNGC 得分较低的公司，选取标普 500 的公司中 ESG 得分在前 75% 的公司组成标普 500ESG 指数成分股。

（16）道琼斯可持续发展指数

- 1999 年 9 月，道琼斯指数公司与 RobecoSAM 合作，推出道琼斯可持续发展指数（DJSI），从经济、社会和环境三方面对道琼斯全球全股票指数中最大的 2500 家上市公司的可持续发展能力进行评价，并选择每个行业可持续评分排名前 10% 的公司组成指数，DJSI 是运营时间最长的全球可持续发展指数。

- 评价标准分为具体指标未公开的 61 套行业专用指标，包含问卷、主动询问、公司公开数据与媒体新闻报道的四种信息来源。

- DJSI 指数组成公司名单每年 9 月更新，评价标准每年审核，每年 DJSI 公司名单更新时，许多上榜企业会进行大力宣传。

（17）路透 ESG 数据库

- 2009 年，汤森路透公司开始通过并购 ESG 数据提供商提供 ESG 数据，并于 2018 年将金额与风险业务部门的多数股权（55%）出售给黑石集团，重组后形成了 Refinitiv 公司。

- 在环境、社会及治理维度下共有 10 大主题（资源使用、排放、创新、劳动力、人权、社区、产品责任、治理、股东、CSR 战略）400 多项 ESG 指标，包含定性和定量指标（总量未披露），部分指标仅适用于特定行业。

- 路透选取了 178 项最相关的指标对企业的 ESG 表现进行评分并披露相应评级，同时提供将 ESG 争议事件纳入和不纳入考量的评分；路透数据库更新及时，一般情况下每年更新。此外，路透还与 Truvalue Labs 合作监控 75000 个来源的实时数据。

（18）彭博 ESG 数据库

- 2009 年，彭博并购了提供可再生能源信息的新能源金融公司，并随后发布了 ESG 数据服务，目前，彭博的数据涵盖了 83 个国家的超过 11500 家公司，截至 2018 年，彭博有 18000 名用户使用其 ESG 数据服务。

- 彭博有近 800 个指标，包括碳排放、多样性、股东权益等定性及定量的通用指标和行业指标。彭博还会提供第三方的 ESG 数据，如 RobecoSAM、Sustainalytics、CDP Climate Disclosure Score 等的数据。

- 彭博于 1981 年创立，是一家私人持有的金融、软件、数据和媒体公司，总部设在美国纽约，创始人 Michael Bloomberg 曾任纽约市市长，SASB 董事会主席，在 2019 年《福布斯》亿万富翁排行榜中列第 9 位。

（19）MSCI ESG 指数

- MSCI 于 2010 年收购了风险咨询服务商 Innovest 和 KLD 研究（KLD Research），成立了 MSCI ESG 研究公司，并于同年推出一系列 MSCI ESG 指数。此外，MSCI ESG 研究公司于 2014 年收购了对影响上市公司的 ESG 和会计风险进行研究和评级的提供商 GMI 评级公司（GMI Ratings）。

- MSCI ESG 指数的评级体系共有 156 个行业模型，覆盖了 10 个主题（气候变化、自然资源、污染与废弃物、环境机遇、人力资本、产品责任、利益相关者反对、社会机遇、公司治理、企业行为）下的 37 个关键 ESG 问题，MSCI 现有 900 余只权益类和固定收益类指数使用了 ESG 评级数据。

- MSCI ESG 评级服务于全球 1200 余家客户，包括 46 家全球规模前 50 的资产管理者，如 Manulife Asset Management、Merrill Lynch、Morgan Stanley 等。此外，道富环球顾问公司和贝莱德先后建立了基于 MSCI ESG 评级和数据的 ETF 基金。

（20）商道融绿 ESG 评估

- 成立于 2015 年，商道融绿是一家位于中国的绿色金融及责任投资专业服务机构，是中国责任投资论坛（China SIF）发起单位，联合国责任投资原则（PRI）签署机构，全球报告倡议组织（GRI）社区成员。

- 商道融绿的 ESG 评估模型下分为 13 项议题、127 项三级指标，其中包括通用指标和行业特殊指标，指标将会根据行业的特性被赋予不同的权重来计算企业的 ESG 得分，但具体版本数量和三级指标未披露。

- 商道融绿是最早在万得金融终端发布上市公司 ESG 评级的机构，2016 年 2 月，进入绿色债券市场，获得气候债券标准认可。2017 年 9 月，研发了朗诗·中国 ESG 景气指数，2017 年 12 月，与财新传媒推出中国第一个基于上市公司 ESG 绩效评分的"融绿—财新 ESG 美好 50 指数"。

（21）FTSE ESG Index Series

- 富时罗素指数（FTSE Russell）与全球领先的 ESG 及公司治理研究和评级专家 Sustainalytics 建立战略合作关系，共同开发新的富时罗

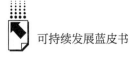

素 ESG 指数。

- ESG 评级体系包括环境、社会、公司治理三大核心内容、14 项主题评价及 300 多项考察指标，评级结果对成分股进行纳入与剔除调整，且排除军工、烟草和煤炭行业公司。

- 该评级包括 47 个发达和新兴市场的 4000 多种证券。

（22） ICMA 可持续发展债券系列指引

- ICMA 是一个会员协会，总部设在瑞士，目前在 60 多个国家拥有 570 个成员，会员资格向已发行、承销、认购或投资于绿色、社会或可持续发展债券的机构开放。

- ICMA 一直在跟踪自 2016 年以来发布的绿色、社会和可持续发展债券，并整理了一个外源数据库。

- 未找到该机构自己设计的评估体系。

（23） UNEP FI IMPACT RADAR

- 最初，包括德意志银行、汇丰控股、Natwest、加拿大皇家银行和西太平洋银行在内的一小群商业银行与环境署合作，促进银行业对环境议程的认识。环境署金融倡议目前有来自 40 多个国家的 250 多个成员机构。

- 影响雷达的目标是提供一套可靠和全面的影响类别，可与为提供 PI 融资而开发的工具集成，并为行业中 PI 产品的评估提供一个共同框架。

- UNEP FI 提供一系列培训课程，包括在线和研讨会形式，涵盖多个主题。

（24） OWL Analytics

- OWL Analytics 是唯一完全致力于可持续发展的数据和索引的提供商，汇集了数百个 ESG 数据和研究来源，以更强大的数据基础创建公司得分和排名，并进行优化以提高客观性，OWL ESG 覆盖全球超过 25000 家上市公司。

- OWL 帮助投资者将 ESG 数据整合到他们的投资解决方案中，目标是与基准相比，提供更好的投资结果和积极的社会影响。

- OWL ESG 在 30 个核心指标中对公司与同行进行评分和排名，其中包括 12 个关键绩效指标，用于量化公司对社会重要的行为，每月发布指标而非每年发布指标，提供更多可操作的数据，可以整合到现实世界的投资组合中。

（25）ECPI ESG 评估

- ECPI 成立于 1997 年，目前是金融科技公司 StatPro 的子公司。
- 评估模型共有 7 个行业版本，覆盖环境、社会及治理三个类别下约 100 个 KPI。主要依赖公开信息进行评级。
- ECPI 的产品包括众多权益类及固定收益类指数。其中，中证财通中国可持续发展 100（ECPI ESG）指数从沪深 300 指数样本股中挑选 ECPI ESG 评级较高的 100 只股票作为样本股。此外，ECPI 还提供投资组合筛选、ESG 争议监控等服务。

B.15
附录四　大事记

2019 年 1 月，由《财经》杂志主办、社投盟提供研究支持的"可持续发展金融峰会暨《财经》长青奖典礼"在北京举办，《发现中国"义利99"——A 股上市公司社会价值评估报告（2018）》在峰会上发布。

2019 年 1 月，社投盟第一届评估标准工作委员会成立。

2019 年 3 月，启动科创板上市公司可持续发展价值评估工作。

2019 年 3 月，社投盟主席马蔚华受聘成为联合国开发计划署（UNDP）驻华代表处特别顾问。

2019 年 4 月，博时基金完成对上市公司 3A 可持续发展价值评估模型的验算分析。

2019 年 6 月，社投盟与致一科技合作，共同开发数据管理平台，尝试通过 NLP 技术进行数据抓取。

2019 年 6 月，社投盟正式加入联合国责任投资原则组织（简称 PRI），成为在国内第一家加入 UN PRI 的专注促进可持续发展金融的国际化新公益组织。

2019 年 6 月，社投盟主席马蔚华赴纽约联合国开发计划署（UNDP）总部参加可持续发展目标影响力指导委员会就职仪式。

2019 年 7 月，生成 2019 年"义利99"排行榜。

2019 年 9 月，社投盟与北京大学、博时基金联合启动"可持续发展金融创新实验"项目。

2019 年 9 月，在万得金融终端上线可持续发展 ESG2.0 数据库。

2019 年 11 月，中证可持续发展 100 指数正式发布。

2019 年 12 月，在上海发布博时中证可持续发展 100ETF。

参考文献

［1］ 付俊文、赵红：《利益相关者理论综述》，《首都经济贸易大学学报》2006 年第 2 期。

［2］ 李彦龙：《企业社会责任的基本内涵、理论基础和责任边界》，《学术交流》2011 年第 2 期。

［3］ 刘科、李东晓：《价值理性与工具理性：从历史分离到现实整合》，《河南师范大学学报》（哲学社会科学版）2005 年第 6 期。

［4］ 李国平、韦晓茜：《企业社会责任内涵、度量与经济后果——基于国外企业社会责任理论的研究综述》，《会计研究》2014 年第 8 期。

［5］ 杨皖苏、杨善林：《中国情境下企业社会责任与财务绩效关系的实证研究——基于大、中小型上市公司的对比分析》，《中国管理科学》2016 年第 1 期。

［6］ Coase, Ronald H. , "The Problem of Social Cost", in *Classic Papers in Natural Resource Economics*, Palgrave Macmillan, London, 1960.

［7］ Friedman, Milton, "The Social Responsibility of Business is to Increase Its Profits", in *Corporate Ethics and Corporate Governance*, Springer, Berlin, Heidelberg, 2007.

［8］ Frederick, William C. , "From CSR1 to CSR2: The Maturing of Business and Society Thought", *Business & Society* 33, 1994 (2).

［9］ Friede, Gunnar, Timo Busch, and Alexander Bassen, "ESG and Financial Performance: Aggregated Evidence from more than 2000 Empirical Studies", *Journal of Sustainable Finance & Investment* 5, 2015 (4).

［10］ Van Zanten, Jan Anton, and Rob Van Tulder, "Multinational Enterprises

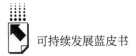
and the Sustainable Development Goals: An Institutional Approach to Corporate Engagement", *Journal of International Business Policy* 1, 2018 (3).

[11] 胡贵毅：《企业社会责任理论的基本问题研究》，上海交通大学，2010。

[12] 李洪彦等：《中国企业社会责任研究》，中国统计出版社，2006。

[13] Bowen H. , *Social Responsibilities of the Businessman*, New York: Harper & Row, 1953.

[14] Carrol A. , *Business and Society: Ethics and Stakeholder Management*, Cincinnati: South – Western Publishing, 1993.

[15] Carson, Rachel, *Silent Spring*, Houghton Mifflin Harcourt, 2002.

[16] Freeman R. , Strategic Management, *A Stakeholder Approach*, Pitman Publishing Inc. , 1984.

[17] Global Sustainable Investment Alliance (GSIA), *Global Sustainable Investment Review 2018*, 2018.

[18] Meadows, Donella H. , Dennis L. Meadows, Jorgen Randers, and William W. Behrens, The Limits to Growth, *New York* 1972 (102) .

[19] Pigou, Arthur, *The Economics of Welfare*, Routledge, 2017.

[20] The World Commission on Development and Environment, *Our Common Future*, Oxford: Oxford University Press, 1987.

[21] United Nations Conference on Trade and Development (UNCTAD), *World Investment Report 2014: Investing in the SDGs: an Action Plan.* UN, 2014.

[22] United Nations Conference on Trade and Development (UNCTAD), *World Investment Report 2019: Investing in the SDGs: an Action Plan.* UN, 2019.

致　谢

向以下专业志愿者、机构表示致敬，感谢其在项目过程中进行深度交流、指导、支持。

国内专业志愿者

白波、白虹、车慧中、戴卫、典春丽、郭然、何基报、何杰、胡敬东、胡丽娟、黄瑞庆、江聃、黎江、李璞玉、李文、李文海、李信民、李亚平、凌冲、零慧、刘吉人、刘萍、陆风、罗楠、马军、马骏、马磊、马蔚华、孟凡娟、秦朔、任剑琼、宋万海、苏梅、孙骏、汤敏、童腾飞、汪洋、汪亦兵、王超、王德英、王国平、王厚峰、王建华、王名、王平、王晓津、王育标、王梓木、吴坚忠、徐浩良、闫晓禹、俞锦、张韶辉、张贞卓、张子炜、赵永刚、周强、朱玲

国际 ProBono

David Galipeau、Elizabeth Boggs Davisen、Karl H. Richter、Willem Vosmer

国内机构

北京大学国家发展研究院、北京君和创新公益促进中心、博商学院、博时基金管理有限公司、创新工场、慈善先锋公益服务研究与促进中心、福布斯中国、福田区社工委、富达基金、富兰克林坦伯顿基金集团、公众环境研究中心、国际影响力投资俱乐部、国信弘盛创业投资有限公司、海纳亚洲创投基金、华泰保险集团、价值在线、金汇财富资本管理有限公司、昆仑能

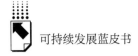
源、深圳市民政局、秦朔朋友圈、清华大学公益慈善研究院、上海对外经贸大学金融管理学院、上海外国语学院、深圳德高行知识产权数据技术有限公司、深圳国际公益学院、深圳市金融局、深圳市社会组织管理局、深圳市中国慈展会发展中心、深圳证券交易所研究所、万得信息技术股份有限公司、银河证券基金研究中心、友成企业家扶贫基金会、证券时报、中国国际金融有限公司、中国金融学会绿色金融专业委员会、中证指数有限公司、中咨律师事务所、资本市场学院

国际机构

联合国开发计划署（UNDP）、洛克菲勒基金会、全球影响力投资网络（GIIN）、全球影响力投资指导委员会（GSG）、亚洲公益创投网络（AVPN）、责任投资原则（PRI）

项目组

曹漫玉、陈泓希、陈思如、陈雅雯、杜伊、房雅、何枢、胡竹彦、黄婕、黄奕雄、江亦晗、江懿涵、姜亚晨、康宁、李铃蔓、李文倩、梁菲、龙纪君、卢轲、罗谨深、马文年、牟进、倪星宇、陶林林、王岚、王清奕、王日、王心瑜、王宇潇、吴欣桐、吴一凡、薛怡娜、杨玉雯、袁塬、张斯琪、章舒妍、周雨宁

发现"义利99"是一次跨界协同的社会创新。再次感谢各位专家、机构为中国新公益发展做出的贡献。

权威报告·一手数据·特色资源

皮书数据库
ANNUAL REPORT(YEARBOOK)
DATABASE

当代中国经济与社会发展高端智库平台

所获荣誉

- 2016年，入选"'十三五'国家重点电子出版物出版规划骨干工程"
- 2015年，荣获"搜索中国正能量 点赞2015""创新中国科技创新奖"
- 2013年，荣获"中国出版政府奖·网络出版物奖"提名奖
- 连续多年荣获中国数字出版博览会"数字出版·优秀品牌"奖

成为会员

通过网址www.pishu.com.cn访问皮书数据库网站或下载皮书数据库APP，进行手机号码验证或邮箱验证即可成为皮书数据库会员。

会员福利

- 已注册用户购书后可免费获赠100元皮书数据库充值卡。刮开充值卡涂层获取充值密码，登录并进入"会员中心"—"在线充值"—"充值卡充值"，充值成功即可购买和查看数据库内容。
- 会员福利最终解释权归社会科学文献出版社所有。

数据库服务热线：400-008-6695
数据库服务QQ：2475522410
数据库服务邮箱：database@ssap.cn
图书销售热线：010-59367070/7028
图书服务QQ：1265056568
图书服务邮箱：duzhe@ssap.cn

社会科学文献出版社 皮书系列
SOCIAL SCIENCES ACADEMIC PRESS (CHINA)
卡号：238949443158
密码：

S 基本子库
UB DATABASE

中国社会发展数据库（下设 12 个子库）

全面整合国内外中国社会发展研究成果，汇聚独家统计数据、深度分析报告，涉及社会、人口、政治、教育、法律等 12 个领域，为了解中国社会发展动态、跟踪社会核心热点、分析社会发展趋势提供一站式资源搜索和数据分析与挖掘服务。

中国经济发展数据库（下设 12 个子库）

基于"皮书系列"中涉及中国经济发展的研究资料构建，内容涵盖宏观经济、农业经济、工业经济、产业经济等 12 个重点经济领域，为实时掌控经济运行态势、把握经济发展规律、洞察经济形势、进行经济决策提供参考和依据。

中国行业发展数据库（下设 17 个子库）

以中国国民经济行业分类为依据，覆盖金融业、旅游、医疗卫生、交通运输、能源矿产等 100 多个行业，跟踪分析国民经济相关行业市场运行状况和政策导向，汇集行业发展前沿资讯，为投资、从业及各种经济决策提供理论基础和实践指导。

中国区域发展数据库（下设 6 个子库）

对中国特定区域内的经济、社会、文化等领域现状与发展情况进行深度分析和预测，研究层级至县及县以下行政区，涉及地区、区域经济体、城市、农村等不同维度。为地方经济社会宏观态势研究、发展经验研究、案例分析提供数据服务。

中国文化传媒数据库（下设 18 个子库）

汇聚文化传媒领域专家观点、热点资讯，梳理国内外中国文化发展相关学术研究成果、一手统计数据，涵盖文化产业、新闻传播、电影娱乐、文学艺术、群众文化等 18 个重点研究领域。为文化传媒研究提供相关数据、研究报告和综合分析服务。

世界经济与国际关系数据库（下设 6 个子库）

立足"皮书系列"世界经济、国际关系相关学术资源，整合世界经济、国际政治、世界文化与科技、全球性问题、国际组织与国际法、区域研究 6 大领域研究成果，为世界经济与国际关系研究提供全方位数据分析，为决策和形势研判提供参考。

法律声明